新编21世纪高等职业教育精品教材 · 公共基础课系列

新时代高职生创新创业教育

XINSHIDAI GAOZHISHENG CHUANGXIN CHUANGYE JIAOYU

主　编 ◎ 陶昌学　朱　彦　陈文俊
副主编 ◎ 刘建明　严学新　吕永明　曾　琴　周利平　周娅敏
参　编 ◎ 梅　欣　陈孝平　杨　鹏　陈瑶玲　徐　飒　李泽东
吕航亚　唐　玉　王淑华　董　博

中国人民大学出版社
· 北京 ·

图书在版编目（CIP）数据

新时代高职生创新创业教育 / 陶昌学，朱彦，陈文俊主编. — 北京：中国人民大学出版社，2023.8
新编21世纪高等职业教育精品教材. 公共基础课系列
ISBN 978-7-300-32037-3

Ⅰ. ①新… Ⅱ. ①陶… ②朱… ③陈… Ⅲ. ①大学生—职业选择—高等职业教育—教材 ②大学生—创业—高等职业教育—教材 Ⅳ. ①G717.38

中国国家版本馆 CIP 数据核字（2023）第 144319 号

新编 21 世纪高等职业教育精品教材 · 公共基础课系列
新时代高职生创新创业教育
主　编　陶昌学　朱　彦　陈文俊
副主编　刘建明　严学新　吕永明　曾　琴　周利平　周娅敏
参　编　梅　欣　陈孝平　杨　鹏　陈瑶玲　徐　飒　李泽东
　　　　吕航亚　唐　玉　王淑华　董　博
Xinshidai Gaozhisheng Chuangxin Chuangye Jiaoyu

出版发行	中国人民大学出版社		
社　址	北京中关村大街 31 号	**邮政编码**	100080
电　话	010－62511242（总编室）		010－62511770（质管部）
	010－82501766（邮购部）		010－62514148（门市部）
	010－62515195（发行公司）		010－62515275（盗版举报）
网　址	http:// www. crup. com. cn		
经　销	新华书店		
印　刷	北京七色印务有限公司		
开　本	787 mm × 1092 mm　1/16	**版　次**	2023 年 8 月第 1 版
印　张	20.25	**印　次**	2023 年 8 月第 1 次印刷
字　数	412 000	**定　价**	42.60 元

前言

PREFACE

党的二十大报告指出，“统筹职业教育、高等教育、继续教育协同创新，推进职普融通、产教融合、科教融汇，优化职业教育类型定位”，“科技是第一生产力、人才是第一资源、创新是第一动力”，“为党育人、为国育才”。报告内容体现了党和国家对职业教育的关心和重视。目前，我国已建成全世界规模最大的职业教育体系，中高职学校每年培养 1 000 万左右的高素质技术技能人才，为经济社会发展提供了源源不断的技术技能人才。切实加强教材建设，编写质量可靠的优质教材，是贯彻落实党的二十大精神，为新时代职业教育贡献一份力量的重要体现。

创新是当今社会不断发展的生命力所在，创业是谋求生存与自我价值实现的一种方式。《国务院关于大力推进大众创业万众创新若干政策措施的意见》明确指出，推进“大众创业、万众创新”是培育和催生经济社会发展新动力的必然选择，是扩大就业、实现富民之道的根本举措，是激发全社会创新潜能和创业活力的有效途径。《国家创新驱动发展战略纲要》也提出了我国到 2020 年进入创新型国家行列、到 2030 年跻身创新型国家前列、到 2050 年建成世界科技创新强国的“三步走”战略目标。为此，全国上下在“创新、协调、绿色、开放、共享”的新发展理念引导下，致力于“汇众智搞创新，汇众力增就业，汇众能助创业，汇众资促发展”，创新创业工作取得了一定的成绩。

随着“大众创业、万众创新”的持续推进，我国的创新创业教育迎来新的发展空间。新时代的创新创业教育对深化高校教育改革、完善人才发展机制、支撑“大众创业、万众创新”以及创新驱动发展战略都有重要意义。

《新时代高职生创新创业教育》作为一本为职业院校学生编写的公共基础课教材，在体例设计上体现以学生为中心，建立了理论学习、实践训练和价值观塑造融为一体的课程内容结构，服务于促进学生融合发展的综合育人目标。全书以创新型人才培养为主线，以提高学生的创业能力为目标，从创新教育与创业教育相融合的角度，科学地构建了创新创业概述、开启创新之路、发掘创业机会、创业者与创业团队、整合创业资源、创业计划书的撰写与展示、新企业的创办与生存管理、开发商业模式八方面内容。内容选取以实用为原则，力求知识新颖、案例丰富鲜活，旨在培养高职生创新创业意识，强化高职生创新创业精神，提高高职生创新创业能力，锤炼高职生创新创业品质。

本书既可作为高职高专院校创新创业教育公共基础课教材，也可作为社会青年创业者的参考用书。

本书共分八个模块二十二个项目，由陶昌学、朱彦、陈文俊主编并统稿。具体编写分工如下：模块一由陈文俊编写，模块二、模块三由陶昌学编写，模块四、模块五由朱彦编写，模块六由刘建明、严学新编写，模块七由吕永明、曾琴编写，模块八由周利平、周娅敏编写。

本书编写组成员根据自身的教学和社会调研经验，同时参考了一些文献资料，编写了本书。对于本书的付梓，黄勇林教授也给予了大力支持和指导。在此，我们谨向黄勇林教授及本书所参考文献资料的作者表示衷心的感谢！由于时间有限，书中难免存在一些不足之处，恳请广大读者提出宝贵意见，也请专家学者批评指正，我们将不断改进，努力提高本书质量，在此深表感谢。

编者

2023 年 5 月

目录

CONTENTS

模块一 创新创业概述

模块导读

时代是思想之母，实践是理论之源。当代中国正经历着我国历史上最为广泛而深刻的社会变革，也正进行着人类历史上最为宏大而独特的实践创新。

中国共产党的创始人之一李大钊同志说过，青年要“为世界进文明，为人类造幸福，以青春之我，创建青春之家庭，青春之国家，青春之民族，青春之人类，青春之地球，青春之宇宙”。当代大学生是时代责任的担当者，是经济建设和社会建设的生力军。如何迎接与融入“大众创业、万众创新”（简称“双创”）的新时代，是每一位大学生都应该认真思考的问题。

案例导入

福建罗源县起步镇是中国秀珍菇之乡，全国每三朵秀珍菇，就有两朵来自这里。这样的成绩，离不开一代代菇农的努力。百谷农业发展有限公司（简称“百谷”）总经理于艳，就是新一代菇农。近日，她入选首届福州最美青年之十佳青年乡村振兴带头人。

回乡创业当起“菇娘”

罗源是食用菌种植大县，秀珍菇、海鲜菇等食用菌种植规模达 7 000 万袋。其中，海鲜菇味道鲜美，具有独特的蟹香味。位于起步镇的百谷，是全县唯一一家生产海鲜菇的企业。

走进百谷，一簇簇海鲜菇长势喜人，工人正忙着将其称重、装袋、封箱。看着大家忙碌的身影，“85 后”的于艳感慨良多。8 年前，她还是一个门外汉。

2012 年，当时在福建师范大学读研究生的于艳来到百谷实习，发现农业大有可为。于艳是地道的起步人，父辈都是种植食用菌的，但因为技术有限，当时的质量和产量都不好。于艳从小就有一个梦想——提高食用菌产业的科技水平，种出“智慧菇”。

2013 年毕业后，于艳没有留在大城市打拼，而是听从内心的呼唤，“回乡，做个‘菇娘’”！

培育“智慧菇”结出“致富菇”

于艳认为，食用菌产业需要不断引进高新技术。因此，她主动与福建农科院、福建农林大学等科研院所对接，并为公司引进现代化的生产技术和全自动菌包生产线，逐步实现智慧化、自动化生产。

“海鲜菇属于低温型菌类，对温度、湿度要求严格，菇棚安装智能化空调系统，自动模拟、控制生长环境，实现日产菌包 2 万袋，日产海鲜菇鲜品 8 吨。”于艳说，只要通过一部手机或电脑，可实时查看 46 间养菌房及 40 间菇棚的数据信息，还能进行远程控制等，实现“智慧种菇”。

依托现代化的生产技术，百谷年产值从 2013 年的 500 万元增长到去年的 3 000 万元。“今年计划扩建 1 000 平方米厂房，届时产量能再提升 5%~10%。”于艳说，公司还深耕食用菌市场，投资建设绣球菌研发基地。

乡村振兴是一出好戏，需要更多懂农业、懂专业、会经营的人才来一起唱。于艳表示，今后，她打算为公司引进更多人才，一同种出乡村振兴的“致富菇”。

资料来源：郑瑞洋．于艳：秀珍菇之乡好“菇娘”[EB/OL]. 福州新闻网，2021–05–19.

项目一　创新创业与创业精神

任务一　创新的内涵

一、创新的概念

对于创新的概念，各位学者的观点不一，但学界一般比较认同政治经济学家约瑟夫·熊彼特（Joseph Schumpeter）的观点，即创新是“把一种新的生产要素和生产条件的‘新组合’引入生产体系”。熊彼特认为，创新包含以下五种情况：

（1）采用一种新的产品，即消费者还不熟悉的产品或某种产品的一种新特性。

（2）采用一种新的生产方法，即制造部门在实践中尚未知悉的生产方法，这种新的方法不需要建立在科学新发现的基础之上，也可以存在于商业上处理一种产品的新的方式之中。

（3）开辟一个新的销售市场，也就是国家的相关制造部门以前不曾进入的市场，这个市场以前可能存在，也可能不存在。

（4）获得原材料或半制成品的一种新的供应来源，不论这种供应来源是已经存在，还是首次创造出来。

（5）实现一种新的组织，如造成一种垄断地位，或打破一种垄断地位。

二、创新的特征

（一）人人可创新

创新，不分年龄大小，也不分智商高低，更没什么内行外行、条件好坏之分。但是人们在实际生活中常常因为自身条件不足，而认为无法创新。

拓展阅读

常见的创新误区

1. 文化水平不高，难以创新

具备一定的知识当然是创新的基础，但高学历者未必能创新，文化水平低者创新能力不一定就弱。

2. 智商不高，难以创新

不少人认为自己智商不高，与创新无缘。事实上，影响创新最主要、最关键的因素并不是人的智力因素，而是人的非智力因素，如情商。智力并不等于创新能力，高智力更不等于高强的创新能力。

3. 岁数大了，不能创新

创新与年龄没有直接关系。许多大器晚成的事例告诉我们，创新、成功与年龄无关！“褚橙”的创始人褚时健，已经 75 岁了才开始再度创业。这位拥有超前思维的“老前辈”通过确定品牌定位、打造“励志橙”IP、建立品牌信任等方法，一步步将“褚橙”打造成全国知名水果品牌，成为众多水果企业模仿学习的优秀先锋。

4. 身为外行，不能创新

发明电话的企业家、发明家贝尔曾是一位语言教师，发现天体运动规律的天文学家开普勒曾是一个职业编辑，近代遗传学的奠基人孟德尔曾是一位神职人员……这些例子告诉我们，创新并不一定直接受行业知识的影响，有时外行人的创新更令行家惊叹。

（二）时时可创新

创新本身不受时间和空间的限制，只要保持一份善于联想的思维，创意随时可能到来。创意产生的时间，或许是自己暂时休息一下，离开桌子去倒杯水时；走到别的部门时；放下手头的学习时；改做另一件积压已久但很容易完成的工作时；翻看杂志时；看着窗外的景致时……某汽车公司执行中心总裁习惯在上下班开车时放松自己，她说："在开车时，我会有意识地让大脑浮想，漫无边际地想。我不开收音机，不去想那些还没做完的工作。时间飞逝，很难找到时间让自己完全自在；我在开车时就能达到那种状态，我发现那是我最有创造力的时刻。"

（三）处处可创新

日常生活中，处处可见创新。例如，原来的电视屏幕较小，看电视节目费力，所以大屏幕彩电问世，这是把屏幕的面积和电视的体积"扩一扩"。在生活中，我们也经常使用一些袖珍物品，如袖珍电筒、折叠雨伞、笔记本电脑等，它们都是通过"缩一缩"技法研制出来的。缩小后的东西体积小、造价低、便于携带，给人们生活带来了很大方便。"扩一扩""缩一缩"都是可行的创新思路。

三、创新的分类

经济合作与发展组织、欧盟统计署编著的《奥斯陆手册：创新数据的采集和解释指南（第 3 版）》把创新分为 4 类，即产品创新、工艺创新、营销创新和组织创新。

（一）产品创新

产品创新可分为全新产品创新和改进产品创新。全新产品创新是指产品用途及原理有显著的变化。改进产品创新是指在技术原理没有重大变化的情况下，基于市场需要对现有产品进行功能上的扩展和技术上的改进。

（二）工艺创新

工艺创新是指企业通过研究和运用新的方式、方法和规则体系等，提高企业的生产技术水平、产品质量和生产效率的活动。工艺创新的方法主要有：应用信息化手段、使用先进设备、使用集成技术和使用优化理论。

（三）营销创新

营销创新是指新的营销方式的实现，包括产品的设计、包装、分销渠道、促销方式以及定价等方面的重大变革。营销创新旨在更好地满足消费者的需求，开辟新市场，重新配置企业在市场上的产品，提高企业的销售额。

（四）组织创新

组织创新是指企业的运营策略、工作场所组织或外部关系等方面新的组织方式的实现。组织创新成果可以用于降低管理成本或交易成本，提高工作的满意度和劳动生产力，获得不可交易资产（如未被编撰的外部知识）或减少供应成本以提高企业的绩效。

课堂活动

活动目标：感悟并认知创新的相关概念，学会寻找生活中创新的事物，以此触发联想，形成新的创新点。

活动时间：课上 20 分钟，分工讨论，课下收集案例，制作 PPT。

活动步骤：

步骤一：主持人宣布实训题目，利用中国公众科技网、中国专利信息网、视觉中国、新华网科技频道、“挑战杯”全国大学生课外学术科技作品竞赛官网、专利之家等网站，收集 2～3 个案例。

步骤二：分组。自由组合活动小组并命名，每组 6～10 人，其中主持人 1 人、发言人 1 人。

步骤三：各小组主持人主持本组会议。会议内容具体如下。

1. 小组主持人宣布活动内容。

2. 主持人进行分工，从不同网站收集相关案例。

3. 案例可以包括科学发现、技术发明、企业创新、文化创意、大学生创业等。

4. 小组主持人组织组员讨论上述案例，填写完成表 1–1。

表 1–1 讨论记录表

班级： 小组名称： 主持人：

案例名称	基本内容	创新点	产生的价值	受到的启发	产生的设想

5. 发言人做好向全班大会汇报本组案例分析的准备，制作好 PPT。

步骤四：全班大会。各小组发言人分别向大会汇报本小组的案例。全班同学分享各组同学的创新成果。

步骤五：全班同学进行评价，评选最佳案例 2～3 项，对表现最佳的同学进行奖励。

任务二　创业的内涵

一、创业的概念

创业有狭义和广义之分。狭义的创业又分为两种：一种是指创办企业，另一种是指科技创新。广义的创业是指开创事业，既包括创办企业、科技创新，也包括就业后取得的一定成就。杰弗里·蒂蒙斯（Jeffry A. Timmons）教授提出："创业是一种思考、推理和行为方式，这种行为方式是机会驱动、注重方法和与领导相平衡。创业导致价值的产生、增加、实现和更新，不仅为所有者，也为所有的参与者和利益相关者。"创业是指创业者对自己拥有的资源或通过努力能够拥有的资源进行优化整合，发现和识别商业机会，成立活动组织，创造出产品和服务，从而创造出更大经济价值或社会价值的过程。

二、创业的要素

创业的关键要素包括机会、团队和资源。创业机会是指可以利用的商业机会；创业团队是创业初期，一群才能互补、责任共担、愿为共同的创业目标而奋斗的人所组成的特殊群体；创业资源是新创企业创业和运营的必要条件。它们三者之间的关系如下：

创业机会是创业过程中的重要驱动力，创业团队是创业过程的主导者，创业资源是创业成功的必要保证。创业过程始于创业机会，而不是资金、战略、网络、团队或商业计划。开始创业时，创业机会比创业团队和创业资源更重要。在创业过程中，创业资源与创业机会之间要经历一个从适应到产生差距再到适应的动态过程。

三、创业的特征

（一）机遇性

把握住机遇是创业成功的起点和前提。机遇是给那些对事业有信念、有追求和有渴望的人的，机遇面前人人平等。

（二）创新性

创新是创业成功的关键，是竞争取胜的法宝。创业是一个不断创新的过程，创新贯穿于企业从无到有、由弱变强的全过程。

（三）价值性

创业的目的是“实现经济价值和社会价值，提高和升华自我价值”。是否创造了价值是衡量创业成功与否的重要标志。

（四）曲折性

创业过程是一个曲折坎坷、充满风险的过程。在创业者投入了大量的人力、物力，倾注了大量的心血后，创业也许会获得成功，也许会遭受失败。所以，创业者必须有充分的心理准备，鼓足勇气，不屈不挠，只有这样才有可能创业成功。

（五）风险性

创业存在风险，创业结果存在不确定性。创业者虽然可以借鉴他人创业成功的经验和有效方法，但是也要在前人基础上努力创新。成功与失败是可以预测的两种创业结果，但受到创业过程中技术进步、市场变化、政策调整、财务结构以及机会主义行为等因素的影响，它们的出现并不是必然的。所以，强化风险意识，仔细识别风险，尽早化解风险，是创业者在创业过程中最重要的任务。

任务三　创业精神

一、创业精神的重要性

过去，美国高校的创业课程只对商学院学生开放。20 世纪 90 年代，这种情况开始发生变化，人们认识到科学、工程和其他专业的学生要在一个迅速变化的世界中获得成功同样必须具备创业精神。美国大学创业教育历经近 70 年，各大学已形成了自己的创业教育课程体系。自 1947 年哈佛商学院迈尔斯·梅斯（Myles Mace）教授率先为工商管理硕士（MBA）学生开设“新创企业管理”课程以来，美国高校已累计开设了超过 5 000 门创业课程，在学生中越来越受到欢迎。卡尔·施拉姆（Carl Schramm）是美国最大的研究美国企业、培育企业精神的基金会——考夫曼基金会的总裁和CEO，他在《创业力》一书中提出，真正推动美国经济发展的动力是企业家的创业精神。在企业管理领域，著名的创业学家拉里·法雷尔（Larry Farrell）曾经在《创业时代》一书中指出，无数企业的兴衰告诉我们，现行的管理经验并非是企业早年得以发展的要素，而恰恰是导致它们衰败的原因，企业成功的真正基础正是创业精神。由此可见学习和培育创业精神的重要性。

二、创业精神的内涵

“创业精神”这个概念出现于18世纪。多年来，其含义在不断变化。综合已有的创业精神的定义，我们这样界定创业精神：创业精神是指创业者在创业过程中具有的开创性的思想、观念、个性、意志、作风和品质等重要行为特征的高度凝练。从理论上说，创业精神有三个层面的内涵：①哲学层次的创业思想和创业观念，是人们对于创业的理性认识；②心理学层次的创业个性和创业意志，是人们创业的心理基础；③行为学层次的创业作风和创业品质，是人们创业的行为模式。创业精神的本质是创新意识和主动精神。对此，不同的人有不同的诠释。熊彼特认为创业精神包括建立私人“王国”、对胜利的热情、创造的喜悦和坚强的意志。这种精神是成就优秀企业家的动力源泉，也是实现经济发展中创造性突破的智力基础。熊彼特将创业精神看作一股“创造性的破坏”力量。创业者采用的“新组合”使旧产业遭到淘汰。原有的经营方式被新的、更好的方式摧毁。

三、创业精神的来源

创业精神并非天生，而是在一定的社会、经济、政治、文化、产业等环境中形成的。换句话说，创业精神形成因素主要有文化环境、产业环境、生存环境等。

（一）文化环境

创业者离不开现实文化环境。创业本身是一种学习。作为学习者，其所生活区域的文化就是学习的重要内容之一。因此，在一个商业文化氛围浓厚的地方，潜在的创业行动者容易培养创业精神。

（二）产业环境

不同的产业环境会对创业精神产生影响。对于垄断行业而言，企业缺少竞争，就容易抑制创业精神的产生。在完全竞争的市场结构中，如互联网行业，由于企业间优胜劣汰，竞争激烈，更有可能形成创业精神。

（三）生存环境

常言道："穷则思变。"从生存环境来看，资源贫瘠、条件恶劣的区域往往能激发人的斗志。从创业视角分析，在资源贫瘠的地方，人们为了改善生存状况而寻求发展机会，整合外界资源，进而催生创业念头，激发创业精神。

四、创业精神的作用

创业是一个国家经济活力的象征，一个国家的经济越繁荣，它的创业活动越频繁。西方发达国家的经济繁荣发展史，伴随着一轮又一轮的创业史。因此，创业被认为是一个国家经济发展和社会发展的推动力，创业精神被誉为人类最宝贵的财富。

创业精神的作用主要体现在以下三个领域：

第一，个人成就的取得。这主要是指个人如何做好目前的工作，成功地创建自己的企业。

第二，大企业的成长。这主要是指如何使整个组织重新焕发创业精神，以具有更强的竞争力并创造高成长。

第三，国家的经济发展。这主要是指国家的经济发展能够帮助国家变得富强、人民变得富有。

创业精神的力量能够帮助个人、企业乃至整个国家或地区，在面对21世纪的竞争时走向成功和繁荣。当前，世界产业结构正经历着彻底转变，而创业精神将在我国发挥更大的作用。它有利于加快转变经济发展的方式，促使经济社会又好又快发展。

五、创业精神的培育

（一）培育创业人格

个性特征对个体创业来说是极其重要的，尤其是"独立性""敢为性""坚持性"等特征。所以，人格的教育与创业精神的培养是相辅相成的。应引导大学生树立心理健康意识，强化心理素质，增强心理调节能力和对社会的适应能力，自觉培养坚韧不拔的意志品质和艰苦奋斗的内在精神，提高承受挫折和解决问题的能力。此外，还可以采用创业案例，剖析创业者的人格特征，进行心理训练等，让大学生了解形成良好心理素质与优秀人格特征的途径。

（二）培养创新能力

创新能力是创业精神的核心。大学生要通过保持个性发展和好奇心、求知欲、勇于突破，有针对性地突破前人、突破书本、突破难题，培养科学精神，训练创新思维，提高创新能力。

（三）强化创业实践

“纸上得来终觉浅，绝知此事要躬行。”鼓励大学生在课余时间参加一些创业模拟和社会实践活动，增强学生对企业的了解以及对社会的适应能力，通过在校内外开展创业竞赛活动，与外部企业联合开展大学生实习等，让大学生在实践中磨炼自己，形成正确的创业认知，孕育创业精神。

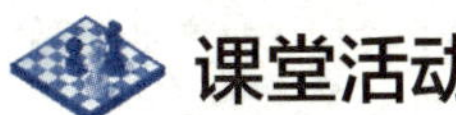

课堂活动

两人一组，各自分享一件在自己身上发生的，或者自己认识的人身上发生的，与创业有关的事。

任务四　创新与创业的关系

随着全球经济一体化进程的加快与知识时代的到来，尤其是2014年9月时任总理李克强在夏季达沃斯论坛上首次公开提出“大众创业、万众创新”，借助世界科技浪潮，社会上兴起了创业推动的大潮，使得创新与创业成为当今时代的主旋律，成为一个国家推动经济转型和快速发展的重要途径，并日益受到世界的关注。创新与创业虽是两个不同的概念，但两者之间又内在相关、密不可分，如果说创业的本质是创新，那么创新则是创业的核心。

一、创新与创业本质的一致性

创新与创业两个范畴之间有着本质上的契合，内涵上相互包容，实践过程中互动发展。创新活动的本质内涵，体现着其与创业活动性质上的一致性和关联性。创新与创业均具有“开创”的性质。创新主要是指理论、思维方面的创造活动，是整个创造活动的初期阶段；创业是实际活动中的创造，是创新思维、理论和技巧方法的应用与现实体现，属于创造活动的后期阶段，也是创新的根本目的。

总体上说，科学技术及思想观念的创新，形成了新的生产和生活方式，创造了新的消费需求，这是创业活动源源不断的根本动因。另外，创业在本质上是一种创新性实践活动，是主体的一种高度的自主行为。在创业实践的过程中，主体的主观能动性得以充分发挥，最终体现了创业的创新特征。

二、创新与创业的相互作用

（一）创新是创业的灵魂

创业者只有保持持续不断的创新思维和创新意识，才可能在创业的过程中产生新的有创意的想法和方案，寻求新的模式、新的思路，最终获得创业的成功。

（二）创新的价值在于创业

创新的价值在于将潜在的知识、技术和市场机会转变为现实生产力，实现社会财富增长，造福人类社会，而实现这种转化的根本途径就是创业。创业者不一定是创新者，但必须具有能发现潜在商机的能力和敢于冒险的精神；创新者也不一定是创业者，但创新的成果一定是经由创业者推向市场的，只有使其价值市场化，创新成果才能转化为现实生产力。

（三）创业推动并深化创新

创业可以推动新发明、新产品或新服务的不断涌现，创造出新的市场需求，从而进一步推动和深化各方面的创新，因而也就提高了企业或整个社会的创新能力，推动了经济的增长。

创新和创业相互促进又相互制约，是密不可分的辩证统一体。创新是创业的灵魂，而创业是创新的载体。创业者只有通过创新，才能使所开拓的事业生存、发展并保持持久的生命力。

准备创业的大学生，更需要有创新意识、创新思维、创新技能、创新品质。仅仅具备创新精神还远远不够，创新只是为创业成功提供了可能性和必要准备，如果脱离了创业实践，缺乏一定的创业能力，创新精神也就成了无源之水、无本之木。

项目二　创业型经济与创业

从计划经济到市场经济，从互联网到移动互联，时代的变迁，一波又一波的弄潮儿前赴后继，迸发出惊人的创造力。回顾我国自改革开放以来的历次创业浪潮，社会、经济、科技、政策环境并不相同。创业浪潮在很大程度上与政府的支持、社会资金的宽裕程度、投资人的态度、社会的包容度有关。

任务一　创业浪潮

一、“草根”创业：个体户爆发（1979—1989年）

我国第一次创业大潮是民间自发的，如果不创业就没有“活路”，这种理论被称为“生存创业”。“文化大革命”结束后，知青返城，就业成为社会问题。为缓解就业压力，解决温饱问题，1979年2月，中共中央、国务院批转了第一个有关发展个体经济的报告，允许“各地可以根据当地市场需要，在取得有关业务主管部门同意后，批准一些有正式户口的闲散劳动力从事修理、服务和手工业者个体劳动”。

“个体户”应运而生。

1980年，温州人章华妹成为第一个拿到个体工商户营业执照的人，她以卖纽扣为生。

个体户的出现，激活了一个封闭已久的经济体对物质的渴望，中国第一代企业家也在这时“倒腾”出第一桶金，并借助时代机遇成就了各自非凡的事业。

二、精英创业：扔掉“铁饭碗”（1992—1996年）

自个体经济为人们打开新天地后，市场经济迅速席卷全国。20世纪80年代末90年代初，全国掀起了一股全民经商潮，其中最为典型的是国企员工“下海”。

1992 年年初，邓小平在南方谈话中指出，计划和市场都是经济手段，明确提出“三个有利于”标准。“南方谈话”进一步打破了人们的思想禁锢，激发了人们跳出体制、投身市场经济之海的热情。

面对充满未知数的商海，公职人员更多以“停薪留职”或请长假的方式“下海”，为自己留后路。据统计，1992 年，有 12 万名公职人员辞职下海，1 000 多万名公职人员停薪留职。

这一代的创业者中诞生了后来的业界知名人士，而他们所创办的企业也逐渐成长为数一数二的中国品牌。

三、互联网创业：浪潮之巅（1997—2000 年）

经济体制的改变，解决了生存问题，而科技的发展，却改变了生活方式。中国的互联网元年，在 1997 年开启。

1997 年 1 月，张朝阳创办了爱特信（ITC）网站。1998 年 2 月，他推出中文网页目录搜索引擎——搜狐。

1997 年 6 月，26 岁的丁磊设想网民们应有自己的信箱，于是在广州创办网易公司，第一个中文个人主页服务系统和免费邮箱系统诞生了。

1997 年 11 月，中国互联网络信息中心（CNNIC）发布第 1 次《中国互联网络发展状况统计报告》。该报告指出，截至 1997 年 10 月 31 日，全国共有上网计算机 29.9 万台，上网用户数 62 万人。此后，CNNIC 形成半年一次的报告发布机制。

1998 年 11 月，马化腾成立了深圳市腾讯计算机系统有限公司，开发了 OICQ（QQ 的前身）即时通信软件。

尽管经历了 2000 年互联网泡沫的惨烈溃败，互联网时代的步伐并未减缓。百度、腾讯、阿里巴巴正是在这一时期迅速崛起，成为中国新兴经济的代表。而其所代表的互联网，将在未来以“颠覆一切”的形象，改变整个中国的经济结构。

四、大众创业：新时代的个体崛起（2014 年至今）

第四波创业浪潮是从我国实施“大众创业、万众创新”开始的。2014 年 9 月，时任总理李克强在夏季达沃斯论坛上首次提出“大众创业、万众创新”，强调要借助改革创新的“东风”，在 960 万平方千米的土地上掀起“大众创业”“草根创业”的浪潮，形成“万众创新”“人人创新”的新态势。2018 年，我国全球创业指数为 41.1%，我国创新排名由 2017 年的第 22 位跃升至第 17 位，超过新西兰、奥地利、挪威、加拿大、冰岛等发达国家，并首次跻身世界最具创新性的前 20 大经济体，在参评的 34 个中高收入经济体中排名第 1 位。我国是 2018 年全球创业指数得分增幅较大的 10 个国家之一。目前，我国已跻身全球创新领先者行列。受创业环境变化驱动，据国家统计局数据，2020 年我国新登记市场主体 2 502 万户，日均新登记企业 2.2 万户，平均每分钟就会诞生 15 家公司。北京、深圳、上海、成都、武汉等各种要素聚集城市的“双创”成果正在呈现指数级增长。

任务二　“双创”

一、“双创”的内涵

“双创”是指“大众创业、万众创新”。关于“大众创业、万众创新”的提出背景，前文已介绍，此处不再赘述。

“双创”战略是我国经济转型的必然抉择，我国正以“大众创业、万众创新”带动新经济增长，缩小“创新鸿沟”，这是推动我国从经济大国迈向经济强国的重大历史抉择。这一战略的基本目标是推动我国经济转型，特别是通过新创企业的进入推动在位企业转型。推动“大众创业、万众创新”是充分激发亿万群众智慧和创造力的重大改革举措，是实现国家强盛、人民富裕的重要途径，因此有必要让创业创新成为时代潮流，汇聚起经济社会发展的强大新动能。

二、“双创”产生的背景

我国经过 40 多年的改革发展，形成了巨大的经济体量，成为全球经济大国和贸易大国，但经济规模大而不强、经济增长快而不优、关键领域核心技术受制于人的格局没有得到根本改变。在国际发展竞争日益激烈和我国发展动力转换的形势下，没有创新发展，我国就难以摆脱过多依靠要素投入推动经济增长的路径依赖，难以实现经济持续健康发展，难以成为经济强国、创新大国。

目前，我国比以往任何时候都需要强化创新这个引领发展的第一动力。从世界范围看，当今全球进入大数据、云计算、物联网新时代，经济发展动力进入以颠覆性技术创新为主导的历史阶段。正在出现的全球新一轮科技革命和产业变革，与我国加快转变经济发展方式的“新常态”形成历史性交汇。

随着人口红利减少、生产要素成本上升、资源配置效率和要素供给效率下降，我国比以往任何时候都需要通过创新来提升国家竞争力，摆脱陷入“中等收入陷阱”的隐患。与全球主要发达国家相比，我国创新竞争力水平依然有较大差距，创新创业在经济增长中的贡献仍较低，增长模式仍处于“要素驱动”和“投资驱动”并存阶段。

2008 年，全球金融危机使大多数国家比以往任何时候都需要通过创新来摆脱危机，实现重生，主要发达国家纷纷推出各自的创新增长战略，焦点不约而同地锁定在新一代互联网、生物技术、新能源、高端制造等战略性新兴产业上，构成新一轮增长竞赛，其战略推出的频率之快、密集程度之高前所未有。

欧盟各国如德国于 2010 年发布的《德国 2020 高技术战略》提出，竭力塑造新的法规环境，为“发明”和“创新”提供足够的“自由空间”。此外，欧盟加大了对公共创新研发的支持力度。

亚洲国家在此轮全球创新竞赛中也不甘示弱。日本于 2007 年出台《日本创新战略 2025》、2010 年出台《未来 10 年经济增长战略》之后，2011 年提出成立科技创新战略部来代替综合科学技术会议，从而最大限度发挥“创新司令塔”的指挥作用。同时，为抢夺全球创新人才，日本提出“亚洲人才资金构想事业”项目，设立“外国人特别研究员计划”。

韩国政府积极推动新增长战略，在 2009 年 1 月发布《新增长动力规划及发展战略》的基础上，于 2013 年年初提出实施“创造经济”（Creative Economy）战略，主要包括创新管理政府部门结构，以塑造“创造经济”生态环境为方针，从国家科技研发、信息与通信技术（Information and Communication Technology，ICT）出发，构建创业的生态系统，发展并保护中小企业，使其成为“创造经济”的主力军等。

三、我国“双创”战略路径选择

对于正在全力推动“大众创业、万众创新”的我国而言，当前在创新发展的过程中仍然存在许多深层次矛盾。创新创业体制机制与创新创业快速发展不相适应，单兵突进的现象依然严重，制度不配套，创新阻力依然很大。创新驱动不仅是要素动力转换问题，更是制度变革问题。因此，必须博采众长，树立全新经济发展观和新思维，持续完善国家创新创业体系，做好战略部署和顶层设计。

第一，持续强化创新创业战略的顶层设计和科学布局是突出特点。

我国对创新创业发展应持长远的、战略性思考的眼光看待，借鉴发达国家的有益经验，避免“碎片化”倾向，必须明确创新创业中长期战略发展目标、整体布局、重点任务、专项规划，加强各项政策与规划间协调配合，健全和完善支持科技、产业、财融、教育、人才、知识产权等一揽子政策体系，实施“精准创新”“精准创业”，打造创新创业的体制架构和生态环境。

第二，“创新强国”建设必须把人才作为国家竞争力的最核心要素。

创新驱动实质上是人才驱动，创新人才是主要国家竞相争夺的核心战略资源。无论是美国、日本、德国等发达国家，还是巴西、印度等新兴经济体，都把人才战略上升为立国战略。相比之下，我国目前妨碍创新人才成长和流动的壁垒依然存在，必须打破束缚人的生产力的条条框框，让各类创新人才在企业、高校、科研机构流动起来，使创新资源从实验室流向市场，把更多科技成果转化为现实生产力。要择天下英才而用之，促进国际高端人才加速向中国流动和聚集，真正把创新人才红利释放出来，创造“二次人口红利”。

第三，完善国家创新基础设施是促进创新创业发展的重要基础。

作为国家基础设施重要组成部分的创新基础设施，具有基础性、战略性、公共性、不可逆性、长期性等特点，发达国家普遍将创新基础设施建设作为强化本国自主创新能力和国际竞争力的重要举措。我国创新基础设施建设起步较晚，因此必须强化对国家创新基础设施建设的投入，形成对创新基础设施、大数据、云计算等基础平台以及国家创新实验室、创客空间等的可持续投入和发展机制，真正为创新和创业提供基础性支撑。

第四，前瞻谋划和布局面向未来全球科技竞争是大国战略博弈的关键。

全球竞争格局演变的历史证明，如果没有为了“明天”的科技储备，则注定“明天”的国家失落。2009 年，美国发布《美国创新新战略》，力挺先进制造、精密医疗、大脑计划、太空探索等九大战略新兴领域和一批颠覆性技术。在全球创新空间和分工体系“大洗牌”的背景下，我国必须加强对未来科技竞争的战略储备。在面向国家重大需求方面，加强科技攻关和协同创新，实现关键核心技术重大突破；在关系国家核心利益、国防安全和长远发展的战略必争领域抢占制高点；在面向国民经济主战场方面，加强面向下一代关键核心技术的研发与集成，努力建设世界科技创新强国。

第五，完善全球创新协同网络和创新链合作是获得成功的关键。

人类历史上迄今共发生过五个波次的创新资源跨国大转移，每次转移都会在新的区位造就新的科技中心。在创新全球化时代，创新要素将沿着高效率的轨道向能产生高效益的地区加速流动，我国要积极顺应世界科技创新和产业变革趋势，从过去接纳产业转移，递进到接纳创新要素转移，深度融入全球产业分工体系，充分利用全球创新创业资源实现开放式创新。以中英、中德、中韩等创新合作平台对接为契机，共同开拓第三方市场，共建全球开放、包容、共享的国际合作体系，推动经济强国战略全面升级。

项目三 创业、就业与人生

任务一 创业已经成为大学生的一种职业选择

大学生是宝贵的人力资源，如果职业选择得当，将能最大化地发挥个人的才能，取得事业的成功，为社会创造更大的价值；如果职业选择不当，会造成极大的人才浪费。此外，如果每个人都能正确择业，也有利于保证社会人力资源需求平衡。职业的选择对个人和社会都有重要的影响。创业不是天才的独创，普通人一样可以创业并取得成功。创业成为个人改变命运、追求卓越的一种途径，促进企业不断成长，帮助国家取得核心竞争力。在“大众创业、万众创新”的大潮中，越来越多的人选择了创业。创业既是一种生活方式，也成为一种职业选择。如今，创业已经成为大学生职业选择的一种，越来越多的大学生选择了创业。

案例故事

一个阳光明媚的早晨，商学院的薛同学和室友没有课，睡到中午11点才起床。午餐，她俩订了外卖，外卖到了之后，由于楼层较高且她俩还没有洗漱，因此谁也不愿意下去拿。室友抱怨说，订外卖也不送到宿舍，还要自己爬楼下去拿，一点也不方便。这句无心之话引发了薛同学的思考。

越来越多的大学生因为时间的原因或者天天吃食堂的饭菜吃腻了，在中午及晚上选择订外卖，他们希望送餐速度快、安全，并且味道好。当时，美团外卖、饿了么等外卖平台刚刚起步，薛同学所在大学周边专业的外卖配送体系还没有形成，各餐饮店的外卖基本上都是店家自己配送。同学们也都是各自在平台上自主下单，零散的订单比较多。外卖市场不断扩大，但是相应的外卖配送服务质量却没有跟上。

当时薛同学所在大学周边的外卖现状是：送餐慢，且只送到楼下。大多数时候，送餐时间从下单到送达要超过 1 个小时，收到的时候外卖都凉了，影响口感和食欲。因为等餐时间太久，影响休息和上课，大学生的外卖用餐体验满意度不高。

外卖配送是一个重复性、高频率、刚性的需求。薛同学所在大学每年在校人数 30 000 人以上，人口集中、需求量大。能不能以此为出发点，建立一个专业的外卖配送团队，解决配送速度慢、等待时间长、送货不上门等问题呢？薛同学为此进行了深入的调查，收集了同学们和商家的建议，结合自己在美团外卖实习的经历，开始了 Mini2（迷你兔）校园 1 千米专业配送服务的创业项目。

项目早期业务主要包含两个方面。一是以大学为中心的餐饮外卖配送服务。即为大学周边餐饮商家提供第三方专业外卖配送服务，将他们接到的订单外卖，快速、安全、高效地送达指定地点，从而收取相应的配送服务费用。二是以学生为目标群体的快递上门收取或寄发服务。学生只要有任何的快递收取或寄发需要，都可以联系他们，他们会在第一时间接收订单，负责准时配送上门，收取相应的收取或寄发费用。

半年后，除外卖配送服务外，创业团队还承接了快递以及牛奶、日化用品等产品的配送，同时寻找到了自己的货源，做自己的产品。月外卖配送 10 万余份，每月纯利润在 3 万元左右。

虽然在创业的过程中碰到了各种各样的问题，但是薛同学和小伙伴们一起克服困难、解决问题，个人综合能力得到大幅增强。转眼进入大四实习期，正是由于有这段创业的经历，位于上海的一家世界 500 强企业给了薛同学管理培训生的实习岗位。一年后，薛同学转正，成为公司一名管理人员。

创业的魅力就在于创造新的机会，走别人未走过的路，用自己的聪明才智独辟蹊径，获得创业的成功。创业是如此的有魅力，引得众多大学生参与其中，乐在其中。虽然在陌生的领域中摸索是辛苦的，但是创业的结果让人觉得物有所值。大学生要善于总结成功创业者的经验，像创业者一样思考和行动，善于观察和发现新的机遇、新的商机，用创新的思维来设计自己的创业思路，确立自己的目标。

大学生充满青春活力，拥有创造力和高学历，已经成为创业领域的生力军。各级地方政府鼓励大学生创业，为他们提供了各种政策和优惠；各个投资机构也深入高校，发掘好的创业项目；各种创业孵化园也为大学生创业提供各种优惠和优质的服务。在各个领域中，大学生创业者运用所学知识，创造性地解决用户需求，正在创造一个个的经济奇迹。越来越多的大学生投入创业的目的已不再是追求经济利益，而是希望通过自己的努力为社会奉献更多的力量。

任务二 专创融合提高就业力

越来越多的高校开始重视创业教育，纷纷设立了创新创业学院，开设了各类创业课程，组织了各种创业活动；把创业教育纳入素质教育体系，加强大学生的创新创业意识和能力并增强社会责任感；把创业教育与职业发展规划结合起来，采取多种渠道探索提升创业能力的途径。创业教育也更加重视应对不确定性的创业思维和行为方式以及学习能力的训练。

创业教育不是孤立地存在于大学教学之中，而是应该融入教育的全过程，融入专业教学之中，实现创业教育与专业教育的融合，贯穿大学教育的全过程，以创业教育促进专业教育，提高大学生的创业能力和就业能力。专业教育和创业教育的结合，可以使大学生做到以下三个方面。

一、敢闯敢创

面对充满不确定的未来，大学生要敢闯敢创。创业者有着不同的思维方式，他们本能的倾向是把自己的思考转变为立刻的行动，按照“行动—学习—构建（基于前面的学习）—再次行动”的步骤不断循环，直至创业成功。因此，要培养大学生学习创业家的思维和行动方式，从拥有的资源出发，敢闯敢创。

二、敢闯会创

成功地进行创业，需要掌握创业的规律和秘诀。感召同伴形成团队，用同理心寻找问题背后的本质，发现客户的需求，形成有创意的解决方案，提供用户需要的产品或者服务，确定商业模式，创造和实现价值。

三、敢闯能创

创业不是随随便便就能成功的。除了敢闯会创，创业者还要有自己独特的竞争优势。创业不仅要激活自己，更要给自己赋能。大学生要突出专业优势，运用专业知识去发现问题和解决问题，形成自己差异化的优势，获得更大的成功。

"创业基础"是教育部规定面向全体学生开设的通识必修课，目的并不是让每个学生都去开公司，而在于开拓学生的思维，孕育学生成为创业型学习者，教会学生将来在工作岗位上，突破资源限制，发现或者创造机会，创造价值，体现个人价值，培养学生的创新意识、创业思维和能力，帮助他们适应未来的不确定性。

通过"创业基础"课程的学习，学生能掌握创业思维，并根据创业思维的五大原则，在面对充满不确定的未来时，敢闯敢创但不蛮干，学习创业家的思维和行动方式，从拥有的资源出发拥抱不确定性，把自己的思考转变为立刻的行动，在行动中快速迭代和提高。学生能掌握设计思维以及以人为本的创新思维，学会用同理心去发现问题和解决问题，从用户中来到用户中去，通过测试与迭代，提供用户需要的产品和服务。通过运用商业模式画布等商业思维的工具，把产品转换成有价值的商品，从而做到敢闯会做。

学生通过在专业课程教学中反复的练习和使用本书中讲到的思维与方法，学会将创业教育与专业教育相融合，将理论学习与社会实践相结合，运用专业知识去发现问题和解决问题，提高对专业的热爱和职场竞争力。

通过专创融合，从事创业的大学生能将所学专业知识与创业项目结合，解决实际的问题，在激烈的创业竞争中获得自己独特的竞争优势，从而大大提高创业的成功率；直接就业的大学生则可以像创业者一样思考和行动，能在普通的工作岗位上，运用专业知识去发现问题、创造机会和解决问题，以人为本，创造价值，提高自己的就业力，获得更大的职业发展空间。所以，对于创业的学生而言，创业教育有助于提高创业成功概率；对于就业的学生而言，创业教育能够提升就业力。

任务三　创业、就业与人生的关系

高校的创新创业指导课程的学习不仅使同学们掌握了创业的知识和一系列的方法、工具，提升了自己的创业能力，还培养了同学们行动胜于一切的创业思维、以人为本的创新思维（设计思维）、创造和传递价值的商业思维，使同学们在思想和观念上发生了改变。创业的核心本质是创造价值。通过学习，同学们对自己有了更深刻的认识，形成了正确的创业观和价值观，对人生有了更深刻的认识，能正确看待创业、就业与人生的关系。创业、就业都是实现个人人生价值的方式，不管哪种方式，其共同点是创造价值，通过创造价值体现个人的人生价值。

前几次创业浪潮中的“前浪们”抓住时代发展的机遇，通过自己的奋斗创造价值。今天，在这个充满创新与创业的时代，创业环境前所未有的好，创业门槛前所未有的低，创业机会前所未有的丰富，创业者拥有前所未有的活力，这是最好的创新创业的时代。经济转型、更深入的改革与开放赋予我们的经济更大的生机与活力，给我们带来更多的发展机会。创业者的创业机会越来越多，同样，充满活力的经济也给就业的同学们提供了更多发展的机会。

人生能有几回搏？在民族复兴的伟大时代，此时不搏更待何时！年轻的大学生应该把握住时代发展的潮流，在波澜壮阔的创业大潮中寻找自己的定位，不管是就业还是创业，都要在各行各业中把握住时代发展的机会，顺势而为，创造性地思考和行动，把机会变成现实，实现自己的人生价值，创造美好的未来。

思考讨论

请分组并围绕“创新创业”展开讨论，思考并回答下列问题。

1. 创新和创业是一回事吗？两者之间的关系是什么？
2. 请针对每一种创新的类型，举一个现实中的例子。
3. 创业要具备哪些关键要素？各要素之间的关系是什么？
4. 大学生创业过程中会遇到哪些问题？如何进行创业规划？

实践训练

了解不同类型大学生创新创业典型案例

【实训目的】

1. 学会对比分析不同类型大学生创新创业的特点。
2. 掌握搜索材料和筛选材料的能力。
3. 提高演讲能力。

【实训流程】

流程1：阅读创新创业类型的相关知识

通过以下途径查阅相关知识，并记录下几位学者对创新创业类型的划分情况。

1. 记录在网络上搜索到的大学生创新创业类型，整理结果如下：

____

____

2. 记录在图书中搜索到的大学生创新创业类型，整理结果如下：

____

____

流程 2：搜索创新创业的典型案例

在网络上和图书中查找大学生创新创业的典型案例。写下拟作为汇报材料的案例名称，并写出该案例对大学生创新创业的借鉴意义。

案例名称：

____

借鉴意义：

____

____

____

____

____

____

流程 3：制作并汇报大学生创新创业的典型案例

讨论出大学生创新创业典型案例的汇报提纲，撰写汇报的 PPT，安排专人进行汇报，汇报后听取同学建议进行改进。PPT 可以从“是什么、怎么看、为什么、怎么做”四个步骤来设计制作。

1. 你汇报的案例是什么？

____

____

____

____

2. 你怎么看待这个案例？

____

____

____

____

3. 你为什么这么认为？

______

______

______

______

4. 结合这个案例对你的启发，谈谈你要怎么做。

______

______

______

______

模块二 开启创新之路

模块导读

创新是人类特有的认识能力和实践能力，是个体实现自我价值的重要方式，是推动民族进步和社会发展的不竭动力。一个人要想取得成就，一个民族要想走在时代前列，就不能没有创新，就一刻也不能停止创新。

大学生要想实现创新，就必须培养自身的创新素养。创新素养通常包括创新意识、创新思维、创新能力和创新方法等方面。作为大学生，我们不仅应加强自身的创新意识，敢于打破常规，发扬创新精神，还应养成科学的思考和学习习惯，努力提高自己的创新能力。同时坚持不懈地发现问题和找寻解决问题的办法，坚定信念，不断进取。只有努力培养创新素养，才能提高自身的核心竞争力，才能保证个人和民族事业的顺利发展。

案例导入

第七届中国国际“互联网 +”大学生创新创业大赛总决赛于 2021 年 10 月 12 日在南昌大学开幕。

“互联网 +”大学生创新创业大赛将立德树人理念融入“双创”教育中，实现人才培养目标的定位转向为育人为本、全面发展，实现育人与发展的统一。今年大赛进一步回归教育本质，坚守育人育才“本色”，力争从“稚嫩”中突出“不平凡”。增加了参赛人员年龄不超过 35 周岁的限制，让更多青年学生有展示机会。大赛同期举办创新创业成果展，突出展示各地各高校落实立德树人根本任务、培养“大众创业、万众创新”生力军的成果。七年来，以大赛为抓手，我国创新创业教育改革不断深化，开设了 3 万余门创新创业相关课程、建立了 3.5 万余人的高校创新创业教育专职教师队伍、建设了 200 所全国创新创业教育改革示范高校……一连串举措，厚植了中国“双创”人才的成长沃土。在大赛带动下，青年学子的实践能力也显著增强。目前，超过 1 000 所高校的 139 万名大学生参与“国家级大学生创新创业训练计划”，累计约 34 万个国家级项目获得了总计超过 58 亿元的资助。

大赛举办七年来，涌现出一大批优秀的创新创业项目，充分体现了以科技创新为基础的大学生创业的特点：北京航空航天大学“天梭动力”团队研发的“北航 4 号”固液动力高空高速飞行器成功发射，实现了固液动力飞行器高空高速有控长时飞行；重庆大学“一脉相传”团队首创共享通道无线能量与信息同步传输技术，研制出“油脉”系列产品，大大提高了钻井速度和安全性……引领科研成果转化，今年大赛新增产业赛道，推动赛事成果转化与产学研深度融合，助力高校的智力、技术和项目资源与经济社会发展需求紧密对接，有力深化了高校与科技界、产业界、投资界合作，激发了全社会创新创业创造动能。

资料来源：王鹏，黄浩然 . 为青年筑就创新创业成才梦——“互联网 +”大学生创新创业大赛综述 [EB/OL]. 新华网，2021-10-12.

项目一　拓展创新思维

任务一　创新思维概述

一、创新思维的内涵

创新思维是人类思维的高级阶段，是指人类在探索未知领域的过程中，能够打破常规，积极向上，寻求获得新成果的具有社会价值的、新颖而独特的思维活动。创新思维不是创意，更不是创造力。创新思维运行的过程就是创意的认知过程、输出过程和创造力的产生过程。创新思维是在抽象思维和形象思维的基础上和相互作用中发展起来的，抽象思维和形象思维是创新思维的基本形式。

案例故事

销售奇才哈利十五六岁时，在一家马戏团负责销售小食品。但每次看表演的人不多，买东西吃的人更少，尤其是饮料。

有一天，哈利产生了一个想法：向每一个买票的人赠送一包花生，借以吸引观众。但老板不同意这个“荒唐的想法”。

哈利用自己微薄的工资作担保，恳求老板让他试一试。于是，马戏团演出场地外就多了一个声音：“来看马戏，买一张票送一包好吃的花生！”在哈利不停的叫喊声中，观众比往常多了几倍。

观众们进场后，哈利就开始叫卖起饮料。而绝大多数观众在吃完花生后觉得口干时，都会买上一杯。一场马戏下来，营业额比以往增加了十几倍。

二、创新思维的特征

（一）敏感性

要想打破常规思维的界限，产生新的思维成果，就必须敏锐地感知客观世界的变化。敏感性是指能敏锐地观察和认识客观事物性质的特质。客观事物纷繁复杂，所表现出的特征也各式各样，能否正确区分、识别它们的特征与了解各种特征之间的联系，与人的思维是否具有敏感性密切相关。具有敏感性思维的人，其所表现出的创新能力也较强。

（二）创造性

创新思维重在创新，这种创新体现为人在思考的方式上、思路的方向上、思维的角度上是否具有创造性和开拓性。也就是，认识事物时不停留在原有的层面上，而是进行重新的认识和分析，以独特的方法解决问题，用新奇的方式处理事务，生产新产品，发明新工艺，提出新方法，实施新方案等。

（三）联动性

创新思维具有由此及彼的联动性，这是创新思维所具有的重要特征。联动方向有三个：一是纵向，就是看到一种现象，即向纵深思考，探究其产生的原因；二是逆向，就是发现一种现象，则想到它的反面；三是横向，就是能联想到与之相似或相关的事物。创新思维的联动性表现为由浅入深、由小及大、触类旁通、举一反三的创新思路。

（四）开放性

创新思维是开放的，它主张打开大门，张开思维之网，尽力接受更多的信息，实现内界、外界之间的物质、能量和信息的交换。

（五）跨越性

创新思维属于非常规性、非逻辑性的思维活动。具有创新思维的人常常独具卓识，敢于质疑，善于破除陈规和思想的禁锢，善于从新的角度思考问题，力求另辟蹊径，得到突破性的新发现。

任务二　创新思维的探索过程

创新是一个复杂而漫长的过程，经过系统的创新思维过程所产生的新想法，无论是数量还是质量都要高很多。对此，心理学家格雷厄姆·沃拉斯（Graham Wallas）提出了经典的“准备—酝酿—顿悟—验证”四阶段创造思维模式。

一、准备阶段

创新思维是从发现问题、提出问题开始的。“问题意识”是创新思维的关键，提出问题后必须为着手解决问题做充分的准备。这种准备包括必要的事实和资料的收集、必需的知识和经验的储备、技术和设备的筹集，以及其他条件的提供等。同时，必须对前人在同一问题上所积累的经验有所了解、对前人尚未解决的问题进行深入的分析。这样既可以避免重复前人的劳动，又可以使自己站在新的起点从事创造工作，还可以帮助自己从旧问题中发现新问题，从前人的经验中获得有益的启示。

二、酝酿阶段

酝酿阶段要对前一阶段所获得的各种资料和事实进行消化、吸收，从而明确问题的关键所在，并提出解决问题的各种假设和方案。有些问题虽然经过反复思考、酝酿，但仍未获得完美的解决，常常出现思维“中断”、想不下去的现象，这些问题仍会不时地出现在人们的头脑中，甚至转化为潜意识，这样就为第三阶段打下了基础。许多人在这一阶段常常表现为狂热和如痴如醉，令常人难以理解。

三、顿悟阶段

顿悟阶段，也称为豁朗阶段。经过酝酿阶段对问题的长期思考，创新观念可能突然出现，思考者大有豁然开朗的感觉，这一心理现象就是灵感或灵感思维。灵感的来临，往往是突然的、不期而至的。例如，数学家高斯为证明某个定理，思考了两年仍一无所得。可是，有一天，正如他自己后来所说的，“像闪电一样，谜一下解开了”。

四、验证阶段

思路豁然贯通以后，所得到的解决问题的构想和方案还必须在理论上和实践上进行反复论证和试验，验证其可行性。经验证后，有时方案得到确认，有时方案得到改进，有时方案甚至完全被否定，再回到酝酿阶段。总之，灵感所获得的构想必须经过检验。

任务三 突破创新思维障碍

创新思维是创新的前提，思维定式的形成，会严重阻碍创新。所以，创业者要了解并学会克服思维定式，突破创新思维障碍。

一、思维定式的概念

思维定式，也称“惯性思维”，是由先前的活动而造成的一种对活动的特殊的心理准备状态，或活动的倾向性。简单地说，人们习惯用以往经常用的思维来看待和解决问题的方式，就叫作思维定式。思维定式的积极作用是，在环境不变的条件下，它使人能够应用已掌握的方法迅速解决问题；消极作用是，在情境发生变化时，它容易使人的思维僵化，妨碍人采用新的方法去解决问题，是束缚人的创造性思维的枷锁。

案例故事

高斯是伟大的数学家。小时候，他就是一个爱动脑筋的聪明孩子。

上小学时，一次，一位老师想治一治班上的淘气学生，便出了一道数学题，让学生从 1+2+3……一直加到 100 为止。老师想，这道题足够这帮学生算半天的，他也能得到半天悠闲。谁知，出乎老师的意料，刚刚过了一会儿，高斯就举起手来，说他算完了。

老师一看答案，5 050，完全正确，他惊诧不已，问高斯是怎么算出来的。

高斯说，他不是从 1 开始加到尾数 100，而是先把 1 和 100 相加，得到 101，再把 2 和 99 相加，也得 101，最后把 50 和 51 相加，也得 101，这样一共有 50 个 101，结果当然就是 5 050 了。

二、常见思维定式的类型

（一）经验型思维定式

丰富的经验是宝贵的，是人们处理问题时的好帮手，但一个人如果过分相信与依赖经验，反而不利于问题的解决。解决实际问题，并不是像解决一道算术题那么简单，只需要把适合的公式代入即可，还要根据环境、主体、对象以及问题本身的变化来适当地发挥经验型思维的作用。

（二）书本式思维定式

“书读百遍，其义自见。”人们从学习知识的第一天起，似乎就对书本产生了一种崇拜之情，也相应地产生了某些依赖。生活中经常有人这么说：“书上就是这么写的。”这种对书中的内容的毫无质疑、全盘接受的现象，就体现了书本式思维。如果不考虑已经发生变化的因素，依然按照书本式思维去求索问题，就可能会走很多弯路，甚至是错路。

（三）权威型思维定式

在日常生活、学习与工作中，很多人会把自己的长辈、老师、领导、专家或名人等当作权威人物，并以他们的观点与思想作为自己为人处世、学习与工作的信条。权威人物具有自身优越性，一般情况下他们确实拥有比其他人更多的成功经验与声望，对相关问题也更具发言权，更能够使他人信服。但是，权威人物的观点与思想并不一定完全正确，也并不一定适合每一个人。所以，我们要具有足够的分辨能力，不能将权威人物的观点与思想全部奉为信条。

案例故事

课堂上，哲学家苏格拉底拿出一个苹果，站在讲台前说："请大家闻闻空气中的味道！"一名学生举手回答："我闻到了，是苹果的香味！"苏格拉底走下讲台，举着苹果慢慢地从每一个学生的面前走过，并提醒道："大家再仔细闻一闻，空气中有没有苹果的香味？"

这时已有半数的学生举起了手。苏格拉底回到讲台上，又重复了刚才的问题。这一次，除了一名学生没有举手外，其他人全都举起了手。苏格拉底走到这名学生面前问："难道你真的什么气味也没闻到吗？"那个学生肯定地说："我真的什么也没闻到！"这时，苏格拉底对大家宣布："他是对的，因为这是一只假苹果。"这个学生就是后来大名鼎鼎的哲学家柏拉图。

挑战权威是一种敢于说出真相的态度，是一种敢于提出质疑的勇气，是一种坚持真理的精神。创新就是要挑战权威，不迷信书本和权威。但是，创新并不反对学习前人经验，很多创新都是在前人成就的基础上进行的。

（四）从众型思维定式

从众型思维是一种个体缺乏自身判断、容易受外界环境影响的思维方式。在这种思维导向下，个体往往缺乏怀疑精神和自主判断能力，在决策时，受外界影响较大，即使外界判断错误，个体也会迫于外界压力认同错误的判断。在封闭、僵化并缺乏安全感的社会环境中，比较容易滋生从众型思维。从众型思维的滋生和流行，容易造成社会人格的平均化、平庸化趋向。

（五）模式型思维定式

模式型思维是指固守由以往成功经验所总结出来的方式方法的思维方式。在生产、经营、科研及生活等领域中有很多模式化的东西，如烹饪方法、操作规程、实验方法、商业模式等。模式是经验的总结、优化，对实践活动有很好的指导作用，固守模式可能会获得商业上的成功，也可能会导致商业上的失败。

（六）直线型思维定式

直线型思维是一种直线的、单向的、单维的、缺乏变化的思维方式。这种思维方式有两个基本特点：一个是把多元的问题变成一元的，“一条道走到黑”，排除其他道路的可能；另一个是非此即彼，非对即错，不考虑其他方案的可能性。用直线型思维处理具有非此即彼的答案的问题时，能很快得出正确答案。但是，如果在处理复杂问题时也依照直线型思维行事，便无法切中问题的要点。

（七）局限型思维定式

局限型思维就是在忽略问题之间、问题环节或要素之间的关联性和整体性的情况下，偏重或局限于从个别方面去思考和解决问题的思维方式。由于忽略了问题与问题之间的普遍联系的特征，具有局限型思维的人往往不能敏锐地把握问题的发展态势，以致其在实际解决问题时，常常停滞不前或者贻误了解决问题的时机。

（八）循规蹈矩型思维定式

循规蹈矩型思维是一种安于现状，不愿意进行深入思考，不积极进行创新的惰性思维方式。长期受这种思维方式影响的人们，不再会主动地开动脑筋，而只会机械性地操作，很难取得创造性的成果。循规蹈矩型思维定式会严重阻碍创造性活动的开展。

（九）太极型思维定式

太极型思维是指因缺乏选择能力、缺乏主见，而不知该如何取舍的思维方式。具有这种思维特征的个体往往缺乏决断力，在解决问题时没有主见，犹豫不决。在很多情况下，由于不能确定解决问题的方案，就会错过很多解决问题的最佳时机。

课堂活动

活动目标：综合运用联想、想象，从多角度发散思维，克服心理惯性、思维定式。学会诱发和捕捉灵感，解决看似不可能解决的问题，并提出多种解决方案。

活动时间：30 分钟。

活动步骤：

步骤一：学生分组，6～10 人为一组，给自己的小组命名。

步骤二：选出组长。

步骤三：分配给每组 11 根钉子和 1 个硬纸小盒。要求用 1 根钉子支起 10 根钉子，小盒可以起固定 1 根钉子的作用。注意事项如下：

1. 11 根钉子不能分散放置。

2. 这是一个肯定能完成的游戏，只是需要有足够的信心和耐心，能够承受多次失败。

3. 以小组为单位操作，需要团结协作才能完成，要不断把自己的想法告诉大家，相互沟通交流。

4. 要把每种尝试用图片（手机拍照）和文字记录下来。

步骤四：学生分析任务，尝试各种思路。

步骤五：成功实现靠 1 根钉子支撑起 10 根钉子的小组，分别向全班同学展示，大家讨论交流，互相学习借鉴。

步骤六：每个人分享活动感悟。

活动提示：想要创新必须敢于尝试，尝试的过程中必然会遇到障碍与挫折。创新的最大障碍是你自己，必须对创新充满信心，有足够的耐心，坚信答案就在眼前。当然，还要克服心理惯性，勇于面对问题，善于总结经验，多动脑、勤动手。

步骤七：老师引导学生对此次活动进行反思和总结。

三、突破创新思维障碍的方法

（一）扩展思维视角

人的思维活动不仅有方向、有次序，还有起点。在起点上，就有思维切入的角度。我们把思维开始时的切入角度，称为思维视角。概括地说，思维视角就是思考问题的角度、层面、路线或立场。思维视角对于创新活动来说非常重要，扩展思维视角，学会从多种角度观察同一个问题，可以帮助个体克服思维定式，进而突破创新思维障碍。

扩展思维视角的方法如下：

1. 肯定—否定—存疑

思维中的“肯定视角”，就是当头脑中思考一种具体的事物或者观念的时候，首先设定它是正确的、好的、有价值的，然后沿着这种视角，寻找这种事物或者观念的优点和价值。思维中的“否定视角”正相反，否定，也可以理解为“反向”，就是从反面和对立面来思考事物或者观念，并在这种视角的支配下寻找这个事物或者观念的错误、危害、失败等负面价值。对于某些事物、观念或者问题，我们一时也许难以判定，所以，不应该勉强地“肯定”或者“否定”。不妨放下问题，让头脑冷静一下，过一段时间再进行判定，这就是“存疑视角”。

2. 自我—他人—群体

“自我视角”是指我们观察和思考时，总是习惯以自我为中心，用自己的目的、需要、态度、价值观念、情感偏好、审美情趣等标准尺度去衡量外来的事物或者观念。“他人视角”要求我们在思维过程中尽力摆脱“自我”的狭小天地，走出“围城”，从别人的角度，站在“城外”，对同一事物或者观念进行思考。群体是由个人组成的，但是，对于同一个事物或者观念，从个人的视角和从群体的视角，往往会得出不同的结论。

3. 无序—有序—可行

“无序视角”是指我们在思考的时候，特别是在思考的初期阶段，应该尽可能地打破头脑中所有的条条框框，如法则、规律、定理、守则、常识等，进行一番“混沌型”的无序思考。“有序视角”是指我们的头脑在思考某种事物或者观念的时候，按照严格的逻辑来进行，透过现象，看到本质，排除偶然性，认识必然性。创意的生命在于实施，我们必须在思考的过程中实事求是地对观念和方案进行可行性论证，从而保证头脑中的新创意能够在实践中得以执行，这就是“可行视角”。

（二）超越自我

突破障碍就是超越自我。所谓“超越”，实际上也是一种思维方式。这种思维方式，就是站在时代的制高点，超越时空的限制，根据对客观规律的正确认识，对事物的发展趋势进行正确的判断，从而做出科学的决策。只有超越，才有创新。超越既不是拘泥于现实的墨守成规，也不是脱离实际的凭空幻想。超越自我意味着思维方式的不断创新，也意味着人生目标的不断前移，有利于个体最终实现人生的价值。

课堂活动

讨论：如何突破思维障碍？

项目二　培养创新意识

创新意识是指人们根据社会和个体生活发展的需要，引发创造前所未有的事物或者观念的动机，并在创造活动中表现出的意向、愿望和设想。它是人们进行创造活动的出发点和内在动力，是创造性思维和创造力的前提。

任务一　创新意识的内涵

一、创新意识的概念

创新意识是创造性人才所必须具备的，培养创造性人才的起点是创新意识的培养和开发。要求我们具有创新意识，实际上是要我们改变传统的思维方式，改变传统的提出问题、思考问题的方式。在这个多变的时代，如果做不到这一点，即便是拥有了最新的知识，也有可能在激烈的竞争中被淘汰。有句话说：今天你如果不生活在未来，那么明天你将生活在过去。这绝不是危言耸听，在新的时代，由于新旧事物更替速度倍增，我们的思维方式也必须顺应形势的需要，对各种事物多用异样的眼光审视它，多从不同的角度观察它。诺贝尔物理学奖获得者朱棣文说："科学的最高目标是要不断发现新的东西，因此，要想在科学上取得成功，最重要的一点就是要学会用与别人不同的方式、别人忽略的方式来思考问题。"要想在任何一个领域、任何一项事业中获得成功，都必须学会用与别人不同的方式来思考问题，学会用别人忽略的方式来思考问题。

二、创新意识的价值

党的二十大报告指出："必须坚持科技是第一生产力、人才是第一资源、创新是第一动力，深入实施科教兴国战略、人才强国战略、创新驱动发展战略，开辟发展新领域新赛道，不断塑造发展新动能新优势。”“完善科技创新体系。坚持创新在我国现代化建设全局中的核心地位。”到 2035 年，我国跻身创新型国家前列的目标将激励全社会积极实施创新驱动发展战略，擦亮中国创造、中国智造的闪亮名片。

创新意识具有以下作用：

第一，创新意识是决定一个国家、民族创新能力最直接的精神力量。在今天，创新能力实际上就是国家、民族发展能力的代名词，是衡量一个国家和民族解决自身生存、发展问题能力大小的最客观和最重要的标志。

第二，创新意识促成社会多种因素的变化，推动社会的全面进步。创新意识根源于社会生产方式，它的形成和发展必然进一步推动社会生产方式的进步，从而带动经济的飞速发展，促进上层建筑的进步。创新意识进一步推动人的思想解放，有利于人们形成开拓意识、领先意识等先进观念；创新意识会促进社会政治向更加民主、宽容的方向发展，这是创新发展需要的基本社会条件。这些条件反过来又促进创新意识的扩展，更有利于创新活动的进行。

第三，创新意识能促成人才素质结构的变化，提升人的本质力量。创新实质上确定了一种新的人才标准，它代表着人才素质变化的性质和方向，它输出着一种重要的信息：社会需要充满生机和活力的人、有开拓精神的人、有新思想道德素质和现代科学文化素质的人。它客观上引导人们朝这个目标提高自己的素质，使人的本质力量在更高的层次上得以确证。它激发人的主体性、能动性、创造性的进一步发挥，从而使人自身的内涵获得极大丰富和扩展。

三、创新意识的构成

创新意识包括创新兴趣、创新动机、创新情感和创新意志。

（一）创新兴趣

兴趣是人们力求探究某种事物和从事某项活动的意识倾向，表现为人们对某种事物、某项活动积极的态度和情绪反应，并且使人对感兴趣的事物给予优先的注意。创新兴趣是指对挑战陈规、创造新事物、提出新方法等感兴趣，热衷于从事创新活动。创新对象的奥秘对人有巨大的吸引力，创新的结果给人以希望和召唤，创新本身就是一种强烈的引起兴趣的刺激物。拥有创新兴趣的人，能更全神贯注、积极热情地调动一切潜能进行创新实践，更易于发现问题，探索未知领域，并且感到轻松快乐，不知疲倦地钻研。物理学家玻恩说过：“我一开始就觉得研究工作是很大的乐趣，在今天，仍旧是一种享受。”

创新兴趣往往与好奇心、求知欲联系在一起，这是人的天性，有的人将这种天性抑制和闲置，而有的人将这种天性保持和发扬。当个体充满兴趣地从事创新活动时，各项心理功能都积极地活跃起来，感觉清晰，观察准确，思维敏捷，记忆力牢固，注意力集中而持久。同时，创新兴趣引领着创新目标的确立、创新能力的开发，人们总是优先根据自己的兴趣来选择合适的创新内容和方向。

（二）创新动机

动机是激发和维持个体的活动，并使这种活动朝着一定目标努力的内部心理倾向。与其他活动一样，创新活动也是受到动机的直接驱动而产生的。创新动机是指引起和维持个体进行创新行动的内在驱动力，是创新行为的动力基础。动机作为人的积极性的重要源泉，是激发人们进行各种活动的直接原因，是促使个人潜在创新能力向实际创新行为转化的动力。

创新动机在创新活动中主要有三方面的功能：一是激活功能，创新动机激发、推动个体产生创新行为；二是指向功能，创新动机总是使创新活动指向一定的目标或对象；三是维持与调节功能，创新动机一旦引起创新实践，会使人表现出极大的积极性，维持创新过程。个体能否坚持或如何做出调整和改变，也会受到创新动机的调整和支配。

（三）创新情感

创新情感是引起、推进乃至完成创造的心理因素。只有具有正确的创新情感，才能使创新成功。

（四）创新意志

创新意志是在创造中克服困难、冲破阻碍的心理因素。创新意志具有目的性、顽强性和自制性。

任务二　创新意识的培养

创新意识是可以培养的，大学生可以从以下几个方面培养创新意识，为以后的创业之路做好准备。

一、打破思维枷锁

束缚大学生思维的枷锁大致有如下 5 种。

（一）从众型思维枷锁

思维从众倾向比较强烈的人，在认知事物、判断是非时，往往会附和多数人的意见，人云亦云，缺乏自己的独立思考和主见。例如，当你和他人在对某件事情发表看法时，若大家的看法和你的不一样或相反，这时你若怀疑自己的看法，认为自己的看法是错的，最终放弃了自己的观点，便是一种从众型的思维方式。在创新的过程中，这种容易受到外界群体言行影响的思维方式永远是滞后的，是没有新意的。

（二）权威型思维枷锁

权威型思维枷锁是指思维中的权威定式。在思维领域，我们习惯于引证权威的观点，不加思考地以权威的是非为是非，这就是权威定式。例如，人是教育的产物，来自教育的权威定式使人们对“教育权威”的言论不加思考地盲信盲从，缺少“自我思索、冲破权威、勇于创新”的意识。而一味盲从“教育权威”，人的思维就失去了积极主动性。

（三）经验型思维枷锁

经验是相对稳定的，然而，正因为经验具有稳定性，所以就可能导致人们过分依赖甚至崇拜经验，从而形成固定的思维模式，结果就会因循守旧，限制头脑的想象力，造成创新思维能力的下降。此外，经验也具有很大的狭隘性，它会束缚人的思维广度，使人不能正确地完成信息加工的任务，进而形成片面性的结论。创新思维要求大学生拓展思路，大胆展开想象，不被以往的条条框框所束缚。

（四）书本型思维枷锁

书本是千百年来人类经验和体悟的结晶，它为我们呈现的是系统化、理论化的知识，能够带给我们无穷多的益处。但是，由于客观实际是不停变化的，加之前人受知识条件的局限，因此，书本知识与客观实际存在一定的差距，二者并不完全吻合。倘若我们脱离实际，照搬照抄书本知识，就会使自己局限于书本知识之内，从而束缚创新思维的发挥。

（五）自我贬低型思维枷锁

有的人经历过一些挫折和失败，做事没有信心，总认为“我不行，我做不到”，而从来不敢再去尝试，由此形成恶性循环——因没有自信而不去做，因不做而更加没有自信，最终饱受自我批判、自我贬低的折磨。因此，要想创新，任何时候都不要自贬，凡事要保持乐观态度，专注自己的长处，勇敢地行动起来。只有积极改变思维和行动方式，从内心深处树立起信心，我们才能发现自己的潜力，才能更好地实现创新。

对于大学生来说，思维的枷锁就像一座监狱，只有将守旧观念丢掉，勇于冲破思维的藩篱，才能走进创新的世界。

二、充分激发创新思维潜能

（一）独立思考，敢于质疑

爱因斯坦说过：“提出一个问题往往比解决一个问题更重要。因为解决问题也许仅是一个数学上或实验上的技能而已，而提出新的问题，却需要有创造性的想象力，而且标志着科学的真正进步。”因此，大学生不要盲目地听从他人，而要勇于挑战，敢于质疑，走前人没有走过的路，创前人没有开创的新事业。

（二）精通所学，兴趣广泛

放眼人类历史，创新绝不是无本之木、无源之水，而是在常规的基础上的综合与提高。唯有打牢基础知识，才有可能实现创新。因此，大学生应精通所学课程，并培养广泛的兴趣爱好，以扎实、系统的专业知识，开阔的视野和丰富的技能，促使自己“灵感乍现”。

（三）留心观察，善于发现

在生活中，只要留心观察，就能从一些细小的地方或平常的事情中获得知识。这些知识如同粒粒沙子，经过日积月累，就能够堆成一座座沙丘，从而为创新奠定基础。历史上有不少科学家就是通过留心观察生活中一些极其普遍的现象而萌发奇想，并以其大胆的思考而改变了世界。例如，瓦特因留心茶壶盖在水烧开后的跳动而发明了蒸汽机；牛顿因留心树上苹果会落地而发现了地球的万有引力等。大学生不应局限于在课堂和书本上学习知识，而应在生活中处处留心，仔细观察，以丰富自己的知识和阅历，为实现创新打下基础。

案例故事

王某是杭州某学校的一名学生，在上学期间，她发明了磁性剪纸专利产品。传统的镂空剪纸比较脆，稍不注意就会被撕破，涂上糨糊之后就更加易碎了。磁性剪纸解决了传统剪纸容易被撕破、变色及张贴不方便的问题。另外，由于这种产品使用的是环保材料，因此可以循环利用。

提起磁性剪纸的发明过程，王某笑着说："这纯属偶然。"有一次，在帮亲戚装扮婚车时，王某发现剪纸虽然漂亮，用起来却很不方便。于是，她就和父亲商量，想找到一个既不破坏剪纸的艺术效果，又便于张贴的好办法。父女两人很快就投入到发明中。经过反复试验，王某终于找到了一种特殊的磁性材料来代替传统的剪纸材料。使用这种材料剪出的艺术剪纸很容易就可以吸附在铁质的物体上，用水或清洁剂喷在其背面，还可以轻易地贴在玻璃等光滑物体上，并且不易被撕破。

之后，王某借助此项发明创办了一家磁性剪纸文化创意公司。在不到一年的时间里，她的公司已经发展了10余家加盟商，仅此一项的经济收入就达到30余万元。

（四）刨根问底，坚持不懈

生命的长河是永无止境的，人的学习也一样。大学生要实现创新，就要把刨根问底、坚持不懈的精神运用到学习和生活中，探究各种事物的本源及实质，不断钻研，锲而不舍，一步步地找寻正确的结果。只要拥有坚定的意志，对待事情精益求精，不懈探索，这种执着便会成为创新的推动器，最终帮助你实现梦想。

三、投身社会实践

古人云："读万卷书，行万里路。"意思是说我们要努力读书，让自己的才识过人，同时还要学以致用，将理论与实践结合起来。纵观现实中的每项发明，都是无数次的创新思维和实践过程的结合。

大学生要培养创新意识，提高创新能力，就必须投身社会实践。我们不应成为书本的奴隶，而应该活学活用，不仅要精通理论，还要利用理论去改进实践。只有在实践中，才能找出"想"与"做"的差距，才能让我们的创新理念变为现实。

项目三　提升创新能力

任务一　创新能力概述

创新能力简称为创造力，特指创造者进行创新活动的能力，也就是产生新的想法、新的事物或新的理论的能力。创造者可以是个人，也可以是群体或国家，由此，可将创造力区分为个人创造力、群体创造力或国家创造力。但群体及国家的创造力都是以个人创造力为基础的，故本书着重谈的是个人创造力的提升。尽管我们已经给出了创造力的含义，但大家可能还是不能准确地把握它。那么，创造力到底是一种什么能力呢？

创造力是一种改造世界的能力。要改造世界，首先要认识世界，因此，创造力包括智力，智力是创造力的必要条件。智力是一种中间能力，而创造力才是人的最终能力。正因为如此，创造力成为人类最主要、最宝贵的能力。一般来说，优秀的人、成功的人都是创造力出众的人。换个角度说，我们不仅要知道世界是什么，它是怎么来的，还要知道怎样改造世界。大学生在学校里不仅要学习认识社会、适应社会，更要学习如何改造社会。

任务二　培养创新能力的途径

创新其实就是一个发现问题、构思创意、解决问题的过程。培养一个人的创新能力可以从以下三个方面入手。

一、学会发现问题

我们每一个人都生活在“问题”之中，生活中从来都不缺乏问题，而是缺乏发现问题的眼睛。问题是一切发明与创新的起点。善于发现问题是科学精神的重要表现。人类科技史表明：科学发现和技术发明都是始于问题的发现，都是出自带着发现的问题进行观察、思考。只有问题才能激发人们的好奇心，从而激发人们科学探索和技术研究的兴趣。有了问题，思维才有方向，才有动力；有了问题，才有主动探究的愿望。

案例故事

20世纪初，在剑桥大学，维特根斯坦是大哲学家穆尔的学生。有一天，大哲学家罗素问穆尔："谁是你最好的学生？"穆尔毫不犹豫地回答："维特根斯坦。""为什么？""因为在我的所有学生中，只有他一个人在上我的课时老是流露出迷茫的神色，老是有一大堆问题。"后来，维特根斯坦的名气超过了罗素。有一次，有人问维特根斯坦："罗素为什么落伍了？"他回答说："因为他没有问题了。"

二、随时构思创意

创意就是具有新颖性和创造性的想法。换句话讲，"把任何想法转化成效益"就叫创意。每一次成功的背后，都有"另辟蹊径"的创意，它是解决问题的"加速器"。如今，创意在社会生活，尤其是市场经济中的地位显得愈加突出，遍布经济领域里的每一个角落，成为一个人取得成功的重要因素。

三、善于解决问题

创新始于问题的提出、创意的出现，终于问题的解决。创新要把研究和解决问题作为出发点和落脚点，只有创意得到实施、问题得到解决，才能实现创新的价值。问题的解决有流程、有方法，只有掌握了解决问题的流程与方法，创新的成果才更容易出现。

当问题出现后，要全面了解问题的属性、影响、规模、现状及解决问题所需的时间和资源，并直接或对照以往经验对问题进行描述，对解决问题的价值和意义进行评估，然后决定是回避这个问题还是解决这个问题，并预期要达成的目标。

很多时候，看起来复杂无比的问题，只要找到了产生的真正原因，解决起来其实很简单。

在对问题进行分析时，有很多成熟的方法和技巧可供我们学习，如鱼骨图分析法就是一种发现问题、分析问题原因的有效方法，这种分析方法画成图就像鱼的骨架。另外，还有快速比较分析法、YY 提问技巧法、简化法等。

案例故事

小欢是南宁市的一名高职生，平时喜欢吃泡菜，他取泡菜时发现，常用的泡菜坛为两头小、中间大的形状，只有一个开口。这种泡菜坛有一个很大的缺点：要寻找一件腌制好的泡菜非常困难，往往要从上翻到下，花很长的时间才找得到。怎样才能将寻找腌制好的泡菜的工作变得方便快捷呢？于是，他决定研究一种新型泡菜坛来克服原有泡菜坛的缺点。一天，他看到制“泡泡果”的机器工作情况后，很受启发。这种机器有进、出两个口，大米从一个口进去，热的“泡泡果”就从另一个口出来。随即，他将泡菜坛设计成双坛口、“U”字形：一个坛口用于投放要腌制的泡菜，另一个坛口用于取出腌制好的泡菜，十分方便。

任务三　掌握九种必备的创新能力

创新能力是人类突破旧认识、旧事物，探索和创造有价值的新知识、新事物的能力。它涉及一个人的多种能力，如逻辑思考能力、无限想象能力、换位共情能力、自我超越能力、方法运用能力、学习创新能力、管理创新能力、营销创新能力、服务创新能力等，是一个人综合能力的具体体现。因此，人们应重视对自己创新能力的培养和训练。

一、逻辑思考能力

逻辑思考能力与一个人的创新能力有着极为密切的关系。因为无论何种形式的创新，都必须建立在逻辑思维的基础之上。

逻辑思考能力可以为创新提供必要的工具，使人们在创新时能独立判断和推理、有效进行分析与决策，以提高工作效率。

提高逻辑思考能力的途径主要有以下三种。

第一，建立辩证的思维观点。用普遍联系的观点看待问题；用辩证思维的发展观来考虑问题；用全面的思维来解决问题。

第二，掌握科学的思维方法。首先采取分析和综合方法，在认识中把整体分解为部分，并把部分重新结合成整体；其次采取归纳与演绎方法，从个别性事实概括出一般性知识，从一般性原理到个别性结论。

第三，培养良好的思维品质。思维品质反映了个体智力或思维水平的差异。良好的思维品质应该是深刻、灵活、独创、批判、敏捷和系统的。

二、无限想象能力

无限想象能力是创新必不可少的一种能力，它可以帮助人们超越已有的知识经验，使思维达到新境界。想象不需要逻辑，但它是创新的火种和出发点，是创新思维的核心能力。想象的常见形式如表 2–1 所示。

表 2–1　想象的常见形式

序号	常见形式	含义
1	充填式想象	认识了事物的某些组成部分后，依此想象，把不完整的东西补足
2	组合式想象	将现有的技术、物品、现象等，进行适当的组合或重排，获得具有统一整体功能的新技术、新产品、新形象
3	纯化式想象	抛开关系不大的某些因素或部分，以构成反映本质的简单化、理想化形象
4	取代式想象	设身处地，通过揣摩他人的思想感情或事物的具体情景，来寻找顺利解决问题的办法
5	科学幻想	通过幻想各项活动的前景，并设想和预见可能遇到的困难及后果，然后再采取相应的有效行动

拓展阅读

提高想象力的技巧

1. 看书时，采用跳读方式，并对所跳过的内容进行想象；
2. 多想象，一旦开始，就一直想到极限，中途绝不要打断；
3. 观察周围事物的形状，然后在脑海中描绘出它的形象；
4. 以琐碎的小事和资料为基础，试着创造出一个故事；
5. 和人见面以前，事先预想会面对的状况，并且设想问题；
6. 看到某个广告或某个书名，尝试想象其内容，与实际内容做比较；
7. 边看推理小说或比赛，边推测真凶或比赛的比分；
8. 观察设计图、地图、照片，想象实际的建筑或风景。

三、换位共情能力

换位共情能力是人们设身处地地认同和理解他人的处境与感情的能力。换位共情能力要求人们站在他人的立场上换位思考，从他人的角度来看待事物，体验他人的感受。

注意，共情不是同情，而是善解人意。它打破了推己及人、想当然的思维定式，对于创新的意义重大。

换位共情能力具有以下优点：

第一，换位共情是有想象力的表现；

第二，可以看到不同观点的另一面；

第三，更容易发现问题，真正了解他人需求；

第四，感同身受，更容易促进思考、激发创造潜能；

第五，为满足他人需求而激发创意，使创新更具人性化和人情味；

第六，树立人们的自我意识，体验他人的喜怒哀乐而不是妄加评论。

培养换位共情能力的方式主要有：利用科学方法测试自己的情商；多学习、多观察、多询问和多尝试；用一句完整的话，以尊重的态度向他人表达自己的不同见解；若有机会做一名志愿者，为那些与自己经历不同的人服务，了解他们的处境，增强自己的换位共情能力。

四、自我超越能力

自我超越能力是指突破极限、自我实现的一种能力。自我超越是一个过程，一种终身的修炼，随时随地要求人们自己改进。自我超越的价值在于学习和创造，不断发展、完善自我，向成功的目标迈进。自我超越的常见形式如表 2–2 所示。

表 2–2　自我超越的常见形式

序号	常见形式	含义
1	起点超越	对空间的超越
2	时间超越	对过去和将来的超越
3	性质超越	对具体事物、具体现象、具体物品等的超越
4	境界超越	对“有”与“无”的超越以及对“传统”的超越

拓展阅读

自我超越的技巧

1. 要想实现自我超越，除了拥有宏远的目标外，还需要有达成目标的决心、毅力和勇气；

2. 思维定式是实现自我突破的天敌，如果不打破思维定式，人们也许就永远无法超越自我、发挥潜能；

3. 实现自我超越有时候必须做出困难甚至痛苦的决定，只有敢于抛弃阻碍自己发展的惯性和传统，才能迈出继续前进的步伐；

4. 自我超越需要不断自我激励，只有自己给予自己战胜困难的信心和勇气，才能使身心激发出无穷的能量；

5. 追求永无止境，但需要一步步完成。

五、方法运用能力

方法运用能力是指在解决问题时，人们对创造性方法的寻找、筛选以及实践的能力。

创新方法的运用能力是创新能力的一个重要体现。只有不断提高创新方法的运用能力，人们才能以更加高效的方式解决问题，更快地实现既定目标。

人们要想提高创新方法的运用能力，就要清楚创新方法运用的过程，如表 2–3 和图 2–1 所示。

表 2–3　创新方法运用的过程

序号	过程	内容
1	进行问题分析	①搜集关于问题的信息 ②界定问题的范围 ③分析问题可能导致的后果 ④分析问题出现的原因
2	找出创新方法	①头脑风暴法：让参与者各抒已见，使各种设想在相互碰撞中激发大脑的创造性 ②德尔菲法：以书面形式广泛征询专家意见来预测某项专题或某个项目未来发展的方法
3	快速展开行动	①创新方法能够成功运用的秘诀就在于快速行动 ②在实践中逐渐完善创新方法

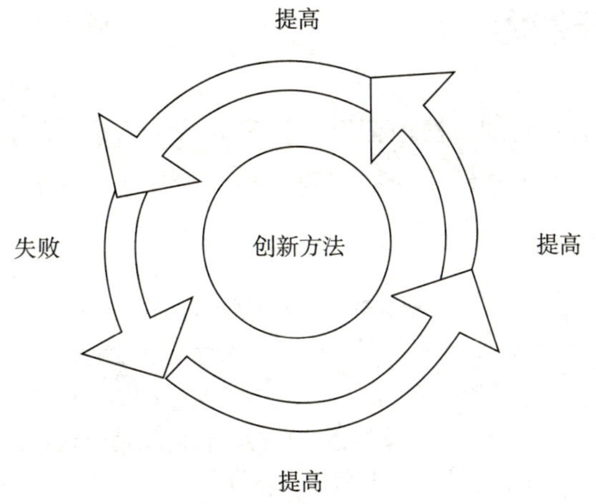

图 2–1　创新方法运用的过程

创新方法只有经过尝试才能不断完善，而尝试是有风险的，很可能会遭遇失败。因此，在运用创新方法时，必须做到坚持不懈，否则只能前功尽弃、一事无成。

六、学习创新能力

学习创新能力是指人们通过对特定对象进行分析和研究来获得新观点、新创意和新成果的能力。学习创新的过程如表 2–4 所示。

表 2–4　学习创新的过程

序号	过程	内容
1	选择学习对象	①一般环境中的学习对象 ②行业环境中的学习对象 ③以竞争对手为学习对象 ④以身边人为学习对象 ⑤以客户为学习对象
2	加工和改造学习对象	①感觉系统：从感觉开始认识学习对象 ②记忆系统：记忆会留存过去感知的问题和体验 ③分析处理系统：用分析、抽象、综合等方法对记忆系统中的信息进行分析和处理
3	获得创新成果	①结果的表现形式是多种多样的，如创新的技术、产品、制度、组织结构、环境等 ②获得创新成果代表了一个学习创新活动的终结，同时也意味着新的学习创新活动的开始

七、管理创新能力

管理创新能力是指人们创造性地把新的管理方法、管理手段以及管理模式等管理要素引入组织管理系统，并将其转换为有用的产品、服务或作业方法的能力。管理创新包含的内容如表 2–5 所示。

表 2–5　管理创新包含的内容

序号	内容	含义
1	目标创新	每一个具体的经营目标，都需要适时地根据市场环境、消费需求特点以及变化趋势加以整合
2	技术创新	包括要素创新与要素组合创新、产品创新
3	制度创新	分析组织各成员之间关系的调整和变革，并从产权制度、经营制度、管理制度三方面去考虑
4	组织创新	在不同时期，对企业组织形式进行调整和变革
5	环境创新	通过积极的创新活动去改造环境，引导环境朝着有利于企业经营的方向发展

对于创新者来说，问题意识相当重要。要创新，首先要善于发现问题。管理创新也不例外。要做到管理创新，就需要善于经常性地发现管理工作中存在的问题——企业是个永远有问题的组织。

那么怎样运用创新思维发现管理工作中的问题呢？一般有两个要点：一是一定要带上批判的眼光；二是合理应用所学到的思维方式。比如，可以从问以下两个问题开始：难道只能这样吗？还能做哪些改变？

案例故事

北京某 IT 公司管理人员学习了创新课程后，对照本企业的工作加以应用。他们时刻不忘提以下两个问题：难道只能这样吗？还能做哪些改变？很快他们就发现了问题：公司的考勤制度不完全符合人本管理的思想。

原来，这家公司的考勤制度和其他公司一样，员工迟到了是要被处罚的，迟到一次罚一次钱，如果一个月迟到几次的话，当月的奖金就会受到严重影响。然而上下班高峰，北京的堵车情况很严重，常常会出现预想不到的堵塞，从而造成员工被动性迟到。

结合这一实际状况，公司做出了一个大胆的创新举措，即允许每人每月合理迟到三次，这三次不受任何处罚，第四次才开始处罚。

没想到，这样人性化的管理制度出台后，受到了许多员工的热烈赞赏，非但没有出现大量的迟到现象，反而促进了公司凝聚力和员工积极性的提升。可见，一个小创新，可以带来大改变。

八、营销创新能力

营销创新能力就是把创新理论和市场营销有机结合起来，在产品、定价、渠道和促销上开展改善与革新活动的一种能力。

市场营销中，只有不断提升营销创新能力，在营销理念和营销手段上出奇制胜，才能在复杂激烈的市场竞争中脱颖而出。营销创新的方法如表 2–6 所示。

表 2–6　营销创新的方法

序号	方法	内容
1	产品创新	①产品标准创新 ②产品品牌创新 ③产品服务创新
2	定价创新	①阶段性调整产品的价格 ②根据对手动态调整自己的定价 ③根据不同地域的市场特征调整定价
3	渠道创新	①渠道设计创新 ②渠道管理创新
4	促销创新	①事件营销：借助有影响力的事件提高品牌知名度，强化营销 ②柔性营销：调整营销活动来适应并满足个性化需求 ③网络营销：在互联网上开展营销活动 ④无缺陷营销：产品无缺陷，销售无缺陷，服务无缺陷

九、服务创新能力

服务创新能力是指通过对服务意识、服务方式进行创新从而提高服务效率的能力。服务创新是针对服务活动进行的创新，是贯彻客户导向的服务理念的一个重要方面，它通常包括服务意识、服务方式、服务效率等方面。服务创新具有以下优点：

第一，为客户提供优质的服务，提高服务品质；

第二，满足客户的新需求或创造客户的新感受；

第三，使服务适应现代社会的要求，推陈出新；

第四，改善企业内部过程和企业与客户的关系；

第五，形成核心竞争力，促进企业发展。

5S 服务创新理念如表 2–7 所示。

表 2–7　5S 服务创新理念

理念	含义	具体解释
Smile	微笑	发自内心的真诚微笑
Speed	动作迅速	尽量快速工作，不让客户久等
Sincerity	态度诚恳	心怀诚意，服务于客户
Smart	精明、整洁、利落	以整洁、利落的方式接待客户
Study	研究学习	努力研究客户心理，学习客户服务技巧

课堂活动

活动目标：激发学生的创新与创造性，理解创新的内涵，通过策划与组织活动，加深学生对项目可行性分析及执行的了解，提高学生策划能力与组织协调能力。

活动内容：组织团队，利用目标市场及可行性分析等知识，对该组织进行分析，发挥创新意识，策划一项具备商业创意的活动。

活动步骤：

1. 选择一家社团或所处的组织（或兼职的公司）。
2. 利用所学知识分析组织从事或举办过的各种创意活动。
3. 针对组织的实际，策划一项活动并形成项目策划书。
4. 参与活动的组织与实施，总结活动成败关键。
5. 以 PPT 形式在课堂展示活动策划，并汇报活动执行情况。

项目四　掌握创新方法

生活中，我们常常被一些条条框框所约束，以致不能顺利地实现创新，不能提出有创意的想法。我们该怎么办呢？其实，创新也是有方法的，掌握这些方法，再通过一定的练习，便能有效提高创新能力。

任务一　头脑风暴法

头脑风暴法又称“智力激励法”“自由思考法”“畅谈法”“集思法”，是指无限制地进行自由联想和讨论的方法，其目的在于产生新观念或激发创新设想。

一、头脑风暴法的实施原则

实施头脑风暴法时，群体讨论的方式十分关键，即群体能否进行充分、非评价性和无偏见的交流。因此，实施头脑风暴法应遵守如下原则。

（1）自由畅谈原则：即应创造一种自由、活跃的气氛，使参加者不受任何条条框框的限制，放松思想，从不同角度、不同层次、不同方位大胆地展开想象，从而尽可能地提出标新立异、与众不同的想法。

（2）延迟评判原则：即当场不对任何设想做出评价，既不肯定或否定某个设想，也不对某个设想发表评论性的意见，一切评价和判断都要延迟到会议结束后才能进行。

（3）禁止批评原则：即每个人都不得对别人的设想提出批评意见，因为批评对创造性思维会产生抑制作用。即使自己认为是幼稚的、错误的，甚至是荒诞离奇的设想，亦不得予以驳斥。

（4）追求数量原则：即尽可能多地提出设想。参加会议的每个人都要抓紧时间多思考，多提方案。至于设想的质量问题，可留到会后的设想处理阶段去解决。

二、头脑风暴法的操作程序

（一）准备阶段

（1）主持人应事先对所议问题进行一定的研究，弄清问题的实质，找到问题的关键，设定解决问题所要达到的目标；

（2）选定与会人员，一般以 5 ~ 10 人为宜，不宜太多；

（3）确定会议的时间、地点；

（4）准备好纸、记录笔等工具；

（5）布置场所。

（二）头脑风暴阶段

（1）主持人简明扼要地介绍有待解决的问题；

（2）与会人员畅所欲言；

（3）记录人员记录参加者的想法；

（4）结束会议。

（三）选择评价阶段

（1）将与会人员的想法整理成若干方案，再根据相关标准进行筛选；

（2）经过多次反复比较，优中择优，最后确定 1 ~ 3 个最佳方案。

任务二　奥斯本检核表法

奥斯本检核表法是利用检核表来完成创意的方法。所谓检核表，是指根据需要研究的对象的特点列出相关问题，形成列表，创意者通过对问题逐个核对讨论，从而发掘出解决问题的大量设想，以求得比较周密的思考。奥斯本检核表法的核心是改进。

奥斯本检核表法中的问题可归纳为 9 类，即 9 个检核类别。这 9 个检核类别分别是：能否他用、能否借用、能否扩大、能否缩小、能否改变、能否代用、能否调整、能否颠倒、能否组合，如表 2–8 所示。

表 2–8　奥斯本检核表

序号	检核类别	检核内容
1	能否他用	现有的东西（如发明、材料、方法等）有无其他用途？保持原状不变能否扩大用途？稍加改变，有无别的用途？
2	能否借用	能否从别处得到启发？能否借用别处的经验或发明？外界有无相似的想法，能否借鉴？过去有无类似的东西，有什么东西可供模仿？谁的东西可供模仿？现有的发明能否引入其他的创造性设想之中？
3	能否扩大	现有的东西能否扩大使用范围？能否增加一些东西？能否添加部件，拉长时间，增加长度，提高强度，延长使用寿命，提高价值，加快转速？
4	能否缩小	缩小一些怎么样？现在的东西能否缩小体积，减轻重量，降低高度，压缩、变薄？能否省略？能否进一步细分？
5	能否改变	现有的东西能否做某些改变？改变一下会怎么样？能否改变形状、颜色、音响、味道？能否改变意义、型号、模具、运动形式？改变之后，效果又将如何？
6	能否代用	能否由别的东西代替，由别人代替？能否用别的材料、零件代替，用别的方法、工艺代替，用别的能源代替？能否选取其他地点？
7	能否调整	能否调换一下先后顺序？能否调换元件、部件？能否用于其他型号？能否改成另一种安排方式？原因与结果能否对换位置？能否变换一下日程？
8	能否颠倒	倒过来会怎么样？上下、左右、前后能否调换位置？里外能否调换？正反能否调换？能否用否定代替肯定？
9	能否组合	组合起来怎么样？能否装配成一个系统？能否把目的进行组合？能否将各种想法进行综合？能否把各种部件进行组合？

一、能否他用

对于某种物品，思考“还能有其他什么用途?”“还能用其他什么方法使用它?”这类问题能使我们的想象力活跃起来。当我们拥有某种材料时，为了扩大它的用途，打开它的市场，就必须善于进行这些思考。

例如，花生有哪些使用方法？有人想出了花生的 300 种使用方法，仅仅是用于烹调，就想出了煮、炸、炒、磨浆等 100 多种方法。橡胶有什么用处？有人提出了多种设想，如用它制成浴盆、人行道边饰、衣夹、鸟笼、门扶手等。当人们将自己的想象投到思维“这条宽阔的高速公路”上时，就会以丰富的想象力产生更多的好设想。

二、能否借用

科学技术的重大进步不仅表现在某些科学技术难题的突破上，也表现在科学技术成果的推广应用上。通过联想借鉴，不仅可以使创新成果得到推广，还可以再次推陈出新，实现二次创新。这样，一种新产品、新工艺、新材料，必将随着它越来越多的新应用而显示出强大的生命力。

例如，当物理学家威廉·康拉德·伦琴发现X光时，并没有预见到这种射线的任何用途。但后来人们通过联想借鉴，让X光不仅可以用来治疗疾病，还能用来观察人体内部的情况。同样，电灯起初只用来照明，后来，人们从电灯的光线中得到启发，改变了光线的波长，发明了紫外线灯、红外线加热灯、灭菌灯等。

三、能否扩大

在自我发问的技巧中，研究“扩大”与“放大”这类有关联的成分，不仅能提出大量的构思设想，还能使人们扩大探索的领域。例如：

“为什么不用更大的包装呢?”——橡胶工厂大量使用的黏合剂通常装在1加仑的马口铁桶中出售，使用后桶便扔掉。有位工人建议黏合剂装在50加仑的容器内，容器可反复使用，节省了大量马口铁。

“能使之加固吗?”——织袜厂通过加固袜头和袜跟，使袜子的销量大增。

“能增加一些功能吗?”——牙膏中加入某种配料，便成为具有某种附加功能的牙膏。

四、能否缩小

如果说“能否扩大”关注的是使用范围、功能、价值等的增加，“能否缩小”则强调某一功能或某一方面的精细化程度。它尽可能地删去或省略多余的成分，是一种精益求精式的思考方法。例如，袖珍式收音机、微型计算机、折叠伞就是“缩小”的产物。

五、能否改变

通过改变事物的某些性质，可以为思维另辟蹊径，获得意想不到的结果。例如，改变一下车身的颜色，就会增加汽车的美感，从而增加汽车的销量。另外，女士游泳衣据说是婴儿服装的模仿品，而将滚柱轴承改成滚珠轴承也是改变形状的结果。

六、能否代用

通过取代、替换的途径，也可以为想象提供广阔的探索领域。例如，用充氩的办法来代替电灯泡中的真空，可以提高钨丝灯泡的亮度；用液压传动来替代金属齿轮，可以在工业生产中节省金属材料等。

七、能否调整

通过重新调整，通常会带来更多的创造性设想，进而实现创新。例如，飞机诞生的初期，螺旋桨是安装在飞机头部的，后来，人们将螺旋桨安装在飞机顶部，就发明了直升机，将螺旋桨安装在飞机尾部，就发明了喷气式飞机。又如，商店柜台的重新安排，营业时间的合理调整，电视节目顺序的重新安排，机器设备的布局调整……都有可能产生更好的结果。

八、能否颠倒

这是一种反向思维方法，在创造活动中颇为常见和有效。例如，以前的工厂生产模式是工人们围着机器和零件转，又累效率又低，后来有人改变了工序，让工人们不动而零件动，就逐渐发展出流水线式生产模式，效率得到了大大提高。

九、能否组合

从综合的角度分析问题，有目的地将各个部分组合在一起，也可以带来创造性的成果。例如，把铅笔和橡皮组合在一起，就有了带橡皮的铅笔；把几种金属组合在一起，就有了性能各不相同的合金；把几个企业组合在一起，就构成了横向联合。

拓展阅读

手电筒的创新思路

奥斯本检核表法是一种较为实用的创新方法，表 2-9 是该方法在改进手电筒方面的运用，同学们可以参考和学习。

表 2–9 手电筒的创新思路

序号	检核类别	引出的发明
1	能否他用	其他用途：信号灯、装饰灯
2	能否借用	增加功能：加大反光罩，增加灯泡亮度
3	能否扩大	延长使用寿命：使用节电、降压开关
4	能否缩小	缩小体积：1 号电池→2 号电池→5 号电池→7 号电池→8 号电池→纽扣电池
5	能否改变	改一改：改灯罩、改小电珠和使用彩色电珠等
6	能否代用	代用：用发光二极管代替小电珠
7	能否调整	换型号：两节电池直排、横排，改变式样
8	能否颠倒	反过来想：手电筒可以不用干电池，用磁电机
9	能否组合	与其他组合：带手电筒的收音机、带手电筒的钟表等

任务三　5W2H 分析法

5W2H 分析法在企业管理、日常工作生活和学习中得到广泛的应用。1932 年，政治学家拉斯维尔提出“5W 分析法”，后经过人们的不断运用和总结，逐步形成了一套成熟的“5W2H”模式。

5W2H 分析法是对选定的项目或操作，都要从原因（Why）、对象（What）、人员（Who）、时间（When）、地点（Where）、方法（How）、数量（How much）七个方面提出问题并进行思考。它反映的是一个事物的几个方面。从不同的角度来思考问题，往往能够得到比较完善，甚至令人意想不到的结果。

一、原因（Why）

为什么要做？是否可以省去？为什么要这样做？是否有其他更简单的方法？为什么会出现这样的结果？

二、对象（What）

要做什么？要准备什么？需要协助什么？要预防什么？

三、人员（Who）

由谁来做，是一个人还是一个组织？由谁来主管？由谁来监督？由谁来协助？

四、时间（When）

什么时间开始？什么时间结束？什么时间是关键节点？

五、地点（Where）

在什么地方做？协助的工作在什么地方做？从何处开始做？到何处结束？

六、方法（How）

工作的流程和方法是什么？如何才能更省力、更快？过程如何监控？

七、数量（How much）

做到什么程度？数量如何？质量水平如何？费用产出如何？

案例故事

某航空公司在机场候机厅二楼设置小卖部。候机厅每天人来人往，可奇怪的是，小卖部自开张之日起便一直门庭冷落。公司经理用“5W2H法”进行了问题筛查，最后发现问题出在人员（Who）、地点（Where）及时间（When）三个方面。

1. 人员（Who）：谁是顾客？机场小卖部在开设时便确定目标顾客是入境的旅客，但是这些旅客不需要上二楼。在二楼停留的大部分是送客或接客的人，他们完全可以在市内商场里购物，不必到机场小卖部来买东西。

2. 地点（Where）：小卖部设置在何处？原来旅客出入境的路线都是经海关检查后，直接从一楼左侧走了，根本不需要走二楼。小卖部的位置没有设在旅客的必经之路上。

3. 时间（When）：何时购物？入境的旅客不上二楼，那么出境的旅客便成了潜在顾客，但是他们也只有在办完行李托运等相关手续后才有时间和精力去小卖部，而机场却规定旅客登机前才能将行李办理托运，这样出境的旅客根本没有时间光顾小卖部。

由此可见，小卖部生意不佳的原因有三：未能留住目标顾客和潜在顾客；小卖部的位置偏离了旅客的必经之路；旅客没有购物时间。

针对这三点，经理与航空公司协商，调整了旅客行李托运时间和旅客出入境路线从而保证了充足的客源，小卖部生意日益红火起来。

任务四　智力激励法

智力激励法又叫头脑风暴法（Brain Storming，BS）、自由思考法，是指一组人员通过召开特殊的专题会议形式，对某一特定问题，与会成员之间互相交流、互相启迪、互相激励、互相修正、互相补充、集思广益，从而产生大量新设想的集体性发散技法。智力激励法由创造学家亚历克斯·奥斯本（Alex Osborn）于 1939 年首次提出、1953 年正式发表，深受欢迎，是世界上最早付诸实践的创新技法。“三个臭皮匠，顶个诸葛亮”，也即头脑风暴法的“中国式”译义。

一、遵循的原则

头脑风暴法应遵循如下原则：

（1）庭外判决原则（延迟评判原则）。对各种意见、方案的评判必须放到最后阶段，此前不能对别人的意见提出批评和评价，即不发表“这主意好极了！”“这种想法太离谱了！”之类的“捧杀句”或“扼杀句”。认真对待任何一种设想，而不管其是否适当和可行。

（2）自由畅想原则。欢迎各抒己见，创造一种自由、活跃的气氛，激发与会者提出各种荒诞的想法，使与会者思想放松，这是智力激励法的关键。

（3）以量求质原则。追求数量。意见越多，产生好意见的可能性越大，这是获得高质量创造性设想的条件。

（4）综合改善原则。探索取长补短和改进办法。除提出自己的意见外，鼓励与会者对他人已经提出的设想进行补充、改进和综合，强调相互启发、相互补充和相互完善，这是智力激励法能否成功的标准。

（5）求异创新原则。这是智力激励法的宗旨。

（6）限时限人原则。对时间和参与人数进行限制，以保证结果的时效性。

二、基本要求

（一）组织形式

小组人数一般为 10～15 人（课堂教学也可以班为单位），最好由不同专业或不同岗位者组成；时间一般为 20～60 分钟；设主持人 1 名，主持人只主持会议，对设想不做评论。设记录员 1～2 人，要求认真将与会者的每一个设想不论好坏都完整地记录下来。

（二）会议类型

设想开发型：这是为获取大量的设想，为课题寻找多种解题思路而召开的会议，因此，要求与会者善于想象，语言表达能力强。

设想论证型：这是为将众多的设想归纳转换成实用型方案而召开的会议。要求与会者善于归纳、善于分析判断。

（三）会前准备工作

组织者要明确会议主题，并将会议主题提前通报给与会人员，让与会者有一定准备；选好主持人，主持人要熟悉并掌握该技法的要点和操作要素，摸清主题现状和发展趋势；与会者要有一定的训练基础，懂得该会议提倡的原则和方法；会前可进行柔化训练，即对缺乏创新锻炼者进行打破常规思考、转变思维角度的训练活动，以减少思维惯性，将与会者从单调的紧张工作环境中解放出来，让他们以饱满的创造热情投入激励设想活动。

三、发展沿革

智力激励法经各国创造学研究者的实践和发展，至今已经形成了一个发明技法群，如三菱式智力激励法、卡片式智力激励法、默写式智力激励法等。

（一）三菱式智力激励法

智力激励法虽然能产生大量的设想，但由于它严禁批评，这样就难以对设想进行评价和集中。三菱树脂公司对此进行改革，创造出一种新的智力激励法，称为三菱式智力激励法（Mitsubishi Brain Storming，MBS）。活动进行时，首先要求出席者预先将与主题有关的设想分别写在纸上，然后轮流提出自己的设想，接受提问或批评，接着以图解方式进行归纳，再进入最后的讨论阶段。

（二）卡片式智力激励法

卡片式智力激励法也称卡片法。这种技法又可分为 CBS 法和 NBS 法两种。CBS 法由日本创造开发研究所所长高桥诚根据智力激励法改良而成，其特点是对每个人提出的设想可以进行质询和评价。具体做法：会前明确会议主题，每次会议由 3 ~ 8 人参加，每人持 50 张名片大小的卡片，桌上另放 200 张卡片备用。会议约举行 1 个小时。最初 10 分钟为“独奏”阶段，由与会者各自在卡片上填写设想，每张卡片只写 1 条。接下来的 30 分钟，由与会者按座位次序轮流发表自己的设想，每次每人只宣读一张卡片。宣读后，其他人可以提出质询，也可以将受启发得出的新设想填入备用的卡片中。剩余的 20 分钟，让与会者相互交流和探讨，各自提出设想，以期从中再诱发出新的设想来。NBS 法是日本广播电台开发的一种智力激励法，此处不再展开介绍。

（三）默写式智力激励法

无参照扩散法的一种，由创造学家荷立创造。其特点是用书面畅述来激励智力。具体做法：每次会议由 6 人参加，每人书写 3 个设想，要在 5 分钟内完成，所以又称 635 法。开会时，会议主持人宣布议题，并对与会者提出的疑问进行解释，接着给每人发 3 张卡片。第一个 5 分钟内，每人针对议题在卡片上填写 3 个设想，然后将卡片传给右邻的与会者。第二个 5 分钟内，每人从别人的 3 个设想中得到新的启发，再在卡片上填写 3 个新的设想，然后将设想的卡片再传给右邻的与会者。这样，半小时内可传递 6 次，一共可产生 108 个设想。635 法可避免许多人争相发言而使设想遗漏的弊病，其不足是相互激励的气氛没有公开发言方式强。

任务五　组合型创新法

组合型创新法是指按照一定的技术原理，通过将两个或多个功能元素合并，从而形成一种具有新功能的新产品、新工艺、新材料的创新方法。

组合型创新方法具有以下特点：

第一，将多个特征组合在一起；

第二，组合在一起的特征相互支持、相互补充；

第三，组合后要产生新方法或达到新效果，有一定的飞跃；

第四，利用现成的技术成果，不需要建立高深的理论基础和开发专门的高级技术。

组合型创新法常用的有主体附加法、异类组合法、同物自组法、重组组合法等。

一、主体附加法

主体附加法是以某事物为主体，再添加另一附属事物，以实现组合创新的方法。在琳琅满目的市场上，我们可以发现大量的商品是采用这一技法创造的。如在铅笔上端安上橡皮头，在电风扇中添加香水盒，在摩托车后面的储物箱上装上电子闪烁装置，都具有美观、方便又实用的特点。主体附加法是一种创造性较弱的组合，但只要附加物选择得当，同样可以产生巨大的效益。

主体附加法的运用：首先，要确定主体附加的目的，可以通过缺点列举法全面分析主体的缺点，然后用希望点列举法列出种种希望，再确定某种希望作为附加的目的；其次，根据附加目的确定附加物。主体附加法的创造性很大程度上取决于附加物的选择是否能使主体产生新的功能和价值，以增加其实用性。

例如，电扇加定时器、电冰箱加温度显示器、添加微量元素的食品等。江苏省常熟中学的庞颖超发明了一种能够让色盲人士识别的红绿灯，在现行的红绿灯中加入一些白色的有规则形状的图形。如红色圆形中间加入一条横着的白杠，绿色圆形中间加入一条竖着的白杠，以此来让色盲人士进行识别。

二、异类组合法

异类组合法又称异物组合法，是将两种或两种以上的不同种类的事物组合，产生新事物的技法。这种技法是将研究对象的各个部分、各个方面和各种要素联系起来加以考虑，从而在整体上把握事物的本质和规律，体现了综合就是创造的原理。异类组合法和主体附加法在形式上很相近，但又有区别，主体附加法是一种简单要素的补充，而异类组合法是若干基本要素的有机综合。

例如，根据统计，因火灾丧生的人们，大多数并非因为火本身，而是因为东西着火后导致的浓烟和有毒气体。所以很多火灾救生指南中都有类似的描述："建议人们佩戴防毒面罩，并弯腰沿着墙壁逃生。"不过，人们佩戴防毒面罩后，于浓烟之中，该如何提醒救援人员自己的存在呢？于是，带哨子的防毒面罩应运而生，伴随每一次的呼吸，哨子都能被吹响。又如，结合 VR 技术的室内健身器械。该健身器械看起来像一台个人飞行模拟器，佩戴好 VR 头盔后，需要调动全身肌肉来保持平衡与策应，运动量很大且惊险刺激。

三、同物自组法

同物自组法就是将若干相同的事物进行组合，以图创新的一种创新技法。例如，在两支钢笔的笔杆上分别雕龙刻凤后，一起装入精制考究的笔盒里，称为"情侣笔"，作为馈赠新婚朋友的好礼物；把 3 支风格相同、颜色不同的牙刷包装在一起销售，称为"全家乐"牙刷。

同物自组法的创造目的，是在保持事物原有功能和原有意义的前提下，通过数量的增加来弥补不足或产生新的意义、满足新的需求，从而产生新的价值。

四、重组组合法

任何事物都可以看作由若干要素构成的整体。各组成要素之间的有序结合，是确保事物整体功能和性能实现的必要条件。有目的地改变事物内部结构要素的次序，并按照新的方式进行重新组合，以促使事物的性能发生变化，这就是重组组合。

在进行重组组合时，首先，分析研究对象的现有结构特点；其次，列举现有结构的缺点，考虑能否通过重组克服这些缺点；最后，确定选择什么样的重组方式。田忌赛马的故事就是这一创新方法的最好例证。

任务六　列举型创新法

列举型创新法即依据一定规则，列举研究对象的各种性质，通过对这些性质的逐项分析，寻求改变来诱发创新设想的方法。其主要包括缺点列举法、希望点列举法、特性列举法等。

一、缺点列举法

缺点列举法即通过发掘事物的缺陷，把它的具体缺点一一列举出来，然后针对发现的缺点，有的放矢地设想改革方案，从而确定创新目标、获得创新发明成果的一种创新方法。该方法的实质是一种否定思维，对事物持否定的态度，继而充分地揭露事物的缺点，然后再加以改进。

缺点列举法是鬼冢喜八郎提出的一种决策方法。他是在改进运动鞋设计过程中总结出的这个方法。为了战胜竞争对手，他走访了许多运动员，请他们指出市场上现有运动鞋的各种缺点。大多数人反映鞋底容易打滑，他便设法使自己的产品克服这个缺点，从而占领了市场。鬼冢喜八郎在调查中发现，在提方案的过程中，一般提方案者总是考虑优点多，对缺点考虑不够，因此他将重点转向事物的缺点，从而总结出缺点列举法。

使用缺点列举法并无十分严格的步骤，一般可按照如下步骤进行：首先，找出选定事物的缺点；其次，将所找出的缺点加以归类整理并分析缺点产生的原因；最后，针对所列缺点逐条分析，要有针对性、系统性，要研究改进方案能否将缺点逆用、化弊为利。

例如，对雨伞各种缺点进行改进，每改进一种，就是一种新产品。纯色雨伞颜色单调，放在一起不易区别，容易拿错，可以改变雨伞的颜色和图案；雨伞伞柄太长，不易收纳和携带，可以改为折叠式，有二折、三折、五折之分，雨伞体积及重量越来越小；为了挡住迎面吹来的雨，伞布遮住了视线，容易撞到别人，可以改伞布为透明塑料；拿东西撑伞不方便，可以做成自动伞；上车收伞时，雨水会滴落到别人或自己脚上且容易弄湿座椅，可以做成反向伞，湿面朝内；拿伞抱孩子、用手机不方便，可以将雨伞手柄做成“C”形，便于将雨伞挂在手上；对于狂风暴雨天气，雨伞很容易损坏，双层伞面、加厚加粗伞骨、伞面通风孔等设计可以增强雨伞防风防雨的功效……

二、希望点列举法

希望点列举法由内布拉斯加大学的罗伯特·克劳福德（Robert Crawford）发明。该方法根据发明者的意愿提出各种新的设想，它可以不受原有物品的束缚，不断地提出希望、怎么样才会更好等创造性强且又科学、可行的理想和愿望，进而探求解决方法和改善对策，是一种积极主动型的创造发明方法。希望点列举法通常用于新产品开发。

以风扇为例，看看原始的风扇是如何一步步发展到现今种类繁多、功能多样的，如表 2–10 所示。

表 2–10　希望点列举法在风扇上的运用

希望点	产生的效果
希望角度不仅仅限制在一定范围	摆头风扇
希望不摆头就能得到不同的风向	转页式台扇
希望风吹的范围更大	吊扇
希望随意调节风力的强弱，而不用换挡位	无极调整风扇
希望风扇能像电视一样用遥控器控制	遥控风扇
希望风扇样式丰富多彩	各式各样的卡通风扇，可装点生活
希望风扇像折扇那样方便随身携带	帽檐风扇、手持风扇
希望风扇的扇叶不会伤到人	弯曲叶，采用软性材料，无叶风扇
希望节约空间	挂壁式风扇
希望只是调节空气流动	塔式气流扇
希望更关注身体健康	带负离子功能的风扇
希望风速根据温度的高低而发生大小变化	温控风扇
希望能驱蚊虫	驱蚊风扇
希望在停电时也能享受风扇	带蓄电池电源风扇
希望在电脑前享受舒服的凉风	USB 风扇
希望结合空调和风扇的优点	空调扇

三、特性列举法

特性列举法亦称属性列举法或分部改变法，是一种通过列举事物的各种特性以便引发新思维，寻求问题解决途径的创造学方法，由罗伯特·克劳福德在他 1954 年出版的

《创造性思维方法》一书中提出。他提出该法的理论依据主要出自他的一个基本观点，他认为世界上一切新事物都出自旧事物，只有对旧事物的某些特征进行继承和改造，才能做出创造。因此，列举特性的过程，就是通过分解、分析，把问题分成局部小问题加以解决的过程。

学者上野阳一提出了研究对象所具有的 3 种特性：

第一，名词特性，指事物的整体、部分、材料、制法、要素等；

第二，形容词特性，指事物的性质、形状、颜色、状态等；

第三，动词特性，指事物的功能、变化。

具体实施该创新方法时分为 4 个步骤：首先，选取改进对象；其次，了解事物现状，熟悉其基本结构、工作原理及使用场合，应用分解、分析及分类的方法对研究对象进行一些必要的结构分解；再次，从需要出发，对列出的属性进行分析、抽象、与其他物品对比，通过提问方式诱发创新思想，采用替代、联想、修改、补充的方法对原属性进行改造；最后，应用综合的方法将原属性与新属性进行综合，寻求功能与属性的替代和更新完善，提出新设想。

在采用特性列举法的过程中，要特别注意抓住特性分析这个关键环节，一要做到从各个角度全面进行分析；二要做到具体分析，使各种特性越明确越好。

拓展阅读

烧水壶改进方法

改进烧水壶，已经成为介绍特性列举法的典型案例，虽然烧水壶似乎已经不易想到可以改进之处，但运用特性列举法分析它，仍然可以找到创新思路。

1. 名词特性

整体：烧水壶；

部分：壶嘴、壶把手、壶盖、壶底、蒸汽孔；

材料：铝、铁皮、搪瓷、铜材等；

制作方法：冲压、焊接、烧铸。

根据所列特性，可做如下提问并进行分析：壶嘴的长度是否合适？壶把手可否改成塑料以免烫手？壶体可否一次成型？蒸汽孔可否改变位置以免烫手？制作材料有无更适用的？

2. 形容词特性

性质：轻、重；

状态：美观、清洁、高低、大小等；

颜色：白色、紫色、各种图案；

形状（壶底）：圆形、椭圆形等。

针对形容词特性，可做如下提问并进行分析：怎样改进更便于清洁？颜色图案还可做哪些变化？壶底用什么形状才更利于吸热传热？

3. 动词特性

功能：烧水、装水、倒水、保温等。

针对动词特性，可做如下提问并进行分析：能否在壶体外加保温材料，以提高热效率并具有保温性能？

项目五　转化创新成果

任务一　创新成果概述

一、创新成果的内涵

创新成果是指在结构、功能、原理、性质、方法、过程等方面取得的第一次的、有显著性变化的成效、成绩和成就。这里谈论的创新成果，主要是指所取得的商业成效。

案例故事

白花木瓜的药用价值很高。据史料记载，明朝之前就有民间医生将木瓜泡酒，作为治疗风湿性关节炎的药方。到了明清时代，白花木瓜作为药用记载就更为广泛。现代医学研究表明，白花木瓜中含有的齐墩果酸是一种护肝降酶、消瘀抑菌、降血脂的多萜物质，对染色体损失有保护作用，是医药工业的重要原料。

白花木瓜是木瓜中的精品，含有机酸、维生素、胡萝卜素、果胶等多种元素和营养物质，集食用、药用和观赏于一体，经济效益显著。与其他水果一样，白花木瓜同样面临“保质期”难题，对水果进行深加工，延伸价值链，是解决这个难题的重要途径。应用各式各类的方法和技术对白花木瓜进行深加工后，可以推出果汁、果片、果脯、水果醋、水果酒等附加值产品，有效带动了水果走出“巷子”，保证了果农增产增收。

在华南理工大学组织的暑期“三下乡”活动中，整个团队在云南省云县进行的课题，就是帮助当地果农实现白花木瓜深加工。通过联系食品加工企业，增强科技赋能农产品的能力，他们主要做了两件事情。一是提升了木瓜的生产效率。之前一天生产 400 吨白花木瓜需要百人规模，现在用上新设备之后，只需 40 个人就可以了，效率显著提升。二是用聚果盆脉冲电场技术来延长保质期，提升了木瓜的附加值。木瓜主要的加工方向是酿制木瓜酒，木瓜酒可祛风活血、消除疲劳，但口感往往酸涩，消费人群限于云南省内。通过聚果盆脉冲电场深加工，可以使木瓜酒口感更饱满，消费人群几乎没有任何限制。这增加了消费者对木瓜产量、产能的新需求，不仅解决了水果滞销问题，还带动了产销、运输、保存等整条产业链的发展，满足了多重的消费需求，提升了当地的产业竞争力。

云县白花木瓜做出成效后，产生了积极的样板示范作用，与聚果盆进行对接的果品不断增多。在荣获第六届中国国际“互联网 +”大学生创新创业大赛“青年红色筑梦之旅”赛道金奖之后，聚果盆的行业影响力进一步扩大。目前，聚果盆脉冲电场技术的应用已经扩展到 11 种水果品类，覆盖国内 8 个城市。

二、创新成果的特征

无论是从一般的角度，还是从经济学的角度来看，创新成果与一般劳动相比，都具有以下几方面的特征。

（一）新颖性

创新是对现有的不合理事物的摒弃，是为了解决前人没有解决的问题，它不是简单的模仿和重复，而是在继承中有了新的突破；不是量的变化，而是质的变化。创新的成果必然是新颖的，其中必须有过去所没有的新的因素或成分。这正是创新成果不同于一般劳动成果的根本所在。因此，新颖性是创新成果最鲜明、最根本的特征。

（二）超前性

超前性是创新的一个必然特征。创新以求新为灵魂，具有超前性，所要解决的问题都是前人没有解决的。创新成果是从实际出发，通过实事求是的超前探索所取得的成果。

（三）价值性

从社会效果来看，创新成果都具有社会价值，其中很多成果还有着重大的历史意义。它们或为经济价值，或为学术价值，或为艺术价值，或为实用价值。如蒸汽机、杂交水稻等，都是创新成果具有巨大社会价值的体现。

（四）风险性

任何形式的创新都具有一定的风险，而且风险的形式和大小也各不相同。创新一旦成功，其成果将为企业带来可观的经济效益，大大提高企业的市场竞争力；一旦失败，不仅创新过程的所有投入无法回收，还可能会降低企业的市场竞争能力。创新风险可以分为技术风险和市场风险两类。技术风险是指一项创新在技术上存在成功与否的不确定性；市场风险是指一项创新在技术上成功之后，还存在其成果是否受市场欢迎的不确定性。因此，在进行创新活动前，要仔细地进行技术论证和全面的市场调研，尽最大可能地降低这两方面的风险。同时，还要做好承担技术失败和市场风险的准备。这样，一旦有风险发生的迹象，就能尽早、尽快地做好防范，以降低风险发生的可能性。

（五）复杂性

多数创新都需要由多个有经验的人共同完成。在每个领域里，从事创新的个人或者团队越接近世界最佳水平的实力，那么创新成功的可能性和增加附加值的潜力就会越高。这就是风险投资者非常看重技术型企业家的技术、目标和综合素质的原因。要想说服客户去冒风险使用创新成果，或者改变他们现在已经使用的方法或产品，就需要有极其明显的优势，而这需要团队中拥有不同背景的人员掌握具体的专业知识，并加以综合利用才能达到。当然，在创新的全过程中很少同时需要所有人的专长。因此，最富有创新性的组织一般都以专题的形式开展工作，也就是将一些不同领域的专家召集在一起进行短期、密集的交流，而这正是大多数创新所需要的。

（六）耗时性

创新需要耗费大量时间。任何一项创新活动，都要按照部件、子系统、系统和各自然学科的顺序逐步推进，各步骤需要耗费的时间无法预测，要保证活动的正常推进，每一个步骤都需要通过大量的实验，去核查其对相关步骤的影响。预定的创新时间的分配往往不能准确地实现，强求实现的话，就需要所有实验彻底完成，以及需要保证较高的试验质量。墨菲定理的一个推论是："如果你有预期，那就会有意设计它。所以，经常发生的往往是那些没有预期的事情。"也就是说，因为创新的各个实验步骤都具有不可控性，所以要想确保创新在预期时间内完成，就需要创新者与客户和不同专长的技术专家之间有良好的沟通方式，从而能够让他们在顺畅交流的环境中加深沟通深度，使他们能够共同探索多种实施方案，做好预期规划，以控制好各个步骤需要的时间。

三、大学生的创新成果

根据大学专业设置情况，可简单地将我国大学生分为文科生和理科生两种，继而可将其创新成果分为文科成果和理科成果两个类别。其中，文科专业大学生的创新成果较多地体现在营销创新和组织创新方面，包括外观或包装设计的改进、促销方式的改良、新兴市场的发现等。理科专业大学生的创新成果主要集中在工艺创新和产品创新。大学生传统工艺创新创意大赛现场如图 2–2 所示。

图 2–2　大学生传统工艺创新创意大赛现场

任务二　创新成果的保护

我国已建立了与创新相关的较为完整的法律制度，能为创新成果的保护、转化等提供合理的法律框架。在制度构建方面，从基本法律到相关法律再到行政法规、部门规章、相关政策等，已经构成了一个相对完整的法律体系。《中华人民共和国宪法》中多处涉及创新发展的规定，《中华人民共和国著作权法》（简称《著作权法》）明确了作品的保护手段，《中华人民共和国专利法》（简称《专利法》）为保护发明创造提供了最主要的法律手段，它们与《中华人民共和国商标法》（简称《商标法》）等一道构筑了我国的知识产权保护制度，明确了知识产权的归属，为创新成果保护、转化等奠定了良好的产权基础。

一、著作权法

著作权法是调整权利主体之间、权利主体和他人之间因著作权和邻接权的归属、行使、转让、许可或合理使用等原因而发生的民事法律关系的法律规范总和。

（一）著作权的主体

著作权的主体包括两大类：一类是自然人，另一类是法人或其他组织。我国《著作权法》规定，创作作品的公民是作者，著作权属于作者。这里所称的公民指的是自然人，就是通过自己的脑力劳动创作作品的自然人。我国《著作权法》还规定，由法人或者其他组织主持，代表法人或者其他组织意志创作，并由法人或者其他组织承担责任的作品，法人或者其他组织视为作者。属于这种情况的作品在法律上被称为法人作品。

（二）著作权的客体

著作权客体指的是著作权法律关系的载体——受著作权法保护的作品。我国《著作权法实施条例》第二条规定：“著作权法所称作品，是指文学、艺术和科学领域内具有独创性并能以某种有形形式复制的智力成果。”《著作权法实施条例》第四条对13类作品进行了定义：

（1）文字作品，是指小说、诗词、散文、论文等以文字形式表现的作品；

（2）口述作品，是指即兴的演说、授课、法庭辩论等以口头语言形式表现的作品；

（3）音乐作品，是指歌曲、交响乐等能够演唱或者演奏的带词或者不带词的作品；

（4）戏剧作品，是指话剧、歌剧、地方戏等供舞台演出的作品；

（5）曲艺作品，是指相声、快书、大鼓、评书等以说唱为主要形式表演的作品；

（6）舞蹈作品，是指通过连续的动作、姿势、表情等表现思想情感的作品；

（7）杂技艺术作品，是指杂技、魔术、马戏等通过形体动作和技巧表现的作品；

（8）美术作品，是指绘画、书法、雕塑等以线条、色彩或者其他方式构成的有审美意义的平面或者立体的造型艺术作品；

（9）建筑作品，是指以建筑物或者构筑物形式表现的有审美意义的作品；

（10）摄影作品，是指借助器械在感光材料或者其他介质上记录客观物体形象的艺术作品；

（11）电影作品和以类似摄制电影的方法创作的作品，是指摄制在一定介质上，由一系列有伴音或者无伴音的画面组成，并且借助适当装置放映或者以其他方式传播的作品；

（12）图形作品，是指为施工、生产绘制的工程设计图、产品设计图，以及反映地理现象、说明事物原理或者结构的地图、示意图等作品；

（13）模型作品，是指为展示、试验或者观测等用途，根据物体的形状和结构，按照一定比例制成的立体作品。

（三）著作权的归属

著作权的归属是指基于作品产生的著作权应当归谁所有的问题。我国《著作权法》第十一条规定："著作权属于作者，本法另有规定的除外。"创作作品的公民是作者。由法人或者其他组织主持，代表法人或者其他组织意志创作，并由法人或者其他组织承担责任的作品，法人或者其他组织视为作者。

（四）著作权的内容

著作权的内容包括人身权和财产权两个部分。我国《著作权法》第十条规定：著作人身权包括发表权、署名权、修改权、保护作品完整权；著作财产权包括复制权、发行权、出租权、展览权、表演权、放映权、广播权、信息网络传播权、摄制权、改编权、翻译权、汇编权，以及应当由著作权人享有的其他权利。

（五）著作权的保护

著作权侵权行为的基本类型有：承担民事责任的侵权行为、承担行政责任的侵权行为、承担刑事责任的侵权行为。

1. 民事责任

（1）停止侵害；

（2）消除影响，公开赔礼道歉；

（3）赔偿损失。

2. 行政责任

（1）警告；

（2）责令停止制作和发行侵权复制品；

（3）没收非法所得；

（4）没收侵权复制品及制作设备；

（5）罚款。

3. 刑事责任

侵犯著作权罪。我国《刑法》第二百一十七条规定，以营利为目的，有下列侵犯著作权情形之一，违法所得数额较大或者有其他严重情节的，处三年以下有期徒刑或者拘役，并处或者单处罚金；违法所得数额巨大或者有其他特别严重情节的，处三年以上七年以下有期徒刑，并处罚金：

（1）未经著作权人许可，复制发行其文字作品、音乐、电影、电视、录像作品、计算机软件及其他作品的；

（2）出版他人享有专有出版权的图书的；

（3）未经录音录像制作者许可，复制发行其制作的录音录像的；

（4）制作、出售假冒他人署名的美术作品的。

二、专利法

专利法是确认发明人或设计人对其发明创造享有专利权，规定专利权人的权利和义务的法律规范的总称。

（一）专利权的主体

专利权的主体，即专利权人，是指依法享有专利权并承担与此相应的义务的人。当有多个人就相同的发明创造申请专利时，专利权应该授予谁，通常有两种解决的原则：先发明原则和先申请原则。先发明原则是指当有多个人就相同的发明创造申请专利时，专利权授予先完成发明的人。先申请原则是指以提出申请时间的先后为准，即谁先提出申请，专利权就授予谁。包括我国在内的绝大多数国家都实行先申请原则。

（二）专利权的客体

专利权的客体，也称专利法保护的对象，是指能取得专利权，可以受专利法保护的发明创造。我国《专利法》第二条规定："本法所称的发明创造是指发明、实用新型和外观设计。"因此，专利权的客体应该是发明、实用新型、外观设计。

我国《专利法》所称发明是指对产品、方法或者其改进所提出的新的技术方案。发明分为产品发明和方法发明两大类型。产品发明包括所有由人创造出来的物品，方法发明包括所有利用自然规律通过发明创造产生的方法。方法发明又可以分成制造方法和操作使用方法两种类型。

授予专利权的发明和实用新型，应当具备新颖性、创造性和实用性。新颖性是指在申请日以前没有同样的发明或者实用新型在国内外出版物上公开发表过，在国内公开使用过，或者以其他方式为公众所知，也没有同样的发明或者实用新型由他人向国务院专利行政部门提出过申请并且记载在申请日以后公布的专利申请文件中。创造性是指同申请日以前已有的技术相比，该发明具有突出的实质性特点和显著的进步，该实用新型具有实质性特点和进步。实用性是指该发明能够制造或者使用，并且能够产生积极效果。外观设计专利只涉及产品的形状、图案或者其结合以及色彩与形状、图案的结合，富有美感并适于工业应用的新设计，就可以申请外观设计专利。授权条件包括：新颖性，创造性，不得与他人在先权利相冲突。

（三）专利权的取得

专利权并不是伴随发明创造的完成而自动产生的，需要申请人按照《专利法》规定的程序和手续向国家知识产权局专利局提出申请，经国家知识产权局专利局审查，认为符合《专利法》规定才能授予专利权。如果申请人不向国家知识产权局专利局提出申请，无论发明创造如何重要，如何有经济效益，都不能授予专利权。

因此，取得专利权的第一个条件是申请人就其发明创造向国家知识产权局专利局提起专利申请，即如果发明创造的企业或个人没有进行专利申请，则其发明创造将不受《专利法》的保护，也就不能取得专利权；取得专利权的第二个条件是国家知识产权局专利局在收到申请人的专利申请后，对其申请的发明创造依据相关法律进行审查，若符合相关法律的规定，则授予申请人专利权，即只有经过审查，符合法律规定的专利申请才可以取得专利权。

（四）专利权的内容

1. 独占实施权

我国《专利法》第十一条规定："发明和实用新型专利权被授予后，除本法另有规定的以外，任何单位或者个人未经专利权人许可，都不得实施其专利，即不得为生产经营目的制造、使用、许诺销售、销售、进口其专利产品，或者使用其专利方法以及使用、许诺销售、销售、进口依照该专利方法直接获得的产品。"

2. 许可实施权

许可实施权是指专利权人通过实施许可合同的方式，许可他人实施其专利并收取专利使用费的权利。

（1）转让权。是指专利权人将其获得的专利所有权转让给他人的权利。转让专利权的，当事人应当订立书面合同，并向国务院专利行政部门登记，由国务院专利行政部门予以公告。专利权的转让自登记之日起生效。中国单位或者个人向外国人转让专利权的，必须经国务院有关主管部门批准。

（2）请求保护权。请求保护权是专利权人认为其专利权受到侵犯时，有权向人民法院起诉或请求国务院专利行政部门处理以保护其专利权的权利。保护专利权是专利制度的核心，他人未经专利权人许可而实施其专利，侵犯专利权并引起纠纷的，专利权人可以直接向人民法院起诉，也可以请求国务院专利行政部门处理。

（3）标记权。标记权即专利权人有权自行决定是否在其专利产品或者该产品的包装上标明专利标记和专利号。

（4）放弃权。专利权人可以在专利权保护期限届满前的任何时候，以书面形式声明或以不缴纳年费的方式自动放弃其专利权。我国《专利法》规定，专利权人以书面声明放弃其专利权的，专利权在期限届满前终止。专利权人提出放弃专利权声明后，一经国务院专利行政部门登记和公告，其专利权即可终止。

（五）专利权的期限

发明专利权的期限是20年。实用新型专利权和外观设计专利权的保护期限是10年。保护期限均自申请日起计算。

（六）专利权的保护

专利权保护是指在专利权被授予后，未经专利权人的同意，不得对发明进行商业性制造、使用、许诺销售、销售或者进口，在专利权受到侵害后，专利权人通过协商、请求国务院专利行政部门干预或诉讼的方法保护专利权的行为。

三、商标法

商标法是有关商标管理和商标专用权保护的法律。《中华人民共和国商标法》（简称《商标法》）是为了加强商标管理，保护商标专用权，促使生产、经营者保证商品和服务质量，维护商标信誉，以保障消费者和生产、经营者的利益，促进社会主义市场经济的发展而制定的。

（一）商标权的主体

商标权的主体又叫商标权人，是指依法享有商标权的自然人、法人或者其他组织，包括商标权的原始主体和继受主体。商标权的原始主体是指商标注册人，继受主体是指依法通过注册商标的转让或者移转取得商标权的自然人、法人或者其他组织。

（二）商标权的客体

商标权的客体即商标，商标是商品的生产者、经营者在商品或者服务上采用的，用于区别商品或服务来源的，由文字、图形、字母、数字、三维标志、声音、颜色或上述要素的组合构成的，具有显著特征的标志。经国家核准注册的商标为注册商标，受法律保护。

（三）商标权的取得

在国际上，商标权的原始取得大体上遵循以下三个原则：商标注册在先取得原则；商标使用在先取得原则；混合原则，兼顾注册在先和使用在先取得原则。我国采取的是商标注册在先取得原则。

（四）商标权的内容

1. 专用权

专用权是指商标权人对其注册商标依法享有的在核定商品或服务上独占使用的权利。商标注册人使用注册商标，有权标明“注册商标”字样或者注册标记。

2. 禁止权

禁止权是指商标权人依法享有的禁止他人不经过自己的许可而使用注册商标和与之近似的商标的权利。

3. 许可权

许可权是指商标权人可以通过签订商标使用许可合同许可他人使用其注册商标的权利。

4. 转让权

转让权是指商标权人依法享有的将其注册商标依法定程序和条件转让给他人的权利。

5. 续展权

续展权是指商标权人在其注册商标有效期届满前，依法享有申请续展注册，从而延长其注册商标保护期的权利。注册商标的有效期为 10 年，自核准注册之日起计算。注册商标有效期满，需要继续使用的，应当在期满前 6 个月内申请续展注册；在此期间未能提出申请的，可以给予 6 个月的宽展期。每次续展注册的有效期为 10 年，宽展期满仍未提出申请的，注销其注册商标。

（五）商标权的保护

按照侵权行为表现的不同，商标侵权行为可分为以下几种类型：假冒注册商标行为，销售侵犯商标权的商品，伪造、擅自制造他人注册商标标识或者销售伪造、擅自制造的注册商标标识的行为，反向假冒行为，给他人的注册商标专用权造成其他损害。

任务三　创新成果的转化

一、创新成果转化的概念

创新成果转化是指创新成果知识产权人，通过自己使用、许可使用、转让、特许经营等方式行使创新成果知识产权的财产权利，实现创新成果知识产权的经济价值。创新成果知识产权的转化，既为权利人实现其财产权利提供了渠道，又让社会大众分享了创新成果的效用，从而实现了激励创造、鼓励传播、促进社会进步的目的。就创新成果而言，单纯的创新不是目的，单纯的保护也不是目的，在当今世界发展浪潮中，经济竞争正在从有形的竞争转化为无形的竞争，其中的知识含量已经愈发成为决胜的关键。创新成果的取得和保护的最终目的就是让所创造出的智力成果转化为经济价值和市场效益。

拓展阅读

创新成果成功转化有多重要?

在苹果公司和硅图公司（SGI），李开复度过了八年，走过了从科学家到产品副总裁的路程。在这段路程上，他有许多成功，如苹果的 QuickTime，但是在 SGI 他碰到了巨大的挫折。他的团队开发了一个非常酷、非常棒的三维浏览器，获得了许多大奖。但是当时他们只顾埋头创造，却没有做好市场分析和调研，结果这么酷、这么棒的浏览器并没有被市场上的普通用户所接受。这个浏览器在市场上失败了，这个创新无法为公司创造任何价值，整个团队和产品被公司廉价卖掉。他理解了，仅仅有科学家的“新”“酷”的创新是不够的。创新必须是针对用户的，必须是有用的。做产品管理，必须把用户放在第一位。李开复 1998 年夏天回到中国，在中国开创微软中国研究院。这时，他把这个教训带入中国团队。

二、创新成果转化模式

（一）自主创业

自主创业即自己使用、自主开发，是指个人、科研院所、大专院校、企业等创新者的创新成果在内部进行的一种成果转化模式。其特点是创新成果的成果源与吸收体融为一体，将市场交易内部化，消除了中间环节，转化交易成本较低，转化效率较高。例如，1984 年，中国科学院计算技术研究所（现为中国科学院数学与系统科学研究院）投资成立了中科院联想控股有限公司。当时联想公司由 11 名科技人员组成，主要对中国科学院计算技术研究所的科研成果和技术进行转化。截至 2019 年 6 月 30 日，联想公司实现收入人民币 1 793.11 亿元，同比上升 15%，成为国内 IT 行业位居前列的高新技术企业。

对于朝气蓬勃的大学生而言，通过自身的创业，把青年人奇思妙想的创新思维转化为商品和利润，显得更为重要和紧迫。2015 年首届中国“互联网 +”大学生创新创业大赛总决赛举行时，时任总理李克强曾批示：“大学生是实施创新驱动发展战略和推进‘大众创业、万众创新’的生力军。”据统计，2023 年全国高校毕业生规模达到了 1 158 万人，再创历史新高。高校毕业人数破 1 100 万，对于我国这样一个人口大国来说，是一个严峻的就业压力。创业，不再是少数人的专利，而成为多数人的选择。

（二）许可使用

创新成果的许可使用是指产权人授权他人在一定时期和范围内，以一定的方式行使创新成果的使用权并获得相应报酬的行为。“许可是在不转让财产所有权的条件下让渡财产中的权利”，这包含以下几点含义：创新成果产权中的人身权利不得许可使用；许可使用不导致产权所有权的主体发生变化；许可使用不得超出许可人自身所拥有的权限；被许可人不得超出合同约定范围行使权利。著作权、专利和商标都可以进行许可使用。

1. 著作权许可使用

著作权许可使用是指著作权人授权他人在一定的地域、期限内，以一定方式使用其作品并获得报酬的行为。著作权许可使用是最常见的著作权贸易方式，是著作权人实现其著作财产权的主要方式。

2. 专利实施许可

专利实施许可是指专利权人授权他人在一定地域、期限内，以一定方式，包括使用、制造、销售等方式，实施其专利并获得报酬的行为。专利实施许可是最常见的专利贸易形式，是专利权人获得经济价值的主要途径之一。

案例故事

吴刚，浙江师范大学职业技术教育学院数控专业大三学生，已申请技术专利 40 多项，目前审查通过 18 项。

“实在不好意思，我只想用专利技术入股，不想卖掉。如果你们不接受，我会考虑找其他公司合作。”面对北京某公司的“甜言蜜语”，昨天，吴刚又一次委婉谢绝。

这已经是吴刚第 N 次拒绝对方了，尽管对方提出的 8 万元收购价十分诱人，不过这个在大二就靠专利年收入近百万元的“专利哥”，还是把持得很牢。

在老师和同学们眼中，吴刚对科研近乎痴狂。大二时，他就向国家知识产权局递交了 40 多项专利申请，目前已经审查通过 18 项。吴刚说，由于开始不懂“行情”，最贵的专利才卖了 3 万多元，便宜的 8 000 元就卖掉了。

除了自己发明专利，吴刚还在淘宝网开了店，卖的不是商品，而是服务，专门代别人写专利。“这是一个知识产权的时代，国家越来越重视保护知识产权。个人、企业等申请专利的越来越多，我的生意才越来越好。”吴刚说，他不只局限在自己熟悉的数控、机械领域，还和全国其他领域的知识产权代理事务所合作，进行业务共享。

资料来源：袁春宇．大三“专利男”当上百万富哥，专利贵的卖了 3 万 [N]. 钱江晚报，2011-11-04.

3. 商标许可使用

商标许可使用是指注册商标所有人授权他人在一定地域、期限内，以一定方式使用其注册商标并获得报酬的行为。商标许可使用是现代商标法的主要内容，是商标注册人实现其商标经济价值的主要形式。

（三）产权转让

创新成果的产权转让是指创新成果产权所有人依法将其享有的创新成果的产权中的财产权利全部或部分转让给他人的行为，包括著作权转让、专利权转让、商标转让等。有偿转让创新成果，是实现其经济价值的主要途径之一。

1. 著作权转让

著作权转让是指著作权人依法将其享有的著作财产权的全部或者部分转移给他人的行为。通过著作权转让，受让人成为该作品全部或者部分财产权的权利人，转让人丧失相应权利。

2. 专利权转让

专利权转让是指专利权人依法将其专利权转移给他人的法律行为。转让人有权依照合同收取转让金；受让人有权受让该项专利权，成为新的权利主体。

3. 商标转让

商标转让是指商标权人依法将其注册商标专用权转移给他人的法律行为。商标权人为转让人，接受注册商标专用权的一方为受让人。

拓展阅读

技术转让

技术转让是知识产权转让的下位概念。在现代贸易中，技术转让是知识产权转让的重要内容。技术转让，是指专有技术的所有人将技术转移给他人，并收取报酬的行为。技术转让，通常是包括专利、商业秘密、商标、版权在内的综合性的知识产权利用行为。目前专有技术至少由3种技术构成：专利技术、秘密技术、计算机软件技术。商标不属于技术范畴，虽然在知识产权贸易中，技术转让通常附带商标的转让或是许可使用，商标可以作为技术转让的标的之一，但单纯的商标转让不是技术转让。

技术转让的模式还有：技术开发模式、政产学研金介用模式、面向产业集群模式、科技创业孵化模式、公共技术服务平台模式等。

思考讨论

1. 什么是创新意识？谈谈如何培养自身创新意识。
2. 创新思维有哪些特征？
3. 你的思维方式有哪些障碍？如何突破？
4. 常用的创新方法有哪些？怎样使用？
5. 创新精神由哪几方面构成？
6. 写出你一直想做而未做的一件事，尝试利用创业思维去实现它。
7. 培养一个人的创新能力要通过哪些途径？
8. 什么是创新成果？创新成果具备哪些特征？

实践训练

实训1——训练联想思维

【实训目的】

1. 了解联想思维的训练方法。
2. 学会自由联想。
3. 学会强制联想。

【实训流程】

流程1：自由联想训练

看到纸上密密麻麻的黑点，你会想到什么？

____

____

____

____

流程 2：联想思维大创造

将每一组的两个词语联系起来，提出一个发明设想。

相框—鼠标：________________

窗户—烧烤：________________

雨水—椅子：________________

邮票的四周打上齿孔，便于撕下。这个方法还能用于什么事物？

____

____

____

____

你是否有来自大自然的创意设想呢？请你提出一个仿生联想。

____

____

____

____

流程 3：独自完成测验

托兰斯创造性思维测验（Torrance Test of Creative Thinking，TTCT）由保罗·托兰斯（Paul Torrance）编制，是目前应用最广泛的创造力测验之一。托兰斯创造性思维测验中最常用的是一系列不完整的图形，要求测试者把未完成的抽象图形画完整。下面是两幅不完整图形，张开你想象的翅膀，完成富有创意的图画吧！

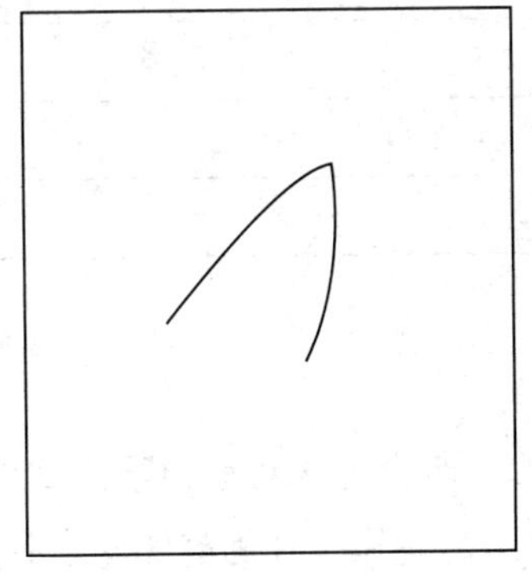

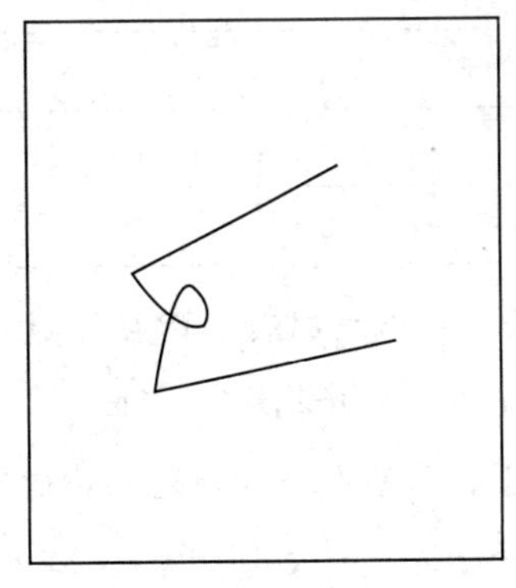

以下这道题也来自托兰斯创造性思维测验，请你提出尽可能多而独特的想法，并为你的想法提供细节，使其完整。

假设人们通过眨眼睛就能把自己从一个地方运送到另一个地方，会发生哪些事情？（时间限制：3 分钟）

实训 2——开发大学生创新创业能力

【实训目的】

1. 掌握开发独立创新创业能力的方法。

2. 学会打破常规思维去解决问题。

【实训流程】

流程 1：提升大学生创新创业能力

创新意识和创业精神是形成和推动创业行为的内驱力，是产生创业行为的前提和基础。首先要教育和引导大学生增强创新意识和创业精神，凭借知识、智慧和胆识去开创能发挥个人所长的事业。要使广大学生认识到，要适应新时代的要求，就必须强化自身的创新意识和创业精神。为此，要引导和鼓励学生创造性地投身于各种社会实践活动和社会公益活动中。通过开展创业教育讲座，以及各种竞赛、活动等方式，形成以专业为依托，以项目和社团为组织形式的“创业教育”实践群体来激发大学生的创新意识和创业精神。

实践最能锻炼和培养一个人的才能，你参加过哪些课外科技作品竞赛或者创业计划大赛？

流程 2：阅读材料，回答问题

1. 完成“整修花坛”作业

有甲、乙两人整修街道两旁的花坛。由于两旁花坛数目相等，因此两人商定各整修一边。一大早，甲先出工整修路左边的花坛。当他整修完 3 个花坛时，乙也出工了。乙说右边花坛难整修，还是让他整修左边的花坛吧。于是甲又开始整修右边的花坛。当乙整修完路左边的花坛后，又帮助甲整修路右边的花坛。当乙又整修完路右边的 6 个花坛时，正好全部整修完毕。

甲、乙两人谁整修的花坛数量多？多整修了多少？

2. 分析吸水纸的发现

一名工人在生产一批纸时因为不小心而弄错了配方，结果生产出了大量不能书写的废纸。他被扣工资、罚奖金，最后遭到解雇。正当他灰心时，一位朋友让他将问题倒着看，看能否从错误中找出有用的东西来。他很快就发现这批废弃纸张吸水性相当好，于是就把纸切成小块，取名刀切吸水纸，拿到市场上出售，结果相当抢手，因而也就有了现在的吸水纸。

（1）以上案例对你有什么启发？

（2）打破常规思维的方法有哪些？试举例说明。

3. 解题："夫妻吵架的次数"

在某国有一对夫妻，他们已经 40 岁了，很喜欢吵架，他们婚后每天都吵架，从没有间断过。但是上个月他们只吵了 26 次，请问这是怎么回事？

（时间限制：5 分钟）

【实训思考】

课外科技作品竞赛和创业计划大赛，对于增强创新意识，锻炼和提高观察力、思维力、想象力和动手操作能力都是十分有益的。只有在大学生中营造浓厚的科技创新氛围，才能使更多的创新人才脱颖而出。实践最能锻炼和培养人的才能，只有在实践中多看、多思、多问、多记，反复检验，反复调查，不断总结，吸取教训，才能从实践中摸索出真知。积极参与实践活动对于提高当代大学生的创新创业能力有何意义？

____

____

____

____

模块三 发掘创业机会

模块导读

创业是发现市场需求，寻找市场机会，通过投资经营企业满足这种需求的活动。创业需要机会，在我们身边隐藏着很多创业机会，只是我们缺少善于发现的眼睛。发现创业机会是有规律可循的，如何发现创业机会，需要创业者掌握一定的方法。此外，创业机会与创业风险总是相伴而行的。创业者应尽可能识别创业机会中可能蕴含的风险，并制定相应的风险防范措施，以实现创业机会的价值最大化，从而实现创业目标。

案例导入

刘佳豪是北京财贸职业学院连锁经营管理专业的一名毕业生，是双向O2O行业领军品牌“中捷乐淘”的创始人、北京豪钥科技股份有限公司董事长，“85后”创业者中的佼佼者。

2014年9月，刘佳豪创办北京豪钥科技有限公司，创立O2O电商领域领军品牌“中捷代购”。“中捷代购”自2014年起经过3轮融资，2017年7月完成上市，更名“中捷乐淘”，集商业连锁、电子商务、线下社区便利店的优势于一体，对接线上优质资源，是以“最后一公里生活服务”为主线的双向O2O平台，让用户99%的购物需求可以不出社区就能得到解决。“中捷乐淘”致力于打造43 000家服务店，覆盖每一个乡镇，成为中国双向O2O行业的引领者。

刘佳豪的创业历程大致可分为3个阶段：传统零售阶段、传统互联网阶段及O2O阶段。

2004年暑假，还在上高中的刘佳豪利用积攒的2 000元压岁钱，开设了第一家实体店——友记珠宝；后来又逐步开设了6家连锁店，并在北京西单商圈开设了旗舰店，赚取了人生第一桶金。

2007年，考上大学的刘佳豪，创立了作业派网站，正式进入互联网行业。

2014年，刘佳豪创立了“中捷代购”，成为中国最早一批进入O2O行业的创业者。通过将近 5 年的发展，更名后的“中捷乐淘”已经成为社区 O2O 电商的领导品牌。

刘佳豪的创业经历充满了年轻人的闯劲。他敏于观察、善于思考、勤于行动，边读书学习边尝试创业，用积攒的压岁钱开启了自己的创业之路。他从生活中发现了商业机会，及时把握商业机会，把想法转变为创业行动。他把学习的专业知识运用于创业实践，敏锐地抓住了互联网创业机会，并在不断探索中去创新商业模式，闯出了一条互联网创业之路。

项目一 识别创业机会

任务一 创业机会概述

创业者要想找到切实可行的创业项目，就要知道怎样去发现创业机会。要发现创业机会，首先要知道什么是创业机会，把握创业机会的特征；其次要了解创业机会的类型和来源。

一、创业机会的内涵与特征

（一）创业机会的内涵

发现、把握、利用创业机会是创业过程的真正开始，是创业过程中的一个重要阶段，也是成功创办和管理企业的基础。著名经济学家熊彼特认为，创业机会就是把资源创造性地结合起来，达到满足市场需要的预期效果，它是创造价值的一种可能性。而纽约大学教授伊斯雷尔·柯兹纳（Isreal Kirzner）认为，创业机会是一系列的市场不完善。在这两种对创业机会的不同界定中，熊彼特强调企业家整合各种资源对于价值创造的重要性，柯兹纳强调市场的不完善所带来的创业机会。

什么是创业机会？通俗来讲，创业机会是能够产生价值的清晰的目的；具体来说，创业机会是指有吸引力的、较为持久和及时的一种商务活动空间，能够为消费者或客户创造价值或增加价值的产品或服务，并同时使创业者获益的商业想法或主张。

（二）创业机会的特征

杰弗里·蒂蒙斯认为，创业机会不仅具有吸引力、适时性和持久性的特征，还能够为使用者或购买者创造或增加产品或服务的使用价值。一般而言，有效的创业机会通常具有以下 4 个本质特征：

1. 稀缺性

机会往往随环境的变化而变化，受市场的不协调或混乱、信息滞后、领先或缺口，以及市场中其他因素的影响而产生。由此可见，创业机会是在特定条件下产生的，是客观存在的，这就决定了能获得的创业机会很少。创业机会需要识别，率先识别之人就是机会信息的拥有者，其他人要获得这种机会，要么靠自己的发展，要么靠付出成本购买。对于稍纵即逝的创业机会，新创企业更倾向于自己去发现和快速捕捉。

2. 时效性

“机不可失，时不再来。”好的创业机会必须在其存在的时候被实施。机会存在的时间是指商业创意从产生到推广所需要花费的时间，如果竞争者已经产生了相同的思想，并已经把产品推向了市场，那么机会也就错过了。

3. 持久性

持久性指的是必须处在一个持续放大的机会窗口下，使创业者对创业机会进行开发。创业过程是动态和不连续的，它始于创业者的思想创意，虽然其最终结果会受到很多内外部条件的制约，但创业机会具有持久性。

4. 获利性

创业者发现创业机会后，如果把机会与其他要素相结合，即创业机会得到有效利用，就可以为创业者带来丰厚的利润。创业机会的获利性也成为创业者的创业驱动因素之一。

案例故事

当多数同学还沉浸在校园安逸的生活中时，思宇就开始寻找未来发展的方向了。他很有远见地看到了传媒领域企业的发展趋势，也想在这个领域开始自己新的人生。他的想法得到了学校的支持，于是他创办了自己的传媒公司，并且落户在学校的创业基地。一开始，公司的运营非常艰难，由于大家都不大懂得企业经营，缺少专业经验，因此都是一边摸索一边学习。后来，大家掌握了专业的运营技巧。

现在，新媒体运营成了社会的一个普遍现象，公司微博、微信公众号等的开通也为企业的发展起到了良好的促进作用。很多公司在新媒体运营方面缺少经验，也不知道如何对员工进行相关的培训，这时思宇的公司推出了针对企业员工新媒体运营方面的培训服务。

就目前而言，该公司正处于起步阶段，未来还有很长一段路需要走。为了进一步扩展业务范围，打开市场，思宇也在不断地加强与其他企业的沟通与合作。

思宇作为在校大学生能够有这样的创业成就实属不易，但这不是他创业生涯的终点，他将再接再厉。

二、创业机会的类型

《创业学——21 世纪的创业精神》的作者之一杰弗里·蒂蒙斯提出，好的创业机会有以下 4 个特征：（1）它很能吸引客户；（2）它能在商业环境中行得通；（3）它必须在“机会之窗”敞开期间被实施（“机会之窗”是指创意推广到市场上所花费的时间，若竞争者有了同样的思想，并已把产品推向市场，那么“机会之窗”也就关闭了）；（4）有资源（人、财、物、信息、时间）和技能。

创业者发现与把握的机会不同，创业活动随之不同，创业结果也存在差异。按照市场需求是否被识别、资源和能力是否被确定两个维度，创业机会可以分为梦想型、问题解决型、技术转移型、企业形成型四种，如图 3–1 所示。

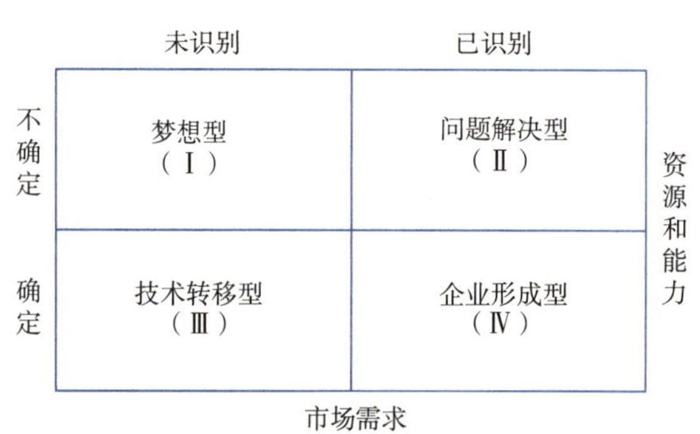

图 3–1 创业机会的类型

市场需求可能是已识别的（已知的）或未识别的（未知的）；资源和能力可能是确定的或不确定的。确定的资源和能力包括对一般知识、人力资源、金融资源等情况的了解或对自然资源（如产品或服务的技术条件）情况的了解。在这个矩阵中，市场需求表示存在的问题，资源和能力表示解决问题的方法。

（一）梦想型

市场需求未识别且资源和能力不确定（问题及其解决方法都未知）。它表现的是艺术家、梦想家、设计师和发明家的创造性。他们感兴趣的是将知识的发展推向一个新方向，使技术突破现有限制。

例如，有梦想者想让车辆在技术上升级为飞行器，解决城市车辆拥堵问题，但市场几乎无此需求，更重要的是目前尚无成熟的技术，且成本效益转换毫无经济价值，因此只能是一种梦想型机会。但是，有些梦想随着时代的进步会变成现实。嫦娥奔月是古代人类登月的传说，经过几千年的努力，2013 年 12 月 15 日，中国自主研制的“玉兔号”月球车成功登陆月球。当市场与创业者所拥有的资源和具有的能力“握手”时，“梦想”就会变成现实。

（二）问题解决型

市场需求已识别但资源和能力不确定（问题已知但其解决方法仍未知）。它描述了有条理地收集信息并解决问题的情况。在这种情况下，机会开发的目标往往是设计一个具体的产品或服务以适应市场需求。创业者清楚地知道市场需要什么，但苦于没有资源和能力，无法生产或提供市场所需的这种产品或服务。

例如，某农民承包了几十亩地种植苹果树，近几年苹果连年丰收，但价格连年下降。他看着堆满了苹果的库房，既不想贱卖，也不想眼睁睁看着苹果烂掉。他想要对苹果进行深加工，例如酿成苹果酒、制成膨化食品等来增加其附加价值。但是一想到要投资建厂，并要掌握加工技术，还要有销路，他就犯难了。

针对这种创业机会，解决问题的办法是尽快寻找所需的资源，尽快培养所需的能力。此时，机会开发的目标往往是设计一个具体的产品或一种服务以适应市场需求。问题解决型创业机会转化成创业项目的成本要比梦想型创业机会低，所花的时间也要少，关键是看争取资源与掌握技术的速度。

（三）技术转移型

市场需求未识别但资源和能力确定（问题未知但可获得解决方法）。这种情形包括我们常说的“技术转移”的挑战，如寻找应用领域和闲置的生产能力。这里的机会开发更多强调的是寻找应用的领域，而不是产品或服务的开发。

创业者已经具备了生产某个产品或提供某项服务的能力，但是他所生产的产品或提供的服务没有市场需求，也就是说没有人需要他的产品或服务。

（四）企业形成型

市场需求已识别且资源和能力已确定（问题及其解决方法都已知）。这里的机会开发就是将市场需求与现有的资源匹配起来，形成可以创造并传递价值的新企业。

理论上说，企业形成型创业机会的成功概率比前面三种类型都要高，梦想型创业机会的成功概率比后面三种类型都要低。

如前所述，按照市场需求是否被识别、资源和能力是否被确定两个维度，创业机会分为梦想型、问题解决型、技术转移型、企业形成型四种类型，从另一个角度看，它们依次排列又可看作创业机会发展的一般过程。要识别创业机会属于哪种类型，是否既没有市场，又没有资源和能力；能否通过确定的资源和能力，开发产品或服务来满足明确的市场需求；如果现有资源和能力不能满足当前市场需求，能否携带现有资源和能力去寻找新的市场；最好的情况是现有资源和能力正好与目前的市场需求相匹配，这样就可以形成企业创造价值。

三、创业机会的来源

创业机会来源于社会生活的方方面面。在众多学术观点的基础上，我们认为斯科特·谢恩（Scott Shane）的观点比较有代表性。谢恩教授提出了产生创业机会的四种变革，分别是技术机会、政治和制度机会、社会和人口结构机会以及产业结构机会。

（一）技术机会

企业的生产过程、市场及对资源的组织方式会由于新技术与知识的出现而发生变化，从而为市场带来创业机会。例如，随着互联网技术的普及，移动互联网的技术发展支撑起移动短视频应用创业项目的出现。

技术变革也会带来创业机会。通常，技术上的任何变化和组合都会给创业者带来一定的创业机会。因为技术上的变革可以让人们做到以前不可能做到的事情，完成以前不可能完成的任务，或者可以更有效率地做事情。新技术的出现在很大程度上改变了企业之间的竞争方式，使创办企业的机会大大增加，创办企业也越来越容易。这具体表现在以下三个方面：

第一，新技术替代旧技术。当某一领域出现了新的技术，并且它们足以替代旧技术时，创业机会就出现了。

第二，新技术实现新功能。实现新功能、创造新产品的新技术的出现，无疑也会给创业者带来新的商机。

第三，新技术带来新问题。多数技术的出现，都是既有利又有弊。这会使人们为了消除新技术的弊端而去开发新技术并使其商业化，从而带来新的创业机会。

（二）政治和制度机会

随着经济的发展和科技的进步，政府必须进行政治和制度变革，而政府政策的变化可能给创业者带来新机会。事实上，从政策中寻找商机并不仅仅表现在政策条文所规定的层面，随着社会分工不断细化和专业化，政策变化所提供的商机还可以延伸，创业者可以通过产业链分析，在商机催生的产品或服务的上下游延伸中寻找商机。例如，自2011年5月1日起，醉酒驾车已上升为违反《中华人民共和国刑法》的行为，由此过去“叫好不叫座”的酒后代驾服务开始走俏。中国的酒文化源远流长，亲朋好友聚会，应酬接待，驾驶人常常很难推却喝酒的邀约。随着“醉驾入刑”，“酒后代驾”服务很好地解决了饮酒助兴与驾车安全之间的矛盾，赢得了有车一族的青睐。所以，良好且准确的政策分析可以有效地帮助创业者发现机会。

（三）社会和人口结构机会

不同时期的社会和人口因素变化，会产生不同的需求。而社会和人口变革，就是通过改变人们的偏好和创造以前并不存在的需求来创造机会。随着现代社会发展的加快，这种变化中的需求更加明显。例如：“三孩”政策使得婴幼儿产品市场高速发展；单身人士数量增加，促进了小户型商品房的热销；人口寿命延长创造了老龄用品市场。由此可见，当社会和人口因素的变化改变了人们对产品和服务的需求时，就会产生新的创业机会。

（四）产业结构机会

产业结构的变化无疑会使企业成长。产业结构变革是指由于其他企业或者为主体客户提供产品或服务的企业消亡，或者企业吞并或互相合并，致使改变行业中的竞争状态。产业结构变革影响创业机会。

不难看出，变化是创业机会的重要来源，没有变化，就没有创业机会。在现实中，许多人都充满了创业想法，富有创业幻想，但能否在众多的创业想法中发现真正的需求，挖掘创业机会，并有能力抓住它，最终成为一个成功的创业者，却受到许多因素（如创业者的长期观察与生活体验等）的影响。

任务二 创业机会识别

把握创业机会对于创业能否成功具有非常重要的意义。创业机会是创业活动的逻辑起点，是创业初始最关键的活动之一。创业机会识别是创业成功与否的决定性因素。

一、创业机会识别的重要性

人们常说："好的创意是成功的一半。"准确地说，创意并不等于创业机会，因为一个创意可以不注重实现的可能性，但创业机会一定是实实在在的，可以用来作为新创企业的基石。因此，进行创业机会的研究与识别对创业者来说相当重要。识别创业机会是创业成功的第一步，而好的创业机会是创业成功的一半。创业机会识别的重要性主要体现在以下方面。

（一）创业机会识别是创业成功的基石和方向

整个创业过程是通过创业机会来展开的，没有创业机会的发现和识别，创业就无从展开，没有把握创业机会的创业，失败是不可避免的。所以创业者一定要先对市场机会进行调查、研究，对机会进行把握和识别，有机会才去创业。如果根本没有发现创业机会，只是随创业潮流去创业，或者只是听别人说哪个行业能赚钱就去做哪个行业，缺乏对机会的识别，是很难创业成功的。

（二）创业机会识别可以大大降低创业成本

创业成功者往往是在创业之前进行机会识别的，最开始可以根据对机会的认知进行深入的调查研究和策略规划。通过深入研究，可以在创业之初避免很多错误行为，从而大大降低创业成本，提高企业存活率。

二、创业机会的识别过程

张玉利认为，创业机会识别是创业者与外部环境（机会来源）互动的过程，在这个过程中，创业者利用各种渠道和各种方式掌握并获取有关环境变化的信息，从而发现在现实世界中产品、服务、原料和组织方式等方面存在的差距或缺陷，找出改进或创造“目的—手段”关系的可能性，最终识别出可能带来新产品、新服务、新原料和新组织方式的创业机会，如图 3–2 所示。

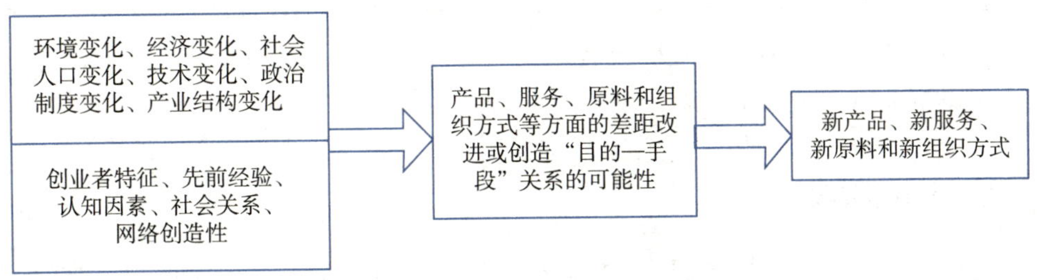

图 3–2　创业机会的识别过程

根据图 3–2 可知，创业机会的识别是一个思考和探索互动反复，并将创意进行转变的多阶段的复杂过程。我们可将创业机会的识别过程具体分为准备阶段、孵化阶段、洞察阶段、评价阶段、阐述阶段五个阶段。

（一）准备阶段

在准备阶段，创业者需要储备机会识别过程中所需的背景、经验和知识，这一过程可以看成从以往的工作经验中发现机会。深思熟虑与无意识两种状态构成了准备，也就是说，无意识地关注机会和有意识地期待机会都可以看作准备。此处的“准备”是指创业者的背景及创业经历。创业者需要有足够的经验来识别创业机会，有高达 50% ~ 90% 的新创企业的创意来自个人的前期经验。

（二）孵化阶段

孵化阶段是创业者对创业的深思熟虑时期，是创业者的创新构思阶段。在此期间，创业者要仔细思考创意与创业问题。这一活动可能是构思一个商业设想或者一个具体的现实问题。“思想徘徊在意识的门边”，描述的就是这种时而有意识、时而无意识行为的特点。

（三）洞察阶段

洞察是发现问题的解决办法或者产生创意的一个灵感突现。洞察集中表现为发现体验、问题得到解决、思考分享等，因此被称为“灵感”体验。在商务环境中，洞察是创业者识别机会的时刻。先前的工作经验有时推动识别过程向前发展，有时促使人返回准备阶段。洞察使创业者认识到机会的潜力，从而进一步学习更多的知识，考虑更多的问题。

（四）评价阶段

评价阶段是经常被创业者错误跳过的一个阶段。但实际上，它是仔细审查创意并分析其可行性必不可少的阶段。这一过程的困难之处在于创意实行之前就去设法评价它。评价阶段是创业过程中特别具有挑战性的阶段。

（五）阐述阶段

阐述阶段是指创业者将详细的构思完全呈现出来的过程。一个创业计划成功是因为有正确的表达从而高效地推动创意转化为机会，这是再创意的过程，也是创意商业化的起点。这一创业机会的再发现标志着可以着手编撰创业计划书了。

三、创业机会的识别方法

对于创业机会的识别来讲，要着眼于问题来识别创业机会，要创业就得善于发现问题，积极提出问题，仔细观察生活中的各种细节。有了问题，才能产生创意去解决这些问题。同时，利用变化识别创业机会，因为我们处于一个不断变化的世界中，变化会带来新的创业机会。另外，在提倡科技兴国的今天，跟踪技术创新的脚步也有利于识别创业机会。如果你的社交圈很广，你比其他创业者接触的信息更多，那么你就可以比其他创业者更早地识别出创业机会或发现更优良的创业机会。

有多种技术和方法可以帮助创业者识别创业机会，下面主要介绍比较常用的四种识别方法。

（一）市场数据信息收集与研究法

大数据时代，当我们进行数据搜寻时，往往能从中发现很多隐藏的信息，很多创业机会往往都是从大量数据中探索出来的。比如去哪儿网收集了大量旅客的订票信息，掌握了其来去的动向，从而开发出热门的旅游攻略和景点打折优惠。使创意变为现实的创业机会的基础工作是创业机会信息的收集，具体方法如下：（1）根据创意明确研究的目的或目标；（2）通过已有数据或第二手资料来获得信息；（3）以第一手资料为依据来收集信息，数据收集的过程就是收集第一手资料内容的过程，如上网、观察、询问、集中小组试验以及访谈等。

（二）环境趋势分析法

前面我们提到创业机会来源于环境变化，因此，对环境的分析有利于快速识别创业机会。人们的需求会随着经济、政治、科技、文化的变化而变化，有了新的需求就有了新的创业机会。当经济增长时，人们收入提高，对生活质量的要求也相应提高，就会产生新的需求，形成新的创业机会。政治方面，政策变更和制度改革都会带来新的创业机会。创业者关注国家创业政策变化，不仅能避免创业中出现的错误，维护企业权益，还能享受到相应的优惠政策。比如国家提出保护环境，减少污染，提倡使用新能源，一些汽车企业就开始研发电动汽车，不仅能享受到国家补贴，还能带来新的经济收益。科技变化为创业活动提供持续不断的源泉。技术本身往往不是识别商业机会的关键，认识到如何利用技术来帮助满足人们的基本需求和变化需求才是关键所在。比如新型智能手机代替传统手机，科技进步使智能手机的功能更加方便人们的生活起居，而传统手机只能接打电话和收发短信。各国文化的相互渗透也带来了新的创业机会，在中国有了咖啡厅，在美国有了茶馆，这些都是文化交融带来的创业机会。

（三）问题分析和顾客建议法

在日常生活中我们会发现，只要是问题，无论是需求方还是供给方，总需要人们想办法找方案去解决问题。无论是生活中的问题，还是没有被充分解决的问题，都可以成为创业者的机会。问题分析从一开始就要找出个人或组织的需求和他们面临的问题。这些需求和问题可能很明确，也可能很含蓄。创业者可能识别它们，也可能忽略它们。问题分析可以首先问“什么是最好的”。一个有效且能带来回报的解决方法对创业者来说就是识别机会的基础。这个分析需要全面了解顾客的需求，以及可能用来满足这些需求的手段。

一个新的机会可能会由顾客识别出来。顾客建议多种多样，他们会提出一些诸如“如果那样的话不是很棒吗”这样的非正式建议。一些组织在将他们的需求“反向推销”给潜在供应商的过程中会非常积极。无论使用什么样的手段，讲求实效的创业者总是希望从顾客那里征求想法。

（四）创意法

这种方法在新技术行业中最常见，它能始终满足市场的需求。创业机会的识别与个人创意有很大的关系，在创意产生后才会有创业。机会识别类似于创造的过程，也许一个新的发明就会产生一个新的创业机会。识别创业机会需要创业者自己敢想敢做，有时候风险越高的创业，回报也越高。

课堂活动

讨论：如何发现和挖掘创业机会？

任务三　创业机会评价

一个好的创业机会在落地实施前需要经过科学而系统的评价和市场测试。评价是看创业机会能否成为有价值的商业机会。评价是特别具有挑战性的阶段，因为它要求创业者从多维度对创意的可行性进行判断。创意只有符合一定的标准，才是真正的创业机会，而且创业机会只有符合创业者的能力和目标才是有价值的。

一、有价值的创业机会的基本特征

杰弗里·蒂蒙斯认为，一个有价值的创业机会应该具有以下四个基本特征。

（一）价值性

好的创业机会是指能够带来商业价值的机会，它为顾客创造价值，能使新创企业产生盈利，这是创业机会区别于其他机会的本质特征，也是创业机会受到创业者与投资者追寻与青睐的根本原因。当然，这里的价值性并不是说创业机会本身一定要具有直接价值，可以在市场进行交换，而是说它是可以带来价值增值的创业活动的极好的切入点，在这样的条件下创业，获得价值增值的可能性大，有利因素多。

（二）可实现性

将机会变为现实是创业的关键一步，有价值的创业机会一定是现实可行、具有可操作性的。创业机会的可行性是指创业机会在技术、管理、财务资源以及市场竞争等方面有现实基础，能为创业者带来经济效益和社会效益，并且其商业化产品或服务预期有好的发展前景。假如创业者打算创办一个生产视频监控产品的新企业，其技术可行包括：（1）推出的产品适销对路，能够满足市场需要；（2）工艺技术过关，具备满足生产需要的设备、技术人员和操作工人；（3）各种原料、材料、燃料、动力可获得；（4）不存在环境保护及其他社会问题等。经济可行包括生产的产品预计年销售量、成本费用在可以承受的合理范围内，资金利润率有吸引力，投资回收期短等。

（三）时效性

创业机会产生于市场变化，存在于一定的市场环境之中。虽然从总体上看市场变化是持久的，但每一次变化以及变化所带来的创业机会却是有时效性的。换言之，创业机会产生于一定条件下，随着环境的变化及消费者需求的转移，创业机会也会改变。因此，创业者必须及时捕捉机会和适时利用机会，否则创业机会窗口就会关闭。

（四）关键资源性

创业资源是指支持商机转变为发展潜力的一切东西。拥有一定的创业资源，若创业活动的基本前提。创业资源是创业的基础，影响创业的类型和路径的选择，也影响企业以后的成长。

二、创业者与创业机会的匹配

有些机会只能看见，但却不能为自己所把握。即使创业机会的价值潜力再大，若创业者缺乏相应的必备条件和因素，盲目行动，会带来无法挽回的损失。那么，如何才能判断创业机会是否适合创业者？这至少需要从个人经验、社会关系网络、经济状况三个方面来评价。

在个人经验方面，应该问："这个机会适合我吗？"这就要考虑以前的工作和生活经验是否为后续开发创业机会储备了必需的知识和技能。如果上述条件不具备，即使创业机会再好，也要考虑放弃创业活动，或进一步酝酿新的创业机会。

在社会关系网络方面，要考虑自己身边认识、熟悉的人能否提供后续开发机会所必需的资源。有研究证实，社会关系网络在创业活动中起着非常重要的作用。社会关系网络越广，创业者越容易发现创业机会，也更容易把握创业机会、实施创业活动。在创业过程中，社会关系网络不仅为创业者提供了信息、知识和资源，而且为创业者提供了必要的情感和心理支持。创业绝非易事，这些情感和心理支持是支撑创业者走向成功的关键因素。创业者需要对社会关系网络做出自我评价：有没有亲朋好友愿意资助或借贷资金，可能性有多大；有没有亲朋好友能带来生意，可能性有多大；有没有亲朋好友能提供情感和心理支持等。

在经济状况方面，要重点考虑的是能否承受从事创业活动而带来的机会成本。在创业之初，大部分创业者并没有充足的自有资金用于创业，但都有报酬丰厚的工作机会。

也就是说，需要考虑创业机会的价值潜力能否在长期内弥补放弃工作所带来的损失。研究发现，创业前收入水平越高的人，越不倾向于放弃当前工作机会去创业；相应的，创业前收入水平较高的人一旦选择了创业，创业活动的价值和利润创造潜力也较那些创业前机会成本较低的人更高。

上述三个因素是打算创业的创业者在评价创业机会时需要考虑的，但由于创业本身是一项具有高度风险的活动，没有一个创业机会是完美的，也没有任何创业者是在完全适合自己的条件下开展创业活动的，因此，在评价创业机会之后是否决定创业，仍然是一项比较主观的决策。

创业活动是创业者与创业机会的高度结合，其核心内涵是：一方面，创业者识别并开发创业机会；另一方面，创业机会也在选择创业者。只有创业者和创业机会之间存在恰当的匹配关系时，创业活动才最可能发生，也更可能取得成功。

三、创业机会评价的常用方法

从不同的分析角度来看，对创业机会的评价方法非常多，但是系统的、适合大多数创业者的评价方法不外乎两种：SWOT 分析法和蒂蒙斯创业机会评价体系。

（一）SWOT 分析法

1. SWOT 分析法的定义

SWOT 分析法是对企业内外环境各种因素的综合分析，进行系统评价，找出创业者自身的优势（Strengths）、劣势（Weaknesses），以及所面临的外部环境的机会（Opportunities）、威胁（Threats），分析环境变化对创业项目的影响。SWOT 分析法是创业机会可行性分析的常用方法。

在进行 SWOT 分析时，要全面考虑创业项目所具有的上述四个因素。优势与劣势是分析创业机会的内部因素，是可以通过努力改变的；机会和威胁是分析创业机会的外部因素，是由环境决定的，一般难以改变。SWOT 分析模型如图 3–3 所示。

机会	优势
威胁	劣势

图 3–3 SWOT 分析模型

进行 SWOT 分析有以下几个步骤：

（1）进行企业外部环境分析，列出对企业来说外部环境中存在的机会和威胁。

（2）进行企业内部环境分析，列出企业目前所具有的优势和劣势。

（3）把识别出的企业优势分为两组，原则是：一组与行业中存在的机会有关，另一组与存在的威胁有关。以同样的原则将企业的劣势按机会和威胁分为两组。

（4）创建一个表格，每格占 1/4。把公司的优势、劣势与机会、威胁配对，它们是优势 – 机会、优势 – 威胁、劣势 – 机会、劣势 – 威胁。

SWOT 分析法是企业战略管理中经常用到的一种方法。这种方法通俗易懂、易学，对刚开始创业的创业者来说，是一个不错的选择。

2. SWOT 分析策略

（1）劣势 – 威胁（WT）组合。该组合毫无意义，应完全放弃该创业机会，另起炉灶。

（2）劣势 – 机会（WO）组合。外部环境为这个创业机会提供了条件，但同时创业者本身又存在着限制利用这些机会的短板。在这种情况下，创业者应遵循的策略是通过外在的资源等弥补自身弱点，以最大限度地利用外部环境中的机会。

（3）优势 – 威胁（ST）组合。在这种情况下，创业者应巧妙地利用自身的优势来应对外部环境的威胁，其目的是发挥优势而减小威胁。但这并非意味着创业者必须以自身的实力来正面回击外部环境的威胁，最佳的方案是慎重而有限度地利用自身的优势。

（4）优势 – 机会（SO）组合。这是最理想化的一种组合，任何创业者都希望借助自身的优势和机会，最大限度地利用外部环境创造多种创业机会。

3. SWOT 分析的注意事项

使用 SWOT 分析法时，必须清楚地区分内部因素和外部因素，不可将二者混在一起。优势与劣势是企业内部可改变的两种因素，二者可以相互转化。优势如果不保持，可以转化为劣势；而劣势通过努力改善，可以转化为优势。企业机会和环境威胁是创业者创办企业的外部条件，是创业者无法施加影响的因素。

对创业机会采用 SWOT 分析看似简单，其实不然；看似完美，也并非一定具有竞争力和盈利能力。创业者必须对创业项目做更加全面深入的、客观公正的评价分析，确定核心竞争优势，以便制定正确的发展战略，使创业项目立于不败之地。

（二）蒂蒙斯创业机会评价体系

1. 蒂蒙斯创业机会评价体系概述

蒂蒙斯在《创业学——21 世纪的创业精神》一书中提出了一个比较完善的创业机会评价体系。蒂蒙斯创业机会评价体系涉及 8 个方面的 50 多项指标，8 个方面是行业和市场、经济因素、收获条件、竞争优势、管理团队、致命缺陷、个人标准、理想与现实的战略差异，如表 3–1 所示。

表 3–1　蒂蒙斯创业机会评价体系

方面	指标
行业和市场	1. 市场容易认可和识别，能带来持续的收入 2. 顾客愿意接受产品或服务，并乐意为此付费 3. 产品所具有的附加价值高 4. 产品对市场的影响力较大 5. 将要开发的产品生命长久，拥有竞争力 6. 项目所在的行业是新兴行业，竞争不完善，有缺漏 7. 市场规模庞大，销售潜力为 1 000 万 ~ 10 亿元人民币 8. 市场成长率为 30% ~ 50%，甚至更高 9. 已有厂商的生产力几乎处于完全饱和状态 10. 能够在 5 年内占据市场的主要领导地位，争取达到 20% 以上 11. 拥有的供货商成本低，具有成本优势
经济因素	1. 达到盈亏平衡点需要 2 ~ 8 年的时间 2. 盈亏平衡点不会逐渐提高 3. 投资回报率达到 25% 以上 4. 项目对资金的要求不是很高，能够获得融资 5. 销售额的年增长率高于 15% 6. 现金流能达到销售额的 20% 以上 7. 能够获得持久的毛利，要求毛利率在 40% 以上 8. 能获得持久的税后利润及不同的创业机会，要求税后利润率超过 10% 9. 较低的资产集中度 10. 较少的运营资金，逐渐增加的资金需求量 11. 研究开发工作对资金的要求较低
收获条件	1. 项目带来的附加价值具有较高的战略意义 2. 存在现有或可预料的退出方式 3. 资本市场环境有利，能够实现资本的流动
竞争优势	1. 固定成本和可变成本较低 2. 对成本、价格及销售的控制力强 3. 可以获得对专利所有权的保护，最好是已经获得 4. 竞争对手尚未觉醒，而且竞争能力较弱 5. 拥有专利或具有某种市场独占性 6. 拥有和发展良好的网络关系，并且容易获取合同 7. 拥有杰出的关键人员及优秀的管理团队
管理团队	1. 创业者团队是一支拥有优秀管理者的团队 2. 行业和技术经验已经达到或者超越本行业内的最高水平 3. 管理团队成员具有正直、廉洁、高贵的品质 4. 管理团队成员明确知道自己缺乏哪方面的知识
致命缺陷	不存在任何致命缺陷问题

续表

方面	指标
个人标准	1. 创业者个人目标与创业活动目标紧密结合 2. 创业者能够在有限的风险下实现成功 3. 创业者能够接受薪水减少等损失 4. 创业者进行创业是因为渴望这种生活方式，而不只是想赚取大量钱财 5. 创业者有承受适当风险的能力 6. 创业者能在压力下依然保持良好的心态
理想与现实的战略差异	1. 理想与现实情况相契合 2. 管理团队是最优秀的 3. 能为客户服务管理提供好的服务理念 4. 所创办的事业能够紧跟时代的潮流 5. 所采取的技术应具有突破性，不能存在较多的替代品或竞争对手 6. 具备灵活和较强的适应能力，懂得取舍 7. 始终在寻找新的机会并且保持警惕意识 8. 定价与市场领先者几乎持平，保持稳态 9. 能够获得更多的销售渠道，或已经拥有成熟的网络 10. 能够允许失败，但是必须吸取教训、总结经验

在国内外的创业研究中，涉及创业机会评价时，所参考和引用的主要是蒂蒙斯创业机会评价体系。尽管蒂蒙斯认为现实中有成千上万适合创业者的特定机会未必能与这个评价体系相契合，但该体系仍然是目前囊括评价指标比较完整的一个体系。

创业者评价一个创业项目或新创企业，首先利用定性或者定量的方式，然后通过蒂蒙斯创业机会评价体系对行业和市场、经济因素、竞争优势、管理团队和致命缺陷等做出判断，明确这些要素加起来是否可以形成有足够吸引力的商机，最终评价一个创业项目或新创企业的投资价值和机会。

对蒂蒙斯创业机会评价体系的说明：

（1）主要用于经验丰富的投资人或资深创业者对新创企业做出整体评价。

（2）必须在运用创业机会评价定性、定量方法的基础上得出创业机会的可行性以及不同创业机会之间的优劣排序。

（3）因为该评价体系所涉及项目较多，所以在实际运用过程中为提高使用效能，可作为参考选项库，结合使用对象、创业机会所属行业特征和机会自身属性等进行重新分类及梳理简化。

（4）因为该评价体系所涉及项目内容比较专业，所以要求创业专家在运用时不但要多了解创业行业、企业管理和资源团队等方面的经验信息，而且要掌握这 50 多项指标内容的具体含义及评估技术。

2. 蒂蒙斯创业机会评价体系的局限性

（1）该评价体系对评价主体的要求较高。蒂蒙斯创业机会评价体系主要是基于风险投资商的风险投资标准建立的，所以它是目前较全面的评价体系，但是与创业者的标准还是存在一定的差异。另外，该评价体系经常被风险投资者使用，创业者可以通过关注这些问题而受益多多。想要运用该评价体系，就要求使用者具备敏锐的创业嗅觉、清晰的商业认知、丰富的管理经验及系统的行业信息。总体来说，该评价体系对评价主体的要求较高。虽然创业专家自己使用一般不会存在太大的问题，但是如果直接给初次创业者来做创业机会自评，则存在一定的难度，效果不会太好。尽管如此，这也不会影响该评价体系作为创业者项目选择与评价的参考标准。

（2）该评价体系维度有交叉重叠现象。该评价体系因为各维度划分不尽合理，所以存在交叉重叠现象。比如维度划分标准不够统一，在竞争优势、管理团队、理想与现实的战略差异这三个维度中，都存在“管理团队”的评价项目。又如，竞争优势维度中的第 1 项“固定成本和可变成本较低”，行业和市场维度中的第 11 项“拥有的供货商成本低，具有成本优势”，也存在包含关系与重叠问题。这不仅会直接影响使用者的评价难度与考量权重，而且在一定程度上也会影响机会评价指标的有效性。

（3）该评价体系缺乏主次，定性、定量混合，影响效度。该评价体系主次不够清晰，指标内容既有定性评价项目，又有定量评价项目，并且这些项目中存在交叉现象，这是该评价体系一个较为明显的缺点。一方面，评价指标太多导致使用不够便捷；另一方面，在运用体系时实践结果往往不够理想。这是因为对创业机会进行评价时，难以做到对每个方面的指标都进行准确量化并设置科学的权重。

在现实创业活动中，创业者可能不会严格按照蒂蒙斯创业机会评价体系对创业机会进行评价，而只会选择其认为与自身情况比较吻合和容易理解的若干要素进行评价，从而使评价结果较为主观。

课堂活动

以小组为单位，每人举出三个自己感受最大的变化趋势或最关心的社会问题，讨论潜在的创业机会，并最终选出三个最有创业价值的机会。

项目二　管控创业风险

任务一　创业风险的概念与特征

一、创业风险的内涵

风险是指在一定条件下和一定时期内，由于各种结果发生的不确定性而导致行为主体遭受损失的大小及这种损失发生可能性的大小。风险是一个二维概念，风险以损失发生的大小与损失发生的概率两个指标进行衡量。

创业风险是指在创业过程中存在的风险，是指由于创业环境的不确定性、创业机会与新创企业的复杂性、创业者与其他创业相关人员的能力与可控资源的有限性等主客观因素而导致创业活动偏离预期目标的可能性及其后果。其主要有两方面含义：一是指风险因素，即创业过程中有可能遇到某些风险因素的干扰；二是指一旦某些风险因素真正发生，创业者即会阶段性遇到很难克服的困难，导致创业活动很难推进，甚至创业失败。

以下从创业风险的成本、频率与程度两方面更确切地认知创业风险的内涵。

（一）创业风险的成本

创业风险成本是指由于风险的存在和风险事故发生后人们所必须支出费用的增加和预期经济利益的减少，又称风险的代价。其包括风险损失的实际成本、风险损失的无形成本以及预防和控制风险损失的成本。

（二）创业风险的频率与程度

风险频率，又称损失频率，是指一定数量的标的，在确定的时间内发生事故的次数。风险程度，又称损失程度，是指每发生一次事故导致的标的毁损状况，即毁损价值占被毁损标的全部价值的百分比。现实生活中二者的关系：①风险频率高，但风险程度不大；②风险频率不高，但风险程度很大。

二、创业风险的特征

无论是企业刚刚创立还是已经稳定，风险都是客观存在的。创业风险有自身特征，了解创业风险的基本特征，有助于创业者更好地预测、评估和应对创业风险。具体来说，创业风险主要有以下特征。

（一）客观性

在创业过程中，由于创业环境是动态的、不确定的、复杂的，因此创业风险的存在不以人的意志为转移，是任何企业都会遭遇的必然事实，是客观存在的。

（二）相对性

创业风险是相对的，基于时间和空间的差异，不同的对象面临的风险大小不完全相同。主要体现在三个方面：第一，不同的创业对象有不同的风险；第二，随着时间和空间的改变，风险也随之改变；第三，事件对不同的创业者会产生不同的风险。同一创业者由于其决策或采取的策略不同，会面临不同的风险结果。同一风险，不同的创业者所采取的措施或策略不同，所产生的风险大小和结果也会不同。

（三）不确定性

创业的过程往往是将创业者的某一构想或创新技术变为现实的产品或服务的过程。在这一过程中，创业者会面临各种各样的不确定因素，如进入新市场面临着需求的不确定、新技术难以转化为生产力、后续资金不足等问题，都有可能导致创业失败。换言之，影响创业的各种因素是不断变化且难以预知的，从而造成了创业风险的不确定性。

（四）可测量性

尽管风险具有不确定性，但依然有规律可循。任何事情的发生都是有其因果关系的，并且随着科技的进步和人们素质的提高，风险的规律性可以被更好地认识和应对。企业可以通过定性或定量等方法对风险进行识别和评估，为应对创业风险做好积极准备。

（五）损益双重性

在国外有这样一句谚语：“除了死亡、税收外，没有什么是确定的。”在创业活动中，对创业者来说，风险和潜在的利益是共生的，即风险是利益的代价，利益是风险的报酬。

三、创业风险的来源

创业环境的不确定性，创业机会与新创企业的复杂性，创业者、创业团队与创业投资者的能力与实力的有限性，是创业风险的根本来源。研究表明，创业过程往往是将某一“异想天开”或创新技术转化为具体的产品或服务的过程。在这一过程中，存在几个基本的、相互联系的缺口，它们是上述不确定性、复杂性和有限性的主要来源。创业风险的主要来源有以下五个方面。

（一）研究缺口

研究缺口主要存在于仅凭个人兴趣所做的研究判断和基于市场潜力的商业判断之间。当一个创业者最初证明一个特定的科学突破或技术突破可能成为商业产品基础时，他仅仅停留在自己满意的论证程度上。然而，这种程度的论证后来不可行了，在将预想的产品真正转化为商业化产品（大量生产的产品）的过程中，能从市场竞争中生存下来的过程中，需要大量复杂而且可能消耗巨大的研究工作（有时需要若干年时间），从而形成创业风险。

（二）融资缺口

融资缺口存在于学术支持和商业支持之间，是研究基金和投资基金之间存在的新断层。其中，研究基金通常来自个人、政府机构或公司研究机构，它既支持概念或创意的创建，还支持概念或创意可行性的最初证实；投资基金则将概念或创意转化为有市场的产品原型（这种产品原型有令人满意的性能，投资者对其生产成本有足够的了解并且能够识别其是否有足够的市场）。创业者可以证明其构想的可行性，但往往没有足够的资金将其商品化，从而给创业带来巨大的风险。一般情况下，只有极少数基金愿意鼓励创业者跨越这个缺口，如个人或风投机构专门进行早期项目的风险投资，以及政府资助计划等。

（三）资源缺口

资源与创业者之间的关系就如颜料和画笔与艺术家之间的关系。没有颜料和画笔，艺术家即使有了构思也无从实现。创业也是如此。没有所需的资源，创业者将一筹莫展，创业也就无从谈起。在大多数情况下，创业者不一定也不可能拥有所需的全部资源，这就形成了资源缺口。如果创业者没有能力弥补相应的资源缺口，要么创业无法起步，要么在创业中受制于人。

（四）信息和信任缺口

信息和信任缺口存在于技术专家和管理者（投资者）之间。也就是说，在创业中，存在两种不同类型的人：一是技术专家；二是管理者（投资者）。这两种人接受不同的教育，对创业有不同的预期、信息来源和表达方式。技术专家知道哪些内容在技术层面上是可行的，哪些内容根本就是无法实现的。在失败类案例中，技术专家要承担的风险一般表现在学术、声誉上受到影响，以及没有金钱上的回报。管理者（投资者）通常比较了解将新产品引进市场的程序，但当涉及具体项目的技术部分时，他们不得不相信技术专家。如果技术专家和管理者（投资者）不能充分信任对方，或者不能进行有效的交流，那么这一缺口将会变得更深，带来更大的风险。

（五）管理缺口

管理缺口是指创业者并不一定是出色的企业家，不一定具备出色的管理才能。进行创业活动主要有两种：一是创业者利用某一新技术进行创业，他可能是技术方面的专业人才，但却不一定具备专业的管理才能，从而形成管理缺口；二是创业者往往有某种“奇思妙想”，可能是新的商业点子，但在战略规划上不具备出色的才能，或不擅长管理具体的事务，从而形成管理缺口。

在创业的路上，风险一定与你同行。既然你选择了创业，风险也一定选择了你。所以，在创业的过程中，一定要做好时刻面对风险的充分准备。

任务二　大学生创业过程中常见的风险

大学生创业过程中面临的风险主要源于两个方面：自身因素及社会环境的影响。具体来说，主要包括以下几个因素。

一、创业心态

眼高手低、纸上谈兵是大学生最常见的创业风险。大学生长期待在校园里，对社会缺乏了解，更缺少创业经验，其创业想法往往因一时创业激情而起，易把创业问题简单化、理想化，对创业过于自信，对困难估计不足，认为自己学历高、成绩好、获得过各种奖励，动手创业就能成功。还有些大学生过分夸大创业困难，过高估计创业压力，过低估计自身价值，妄自菲薄，没有信心和勇气面对创业，不愿意动手尝试。另外，有的大学生由于没有经受过挫折的考验，心理承受能力和自我调节能力较差，创业受挫后易产生强烈的挫折感，忧心忡忡，胆怯心虚，不能正确认识自己的创业优势，甚至把自身的长处看成短处，在创业竞争中信心不足，自我设限，错失良机，严重影响了创业的成功。

二、项目选择风险

创业项目选择风险是指在创业初期因选择的创业项目不当，导致企业无法盈利而难以生存的风险。

大学生创业激情高，但容易盲目选择项目。多数大学生没有进行前期市场调查和绩效分析，看到别人干什么自己也跟着模仿，缺乏针对自己特长及资源的调查分析，盲目选择企业形态。例如，加盟连锁创业模式虽可以让创业者直接享受知名品牌的影响力，复制他人的成功经验，并获得资源支持，降低经营成本，但加盟连锁品牌良莠不齐，也存在虚假宣传、交纳高额加盟费，甚至以合法形式掩盖非法目的等不良现象的风险。大学生创业者一旦被天花乱坠的宣传语所迷惑，没有收集资料，也不进行实地考察和市场分析，就盲目选择加盟连锁创业模式，而不考虑自己的实际情况，那么企业发展的风险就会较大，从而影响创业的成功。

三、资金风险

资金风险是指因资金不能适时供应而导致创业失败的可能性。

对于新创企业，资金缺乏是最为普遍的问题，如果创业者不能及时解决这个问题，非常容易造成创业夭折。可见，资金风险对于新创企业来说往往是致命的。因此，快速、高效地筹措到资金是创业成功的重要保证。

大学生长期生活在校园里，没有资金来源，更无资金积累，再加上交往对象多为处境相同的学生，社会关系简单，人际交往单一，很少能够筹措到创业资金。此外，刚出校门的大学生想轻松地从银行贷到资金也较为困难。目前，大学生创业的资金更多的是靠父母、亲戚的帮助，融资渠道单一，资金来源不稳定，资金数额较小，创业之初资金的局限性为后期的企业发展埋下了隐患。企业创办起来后，缺少发展资金会造成企业的现金流中断，不能支持企业的正常运作，使企业发展停滞不前，甚至倒闭，从而造成创业失败。

四、法律风险

大学生由于社会经验不足、法律观念不强、维权意识淡薄，在创业开始时乃至整个过程中都有可能深陷法律陷阱，这将会对企业造成致命的打击。例如，合伙制企业投资者要承担无限连带责任，如果企业对他人的人身造成损害或对财产造成损失，企业不但要以自身财产赔偿对方损失，在企业财产不足以赔偿对方损失时，投资合伙人还要以个人财产赔偿给对方造成的损失。所以，大学生创业选择合伙制企业模式时一定要慎重。此外，大学生创业者在与客户签订合同时不注意审查对方的主体资格，不调查、了解对方的信用、履约能力、还债能力等情况，往往会造成合同无效、对方无力履行合同，甚至钱款或货物被骗等情况发生。在权利受到侵害时，大学生创业者维权意识淡薄，不是通过法律途径解决，更多的是托人情、找关系，私下解决，法律风险极大。

五、市场风险

市场风险是指市场主体从事经济活动所面临的盈利或亏损的可能性和不确定性。

（一）市场需求量

如果产品的市场需求量较小或者产品在短期内不能被市场接受，那么产品的市场价值就无法实现，投资就无法收回，从而造成创业夭折。

（二）市场接受需要时间

一种全新的产品，打开市场需要一定的过程与时间。如果新创企业缺乏雄厚的财力进行营销策划，产品为市场所接受的过程就会更长，因而不可避免地出现产品销售不畅、前期投入难以回收的局面，从而给新创企业资金周转带来极大困难。

（三）市场价格

产品价格超出市场的承受力，就很难被市场接受，技术产品的商业化、产业化就无法实现，投资也就无法收回。当某种新产品逐渐被市场接受和吸纳时，其高额的利润会吸引众多的竞争者，可能会造成供大于求的局面，导致价格下跌，从而影响产品创新的投资回报。

（四）市场战略

一种新产品，如果没有好的市场战略规划，相反，却在价格定位、用户选择、上市时机、市场区域划分等方面出现失误，就会给产品的市场开拓造成困难，甚至功亏一篑。

六、管理风险

（一）管理者风险

一个优秀的创业者，可以不具备精深的技术知识，但必须具备以下素质：具有强烈的创新精神与创业意识，不墨守成规、人云亦云；具有追求成功的强烈欲望，富于冒险精神、献身精神，有忍耐力；具有敏锐的机会意识和高超的决策水平，善于发现机会、把握机会和利用机会；具有强烈的责任感和自信心，敢于在困境中奋斗，在低谷中崛起。

一些大学生创业者虽然技术出类拔萃，但理财、营销、沟通、管理方面的能力普遍不足。发达国家新创企业的成功经验之一，就是创业团队是技术专家、管理专家、财务专家、营销专家的有机组合，形成团队的整体优势，从而为新创企业奠定坚实的组织基础。那种由技术所有者包揽一切、集众权于一身的家长式管理，往往由于管理水平、管理模式等方面的问题，导致创业夭折。

（二）决策风险

无论是政治、军事还是商业，由于决策失误而造成失败的事例实在是太多了。对于大学生创业者而言，绝不可以根据自己的喜怒哀乐或不切实际的个人偏好而做出决策。不进行科学的分析，而仅凭个人经验或运气的决策方式都可能导致惨痛的失败。

管理者决策水平的高低对新创企业的成败影响巨大，据兰德公司估计，世界上破产倒闭的大企业中，85% 是企业家决策失误造成的。

（三）组织和人力资源风险

组织和人力资源风险是指由于新创企业的团队分歧、组织结构不合理、用人不当所带来的风险。新创企业的迅速发展如果不伴随着组织结构、用人机制的相应调整，往往会成为新创企业潜在危机的根源。

现代企业越来越重视团队的力量。然而团队的力量越大，潜藏的风险也越大。一旦创业团队的核心成员在某些问题上产生分歧不能达成统一，就极有可能对企业造成强烈的冲击。事实上，做好团队的协作并非易事，特别是在处理与股权、利益相关联的事情时，很多初创时关系很好的伙伴都会闹得不欢而散。

中国企业家调查系统“第十届企业家成长与发展调查”对 3 539 位企业经营者的问卷调查结果表明：“企业经营者最容易出现的问题”中，“用人不当”仅次于排在第一位的“决策失误”。用人不当已经成为制约企业发展的重要因素。

拓展阅读

创业者最易犯的 5 种错误

作为创业者，最重要的是让自己的企业或者创业项目能够在众多的竞争者中拥有一席之地。创业可能会是你所做的事情中最困难的一项，因为创业就相当于向市场推荐一种新的产品，并且很多时候市场对这种产品并不一定会接纳。所以，了解普通创业者最易犯的错误并避免相似的错误再次出现就尤为重要。下面我们来说一下创业者最易犯的错误。

1. 错误的市场定位

错误的市场定位会向你反馈错误的市场信息，导致你不能及时做出调整，或者你认为的新产品市场上其实早已经有了。不及时了解市场，产品跟不上时代的脚步，就很容易被类似品淘汰或者压根就没办法上市。因此，做出正确的市场定位，对每一位创业者都至关重要。创业者只有高瞻远瞩，选择有潜力、有发展前景的市场，提前预知市场存在的风险并及时做出调整，才可能创业成功。

2. 错误的合作方式

对合作缺乏真诚，人前一套人后一套，总想贪小便宜，在做事时自己不出力，在获利时又想得到最多的利益，在合作中耍小聪明，必将聪明反被聪明误，失去其他合作者的同时也会导致合作关系的破裂，最终导致创业失败。因此，作为创业者，如果需要和别人合作，就一定要真诚地与对方相处，因为此时你们只有一条心才能使创业获得最大成功，俗话说的“一根筷子易折断，一把筷子难折断”就是这个道理。所以，在创业的时候，善于合作是每一位创业者都必须具备的一种品质。

3. 对事情的处理能力较差

不害怕失败是好事，但是失败之后不去找失败的原因就特别可怕，因为你缺乏对事情的处理能力和总结能力。创业是一个艰难的过程，既需要有失败经验的总结，又需要有承受失败的心理能力。同时，在创业时眼高手低，排场做大，忽略自己的经济基础，殊不知这其中存在种种危险。这说明你缺少经济预算和处理能力。因此，作为创业者，必须通过各种方式去完善自己处理事情的能力。

4. 盲目追求多元化

俗话说“技多不压身”，对创业者来说这是必要的，但是，如果应用在产品上就不一定能产生效果，因为盲目地追求多元化，导致最终所做的产品特点不突出，就很容易被其他特点突出的产品所淘汰。创业者首先要做的就是重点去做一样产品并在市场站稳脚跟。

5. 过度依赖别人

合作是促使产品进步与完善的一种方式，但是过度地信任别人，认为别人所做的调查就是正确的调查，自己却没有去了解，就很容易做出错误的决定。这就是过度地信任别人或者说过度地依赖别人所犯下的错误。因此，在创业过程中，创业者既要学会与他人合作，又要懂得独立，有些事必须自己调查后才能决定。

创业过程存在风险，一步走错，可能满盘皆输。因此，创业者需要谨慎，同时要懂得吸收前人经验，让自己能在创业的道路上走得更加平稳。此外，创业者要完善自己的知识体系，提前预估产品上市所存在的风险，做好风险评估，当真正遇到风险的时候就不至于手忙脚乱。

七、技术风险

技术风险是指在企业技术创新过程中，因技术因素导致创业失败的可能性。

（一）技术成功的不确定性

创新技术从研究开发到实现产品化、产业化的过程中，任何一个环节的技术障碍，都将使产品创新前功尽弃。很多新创企业在技术产业化实施的过程中屡试屡败，其中的原因是多方面的。当用血汗赚来的资金或以家产抵押来的创业资金将要耗尽，却还没有生产出合格的产品时，企业将面临极大的风险。

（二）技术前景、技术寿命的不确定性

如果创业所依赖的技术创新不能够实现产业化，或不能在高新技术寿命期内迅速实现产业化，不能收回初始投资并取得利润，则必然造成创业的夭折。

（三）技术效果的不确定性

一项高技术产品即使能成功地开发和生产，但若达不到创业前所预期的效果，也会造成很大的损失，甚至导致创业夭折。

20 世纪 70 年代，杜邦公司曾对一种被称为“Corfam”的皮革替代品进行产品开发并上市销售。预测和试穿的成功，使杜邦公司决策层非常乐观，他们希望 Corfam 不仅能一帆风顺地上市，而且能像公司曾经发明的尼龙一样，成为世界性的畅销商品，引发鞋面用料的革命，再现杜邦公司的辉煌。然而，最终的结果却大大出乎人们的意料。Corfam 的产品开发亏损近 1 亿美元，这成为杜邦公司历史上罕见的一次失败。

任务三　大学生创业风险防范对策

大学生创业虽存在诸多风险，但机遇和挑战并存，唯有冷静地分析风险，勇敢地面对挑战，大学生创业者才能防范风险，克服困难，走向创业成功。针对大学生创业过程中遇到的风险，可以从以下方面加以管控。

一、调整心态，做好创业准备

充分了解自己，是大学生进行创业的前提。大学生创业时要对自己的个性特征、特长等有充分的了解，选择适合自己个性特征、符合个人兴趣爱好的项目进行创业。同时，创业者只有掌握广博的知识，具有一专多能的知识结构，才能进行创造性思维，才能做出正确的创业决策。大学生在创业前还要积累一些有关市场开拓、企业运营方面的经验，通过在企业打工或者实习、参加创业培训、接受专业指导，来积累创业知识，提高创业成功率。

大学生创业者还应当锻炼受挫能力，遇到挫折后应放下心理包袱，仔细寻找失利的原因。属于主观原因的，要适当调整自己的动机、追求和行为，避免下次出现同样的错误；属于客观或社会中自己无能为力的因素的，也不要过于自责、自卑或固执，应坦然面对，灵活处理，争取新的机会。即使失败，也要振作起来，使自己始终保持昂扬的斗志和必胜的信心，直至创业成功。

案例故事

周詹敏，来自成都，是云南大学的学生。年纪轻轻的她已经带领着一个团队干起了自己的事业。

周詹敏的创业机会来自一场比赛——星巴克中国青年领导力大赛。周詹敏说：“因为星巴克是做咖啡的，所以我们就想做一个与咖啡有关的项目，通过咨询老师和自己研究，我们想到了用咖啡渣来种植盆栽，取名叫‘啡尘工坊’，也就是我们后来创业的雏形。”

为了顺利完成比赛，周詹敏和4个伙伴准备了整整一个月。功夫不负有心人，他们的努力得到了回报，在层层选拔中脱颖而出，最终夺得了云南赛区第一名，获得了星巴克提供的上万元启动资金。几个人合计，决定以此为契机进行创业。

参加完比赛之后，5个年轻人开始规划创业蓝图。他们从昆明周边的花卉基地批发植物，从斗南市场和1688阿里巴巴批发网购置花盆，从星巴克、曼老江咖啡店取咖啡渣，自己做配土实验，再借用学校的生科实验室做一些分析检测。晚睡早起、日晒雨淋成了他们的家常便饭。

同年11月，啡尘工坊成立。在得到许多专业老师的建议后，他们跑遍大街小巷，与咖啡店、花卉种植基地寻求合作；他们开始制作宣传手册，在商场里挨家挨户推销自己的产品；他们亲力亲为，从做实验进行咖啡渣配土，到花盆的搭配，再到植物的日常料理、出售，不敢有一丝怠惰。

由于没有经验，啡尘工坊一次就进了一千多盆的货，销售却成了大问题。想到家具店对除甲醛植物有需求，他们决定与家具城的商家谈合作。他们拿着自己设计的宣传册，每天6点起床，7点出发，坐一个小时的地铁到达市区，再走半个小时的路，到家具城时恰好开门营业。从早上9点到下午5点，几个人一整天都在家具城里跑上跑下，挨家挨户对家具城的300家商户进行宣传。有的人根本不理他们，或者看完转身就把图册扔了，甚至有人把他们赶了出来。后来，他们和家具城管理人员软磨硬泡，最后得到了管理人员的支持，由家具城管理人员派人跟他们一起去，增加了公信力，效果就好很多了，商户也没有再赶他们出去了。五一期间，啡尘工坊在家具城的销售活动中共售出一千多盆盆栽，盈利近3 000元。他们赚得了人生中的第一笔资金。

然而，就在啡尘工坊办得风生水起的时候，随着毕业季的到来，一切的美好戛然而止。啡尘工坊最初的成员多是大四的学生，随着6月的到来，他们面临着继续创业与找工作的选择。最终，最先和周詹敏创业的4个人都走了，啡尘工坊一下子就冷清了，只剩下周詹敏和后来加入的3个人。在家人、朋友和老师的鼓励下，剩下的4个人重新振作起来，把啡尘工坊改成了合啡清宅。

经历了团队成员的流失后，目前合啡清宅只有4个成员。人员虽少，却分工明确，周詹敏作为核心人物，主要负责财务管理，统筹协调，配合大家的工作，有一定工作经验的施幸申负责市场销售，生科学生王黎阳负责产品开发，冉荣华则负责宣传册、展板、淘宝众筹网页以及花盆等的设计。年纪轻轻的他们各司其职，工作起来有条不紊，将合啡清宅打理得井井有条。

二、审时度势，创业应有选择地量力而行

创业路途充满艰辛，绝不是一蹴而就的。因此，创业者应找到合适的切入点，选择合适的时机、项目和规模。大学生创业者大多手中资金较少，创业经验不足，可以选择起点低、启动资金少的项目进行创业。

另外，大学生创业要选择一种适合自己的企业法律形态。创业者选择个体工商户、合伙制企业的形态模式时，虽没有最低注册资本的要求，但创业者或投资人要对企业承担无限连带责任，企业如果经营不善欠下债务，股东要对企业的债务承担继续偿还的责任，创业时应慎重选择；创业时如果设立的是有限责任公司，公司具备法人资格，能够独立承担法律责任，公司如果资不抵债宣告破产，对公司不能清偿的债务，股东仅以其出资额承担法律责任，超出的部分不承担法律责任。

同时，合伙人之间、股东之间可能会因经营理念、利益分割而产生矛盾，甚至因性格原因发生冲突，因此，创业者在组建团队时，也应注意选择志同道合、善于沟通、以企业利益为重的合作者，这是非常重要的。

三、充分利用优惠政策，迈出创业坚实的第一步

支持大学生创业，已经成为各级政府的重要议事内容。近年来，相关部门陆续出台了许多优惠政策，鼓励和支持大学生创业。大学生创业者一定要充分了解这些优惠政策，并把它们充分运用到自己的创业实践中。具体来说，高校要向大学毕业生详细宣讲政府出台的创业优惠政策，使大学生创业者对自己能享受到的优惠政策熟记在心；相关部门对这些优惠政策要出台具体实施办法及操作指引等，以方便大学生创业者操作实施，使党和政府支持大学生创业的优惠政策成为帮助大学生创业的阳光、雨露，使大学生迈出创业坚实的第一步。

四、多渠道融资，降低创业资金风险

虽然大学生创业融资渠道相对较少，但社会相关各方仍能为大学生创业提供资金。政府为大学生创业提供贴息贷款，各类创业基金也提供一定的资金支持。目前，由中国社会福利教育基金会发起的中国大学生创业基金，由共青团中央发起的中国青年创业就业基金，由社会知名人士郑泽等人发起的中国大学生西部创业基金等，都可以帮助大学生解决部分创业资金的短缺问题。由共青团中央、中国科学技术协会、教育部和中华全国学生联合会等单位主办的“挑战杯大学生创业大赛”为冠军提供 10 万元的创业基金。大学生参加创业大赛，既可以锻炼创业能力，又可能获得高额的创业资金，是一种很好的融资途径。大学生创业者还可以引入风险投资。风险投资虽然风险高，但回报也高。风险投资人比较关注创业管理团队的构成、管理者的素质、创业者自身持续奋斗的精神等，有优秀的创业团队、独一无二的技术支撑、市场前景光明的创业项目，就有可能得到风险投资人的青睐，从而获得创业资金。例如，大学生创业的成功典范——分众传媒，在两年内获得了近 5 000 万美元的风险投资。

五、树立团队意识，与他人合作共赢

创业除了自己成功，还要与别人一起成功。一个人的能力是有限的，创业一定要抛弃单打独斗、孤军奋战的个人英雄主义思想，牢固树立团队合作共赢的理念。大学生创业应建立一个由各方面专才组成的合作团队，大家既有共同的理想，又能有效地使技术创新与经济管理互补，保证团队形成最大合力，在市场竞争中取胜，推动企业发展，获得创业成功。

六、重法治、淡人情，在法律规则中稳步发展

市场经济是法制经济，企业的诞生和发展必须在法律框架下进行，符合法律规定。虽然中国人很重视人情、人际关系，但要想使企业稳步发展，把企业做大做强，大学生创业者从开始就应该依法办事，淡化人情，让法律成为创业成功的基石。具体说来，创业之初选择企业形态要慎重，合伙制企业一定要制定合伙章程，明确合伙人之间的权利、义务，以及盈利或亏损的分配方式，最好找专业法律人士审查把关，企业形态最好选择有限责任公司模式，分清公司责任和个人责任，降低个人风险；企业运营应严格遵守法律规定，安分守己，合法经营，切不可为小利而做违法乱纪之事；依法为企业员工缴纳社会保险，降低企业风险；出现纠纷最好通过法律途径解决，依法维护企业的合法权益。

总之，在社会发展的汹涌大潮中，大学生创业已成为时代的选择。随着社会各方对大学生创业的理解和支持，以及大学生自身身心发展的日趋成熟，知识结构更加完善，大学生创业者遇到的风险会随之减少，风险管控能力更强，大学生创业必将发展到一个新阶段。

课堂活动

如果你是创业者，当遇到一些风险时，你会考虑哪些因素？该采取怎样的行动？

思考讨论

1. 创业机会的特征有哪些？
2. 请简述创业机会的来源。
3. 创业机会的识别方法有哪些？
4. 大学生创业过程中常见的风险有哪些？
5. 大学生创业风险防范对策有哪些？

实践训练

实训 1——识别创业机会

【实训目的】

1. 了解识别创业机会的步骤。
2. 学会搜索创业机会。
3. 掌握识别创业机会的正确方法。

【实训流程】

流程 1：搜索可能的创意

通过各种途径对可能的创意和灵感展开搜索。

1. 关注并研究国家宏观经济政策和行业发展态势，国家鼓励什么，限制发展什么，行业未来发展趋势如何，这些都蕴含着很多创业机会。

2. 在你居住的地区或你想创办企业的地方进行市场调查，收集相关信息，发现可能的创意。

3. 通过自己或别人对某些产品或服务的抱怨和不满，发现完善产品或服务的创意。

4. 留意大众传媒的信息，发现人们的消费痛点和消费趋势，从中寻找可能的创意。

5. 留意国家政策等信息的变化，从中发现可能的创意。

6. 从一个你感兴趣又熟悉的产品出发，利用头脑风暴法联想相关可能的创意。

7. 在个人经验基础上运用灵感，产生创意。

流程 2：发现可能的机会

对搜索到的可能的创意展开分析，从杂志、图书、专门的咨询机构以及互联网中收集关于行业、竞争者、顾客偏好趋向、产品创新等方面的信息，发现其中的创业机会。

流程 3：标准化识别

创业机会的识别是思考和探索反复互动，并将创意进行转变的过程。标准化识别是指通过对整体的市场环境的分析以及一般的行业分析来判断该机会是否是有利的商业机会。收集市场特征、竞争者等方面的数据和信息，对数据和信息进行评价和分析。

1. 对数据和信息进行总结，得出初步印象。

2. 对数据和信息交叉制表进行分析。

流程 4：个性化识别

进一步考察对于特定的创业者和投资者来说，这一机会是否有价值。结合创业者和投资者的实际情况，包括资金能力、创业者自身素质、资源、团队等方面进行全面分析和匹配，来判定创业机会是否适合。

流程 5：深入市场调查

通过现场观察、问卷调查、访谈、集中小组试验等形式对产品形式、消费群体、消费群体的购买欲望和购买能力、市场竞争等方面进行深入的调查，收集全面、系统的信息资料。

流程 6：决定是否创业

根据市场调查结果，经过反复思考、论证和评价，仔细审查机会并分析是否可行，主要包括技术方案评价、市场潜力评价和成本收益评价。然后根据评价结果来决定是否要抓住创业机会，开始实施创业。

实训 2——用 SWOT 法分析创业风险

【实训目的】

1. 掌握用 SWOT 法分析创业风险的利弊。

2. 对创业风险有一定的了解，并学会如何去规避风险。

【实训流程】

流程 1：用 SWOT 法分析创业风险

通过利用 SWOT 法对创业风险进行分析，能够真正认识到创业风险及其利弊，能够从本质上对待创业风险（见表 3–2）。

表 3–2　SWOT 法分析表

因素	创业风险
优势（S）	
劣势（W）	
机会（O）	
威胁（T）	

流程 2：制定防范措施

以小组为单位进行讨论，通过对创业风险进行分析，制定相应的防范措施。

1. 从行业环境角度：

____

____

2. 从市场发展走向角度：

____

____

3. 从影响因素角度：

____

____

4. 从竞争指数角度：

____

____

流程 3：总结并汇报

通过对创业风险进行分析，小组同学之间进行讨论，并撰写一篇有关创业风险的报告（不少于 400 字），选出一名代表，进行汇报。

____

____

【实训思考】

通过对创业风险进行分析，你学到了什么？

____

____

____

____

模块四 创业者与创业团队

模块导读

创业对于大多数人而言是一件极具诱惑的事情，同时也是一件极具挑战的事情。一个人要想成功创业，首先要具备基本的创业素质，否则便不能好好把握机会，抓住机遇；其次要拥有优秀的创业团队，一个好的创业团队对创业能否取得成功起着至关重要的作用，团队的凝聚力、合作精神、团队精神等能够加快企业的成长步伐，进而走向成功。

案例导入

西藏宗八吉文化创意有限公司成立于2019年7月，由罗占、卓玛、贡桑杰布、旦增罗布这4名来自当雄县的“95后”创业青年共同创立，主要经营藏式皮包、服装销售以及平面设计等。

“当雄县牦牛资源丰富，但当地农牧民不知道如何开发和利用，造成很多浪费。我们创业的初衷就是要加快牦牛皮资源的深层开发和高效利用，增加群众收入。”公司创始人罗占说，“我们4个人都来自当雄，希望在实现自身价值的同时，也能为家乡发展做点贡献。”

就这样，罗占的创业团队将收购的牦牛皮以传统手工艺制作法为基础，把时下年轻人喜欢的流行元素与藏民族传统文化元素相融合加以创新，设计出了手提、斜挎等多种款式新颖的藏式皮包，一经问世大受欢迎。公司销售的藏式牛皮包和“霍尔牌”服装，由于兼具民族风情和现代潮流，在网络销售后备受追捧，每月销量近500件，实现每月纯利润3万余元，网络销售员每月有近3 000元收入。

“创业之初，公司通过参加拉萨市创新创业大赛获得了近6万元的创业扶持资金，还获得了房租电费减免等优惠政策。”罗占表示，团队创业得到了社会的大力支持，他们也会尽最大能力回报家乡、回报社会。

目前，西藏宗八吉文化创意有限公司设计的皮包、服装都是由其他厂家代为生产，他们正着手修建厂房，计划在拉萨实现品牌产品的设计、加工、生产、销售全流程制作。下一步，公司将会继续在设计上以民族文化和传统文化为突破口，把品牌做大做强，带动更多农牧民增收创收。

在“大众创业、万众创新”一波接一波的浪潮中，涌现出众多的创业者，不断书写着创业的奇迹。一些新创企业开创之初，就直指传统行业的颠覆和变革，让人惊叹不已，佩服之至。

当然，在科学技术飞速发展、产品和技术老化周期日益缩短、社会分工日益细化的今天，创业者更应熟悉自己所从事的创业领域，并具有较强的创新意识、创新精神和创新能力。

项目一　创业者

任务一　创业者的特质

一、创业者的概念

创业者（Entrepreneur）一词来源于法语词汇“entre”（中间）与“perndre”（承担），最初用来描述买卖中承担风险的人，或承担创建新企业风险的人。管理学家彼得·德鲁克认为，创业者是赋予资源以生产财富的人。在英语中，创业者有两个基本含义：①企业家，即我们日常理解的在一个成熟的企业中负责经营和决策的领导人，准确地说，应该是那些具有创业特征，如创新、承担风险、超前行动、积极参与竞争的领导人；②企业创办人，即创办企业的创始人，也被形象地称为“起业家”。

企业创办人是创业者。我们把企业中具有创新精神和创业行为的经营者也称为企业家，从本质上讲，这些企业家也是创业者。在创业研究中，当着重研究新创企业或新业务的发动者时，常使用“创业者”这一术语；当泛指具有创新精神和创业行为的人时，一般使用“企业家”这一术语。对于新创企业，随着企业的成长，创业者逐步成长为企业家。当企业达到成熟期时，为了让企业保持持久的竞争力，企业家仍然需要保持旺盛的创业精神。

二、创业者的天赋

创业成功取决于什么因素？学术界和实践界对这个问题有不同的解读。早期的创业研究聚焦于对创业者特质的研究，研究人员试图找出将创业者与非创业者区分开来的一系列特质。创业者特质，也被称为创业者天赋，是指创业者相比其他人所具有的独特的性格特征或行为意识。早期特质学派研究者认为，成功的创业者有着与普通人不同的天赋，创业者的天赋是他们创业成功的重要因素，创业成功与否取决于创业者的个性特质甚至天赋。

特质学派过于重视挖掘创业者特质，而忽略了创业者的行为与活动规律，在对创业活动潜在规律的探索与认知方面有很强的局限性。不过，特质学派充分肯定了创业主体在创业活动中的作用，其观点对创业者或潜在创业者的创业精神和创业技能的培养、素质的塑造有着积极的作用和意义。

研究者们从不同的角度提出了各种各样的创业者特质，但是从未形成共识，甚至对创业者特质这一概念的表述也各不相同。学术界对创业者特质的表述同样各有不同，常用的表述有天赋、特质、特征、特性、个性、能力等词汇。小斯蒂芬·斯皮内利（Stephen Spinelli，Jr.）和小罗伯特·亚当斯（Robert Adams，Jr.）对 2001 年以前关于创业者特质的研究进行了汇总，如表 4–1 所示。

表 4–1　创业者特质汇总表

时间	作者	创业者特质
1848 年	约翰·米勒 （John Mill）	风险承担
1917 年	马克斯·韦伯 （Max Weber）	权力需求
1934 年	约瑟夫·熊彼特 （Joseph Schumpeter）	创新、主动
1954 年	萨顿 （Sutton）	责任感

续表

时间	作者	创业者特质
1959 年	哈特曼 （Hartman）	权力需求
1961 年	大卫·麦克利兰 （David McClelland）	风险承担、成就需求
1963 年	戴维斯 （Davids）	抱负、独立意识、责任感、自信
1964 年	皮克尔 （Pickle）	自我驱动、人际关系、沟通能力、专业知识
1971 年	帕尔默 （Palmer）	风险评估
1971 年	哈马迪等 （Homaday et al.）	成就需求、自主性、进攻性、影响力、识别能力、创新性、独立性
1973 年	温特 （Winter）	影响力需求
1974 年	波兰德 （Borland）	内部权力需求
1982 年	马克·卡森 （Mark Casson）	风险承担、创新、影响力、权力需求
1985 年	威廉·加特纳 （William Gartner）	改变和权力
1987 年	贝格利和博伊德 （Begley & Boyd）	风险承担、对不确定性的容忍度
1988 年	凯尔德 （Caird）	自我驱动
1998 年	罗珀 （Roper）	影响力和权力需求
2000 年	托马斯和穆勒 （Thomas & Mueller）	风险承担、影响力、内部控制、创新
2001 年	李和曾 （Lee & Tsang）	内部控制

针对创业者特质的研究没有普遍认可的、统一的分类，谢洛德（Lloyd Shefsky）在对世界各国的两百多位成就斐然的创业者进行采访后指出，所有的人天生就具备创业素

质。人们通常认为“创业者天生拥有预见性的眼光”，但即便是乔布斯也不是在创业之前就想到要开发微型计算机。不是所有的创业者天生都具有预见性的眼光，很多创业者是在实践中慢慢形成这种洞察力的。

创业者特质是人的一种心理和性格体现，可以天生具有，也可以后天培养。它存在于人的潜意识中，可以通过教育、引导来逐渐激发和发掘，大学生可以在学习的过程中通过对创业者和成功企业家的观察和了解，总结出自己认为的成功创业者必须具备的特质。通过学习，大学生将会对创业者特质形成独特的理解和更加深刻的认识，发现自己具备哪些特质，还欠缺哪些特质，以便于在今后的学习和实践中着重塑造。

三、创业者区别于一般人的心理特征

现有研究发现，创业者的心理特征比天生特质重要得多。特质是天生的，而心理特征或素质是可以在一定程度上进行培养和改变的。创业者区别于一般人的心理特征主要表现在以下六个方面。

第一，创新。创新是创业精神的本质，创业者都具有创新精神，他们通过创新去迎接不同的挑战。

第二，成就导向。创业者基本都是目标导向型的，他们设定个人目标并且确保实现这些目标。

第三，独立。创业者一般都具有独立自主的精神，大多高度自我依赖，擅长独立工作来达成目标。

第四，掌控命运的意识。创业者善于自己掌控命运，他们常常把消极的环境看作是机会而不是威胁。

第五，低风险厌恶。没有足够的证据证明创业者会为了风险带来的利益而去主动冒风险，但是有证据表明创业者对风险更有包容性，会创造性地采取行动以减轻风险。

第六，对不确定性的包容。创业者对不确定性有更强的包容，比其他人更加适应动态变化且不是特别明确的情况。

拓展阅读

创业者的神话与现实

人们普遍对创业者持有一些固定的观点，但是，现实中的创业者却不是这样的。下面是几个被人们奉行的创业者神话以及经过研究、总结的现实情况。

1. 创业者神话：创业者是天生的，并非后天培养的

创业者现实：根据大量有关创业者心理和社会构成要素研究得出的一致结论是，创业者在遗传上并非异于其他人。没有人天生是创业者，每个人都有成为创业者的潜力。某个人能否成为创业者，是环境、生活经历和个人选择的结果。即使创业者天生就具备特定的才智、创造力和充沛的精力，这些品质本身也不过是未被塑形的泥巴和未经涂抹的画布。创业者是通过多年积累相关技术、技能、经历和关系网才被塑造出来的，这当中包含许多自我发展历程。

2. 创业者神话：创业者是赌徒

创业者现实：其实创业者和大多数人一样，通常是适度风险承担者。成功的创业者会精确计算自己的预期风险。在有选择的情况下，他们通过让别人一起分担风险、规避风险或将风险最小化来提高成功的概率。他们不会故意承担更多的风险，不会承担不必要的风险，但当风险不可避免时也不会退缩。

3. 创业者神话：创业者主要受金钱激励

创业者现实：虽然认为创业者不寻求财务回报的想法是天真的，但是，金钱却很少是创业者创建新企业的根本原因。有些创业者甚至警告说，追求金钱可能会令人精神涣散。传媒业巨子泰德·特纳说："如果你认为金钱是真正重要的事情……你将因过于害怕失去金钱而难以得到它。"

4. 创业者神话：创业者喜欢单枪匹马

创业者现实：事实表明，如果哪个创业者想完全拥有整个企业的所有权和控制权，那么他只会限制企业的成长。单个创业者通常最多只能维持企业的生存，单枪匹马地发展一家高潜力的企业是极其困难的。聪明的创业者会组建起自己的团队。

5. 创业者神话：创业者喜欢受到公众的注意

创业者现实：虽然有些创业者很喜欢炫耀，但绝大多数创业者刻意避免受到公众的注意。大多数人会提到微软的比尔·盖茨等人，不管他们是否寻求公众注意，这些人常出现在新闻中。但我们很少有人能叫出谷歌或诺基亚公司创建者的姓名，尽管我们经常使用这些企业的产品和服务。这些创业者如大多数人一样，或避开公众注意，或被大众传媒所忽略。

6. 创业者神话：创业者承受巨大的压力并付出高昂的代价

创业者现实：做创业者是有压力的、是辛苦的，这一点毫无疑问，但是没有证据表明，创业者比其他无数高要求的专业职位承受更大的压力。创业者往往对自己的工作很满意，他们有很高的成就感，据说认为自己"永远也不想退休"的创业者的数量是公司中持有同样观点的职业经理人数量的三倍。

7. 创业者神话：钱是创立企业最重要的因素

创业者现实：如果有了其他的资源和才能，钱自然会来，但是如果创业者有了足够的钱，成功却不一定会随之而来。钱是新企业成功因素中最不重要的一项。钱对于创业者而言就像是颜料和画笔对画家那样，它是没有生命的工具，只有被适当的手所掌握，才能创造奇迹。

资料来源：杰弗里·蒂蒙斯，小斯蒂芬·斯皮内利．创业学 [M]. 周伟民，吕长春，译．北京：人民邮电出版社，2005：155–173.

任务二 创业者的能力与培养

一、创业者的创业动机

如今，全球创业活动比以往任何时候都更加活跃。创业不是天才的独创，普通人也能实现，它已经成为每个社会成员改变命运、追求卓越的一种途径。人们为什么要创办企业？创业者与非创业者（或创业失败的人）有什么不同？这与创业者的动机密不可分。动机，在心理学上是指由特定需要引起的，欲满足个体需要的特殊心理状态和意愿，它是激发和维持个体的行动，并将行动导向某一目标，以满足个体某种需要的心理倾向或内在动力。

创业动机是引发和维持个体从事创业活动，并使活动朝向创业目标，激励和引导个体为实现创业成功而行动的内在动力。人们选择创业的动机各有不同，创业者最基本的创业动机有以下三个。

（一）自己当老板

这是创业者创业最常见的动机，其本质是追求自由。有的创业者自己当老板是因为有一个拥有自己公司的梦想；有的是因为对现有工作不满意，愿意去做新的尝试；有的是想自己控制自己的时间，自己当老板可以不受别人掌控，实现自由。

（二）追求自己的创意

当创业者认识到新产品或新服务的创意时，他们渴望实现这些创意，把创意变为现实的产品或服务。但是，他们的公司却不想这样做。对创意充满激情的员工会离职创办自己的公司来实现这些创意。有些创业者通过爱好、休闲活动或日常生活，发现市场中有未被满足的需求，从而产生创意，如果这些创意可行且能够支撑一个企业，他们就会开办一家兼职或全职经营的企业实现创意。

（三）获得财务回报

虽然有很多人认为创业者创业的主要动机是获得财务回报，但实际上，获得财务回报与前面两种动机相比是次要的，也常常不能达到所宣称的目的。研究显示：平均来看，创业者赚取的金钱并没有传统职业中承担同样责任的人赚得多。创业在财务方面的优势在于它的上升潜力。

创业者的需求层次不同，产生的创业动机也不同。创业者不同的需求层次决定了不同的创业动机，这进而影响了他们的创业行为过程与行为结果。创业者的需求层次还受很多宏观因素的影响，如社会保障、收入水平、社会文化、创业环境等。在“大众创业、万众创新”的大潮中，创业环境不断得到改善，越来越多的年轻人投入创业中，形成了新的创业浪潮。

二、创业者的能力与素质要求

创业是一项具有挑战性的商业活动，对创业者综合能力有较高的要求。创业者的能力可以通过教育、培训或在实践工作中通过工作经验的积累而获得，是实施创业和决定创业能否成功的关键因素。与对创业者特质的研究一样，不同学者对创业者应该具备哪些能力提出了不同的观点。

彼得·德鲁克认为创业者应该具备以下八种能力。

第一，开创企业的能力。

第二，运行企业的能力。

第三，及时识别和评价创业机会的能力。

第四，积累和运营知识及技能的能力。

第五，整合资源的能力。

第六，评估和防范风险的能力。

第七，创新能力。

第八，团结和鼓励团队成员的能力。

张玉利等认为创业者需要具备以下五个方面的能力。

第一，控制内心冲突的能力。

第二，发现因果关系的能力。

第三，应变能力。

第四，洞察力。

第五，销售技巧。

《全球创业观察（GEM）》报告将创业能力归纳为创办企业的经验、对机会的捕捉能力，以及整合资源的能力。

孙洪义等将创业者能力整理为与个人心理特性相关的个人内在能力，以及与企业创建和运营相关的实践能力，如表 4–2 所示。

表 4–2　创业者能力及其表现

创业者能力	创业者能力表现
1. 责任感和领导力	具有主人翁意识，愿意承担企业管理重任，具有牺牲精神，对企业、员工和利益相关者负责，具有领导者魅力和威信，诚实、可靠、令人信服，快速学习，积极主动，不怕失败
2. 分析决策能力	能够系统分析，归纳总结，注重细节，果断决策
3. 人际交往能力	善于交际和公关，能够妥善处理好企业与各利益相关者（员工、合作伙伴、股东、用户、供应商、政府部门、竞争对手等）之间的关系
4. 对市场的洞察力	善于观察，对市场和环境变化敏感，善于发现问题和用户需求，能快速捕捉到市场机会和威胁
5. 评价创业机会能力	能够理性地评价商业机会，决定是否进入或退出
6. 创造性解决问题能力	思维开放，水平思考，不受固有模式和习惯束缚，敢于突破创新，主动解决问题，提出创造性解决方案
7. 建立企业发展愿景	能够制定企业发展规划，确定企业发展目标，让员工和合伙人明确企业愿景并为之付出努力
8. 应对模糊、不确定性的能力	能够容忍新创企业的组织结构缺陷，灵活应对环境、市场、人员及竞争对手的变化，灵活快速调整解决方案
9. 评估、防范和治理创业风险能力	能够预计创业可能发生的风险，对风险进行评估，寻求风险分摊方案，使风险最小化，承担可能发生的风险
10. 团队合作和管理能力	组建初始创业团队，合理分工，鼓舞他人，分享责任和财富
11. 营销和销售创意的能力	具有营销能力、销售技巧，能够吸引潜在用户和投资者
12. 资源整合能力	具有综合协调能力、整合能力、引进人才和资金等资源的能力

资料来源：孙洪义 . 创新创业基础 [M]. 北京：机械工业出版社，2016：17.

三、创业者能力的训练与培养

现有研究表明每个人都有成为创业者的潜力，并可以在后天被塑造得更好，某些态度和行为可以通过经验和学习被开发或提炼出来。蒂蒙斯教授总结出可以通过训练强化的态度和行为，包括以下方面。

（一）责任感与决策力

责任感与决策力是创业者具备的第一要素。有了责任感与决策力，创业者可以克服各种障碍，弥补其他缺点。几乎所有新创企业都要承担完全的责任。创业者们把他们的时间、感情和忠诚奉献给了企业，在解决问题和完成其他任务时能自律、坚韧不拔并持之以恒，还可以很快地承担责任。

（二）领导力

成功的创业者使用领导力，不需要凭借正式权力就能向别人施加影响。他们是富有耐心的领导者，善于自我激发，内在控制力强，能够将看不见、摸不着的前景灌输给下属，并从长远目标出发进行管理。他们善于化解冲突，能够与客户、供应商、资金援助者、债权人、合伙人，以及内部员工等各种角色和平相处。发生冲突时，创业者要成为调停者、磋商者而非独裁者。他们能够建立团队，吸引他人加入，并给加入者赋能，使之成为企业发展的英雄。

（三）执着于创业机会

成功创业者的目标是寻求并抓住商机，将其变成有价值的东西。为了实现这些创业机会，他们竭尽所能，不断努力。创业者对其行业、客户和面临的竞争十分熟悉，能够区分各种创意和机会的价值，抓住重点。他们不断进行各种尝试，总能在各种情况下发现机会。

（四）对风险、模糊和不确定性的容忍度

创业时刻面临风险、模糊和不确定性，成功的创业者能够容忍风险、模糊和不确定性，能够坦然面对各种冲突和意外。他们能清晰地看到公司的未来，对它抱有乐观的态度，有勇气去实现它。他们能够评估风险，正视风险，并想办法降低风险。成功的创业者能把意外转化为机会，将绩效最大化，把负面影响、负面情绪降到最低。

（五）创造、自我依赖和适应能力

成功的创业者是持续的革新者，不会满足和停留于现状。他们会积极寻找主动权并采取主动，喜欢主动解决问题，通过创新和创造实现生存和发展。他们是优秀的听众和快速的学习者，具有获取成功的坚定决心。他们有很强的适应力和恢复力，善于搜寻和利用反馈信息，能从错误和挫折中学习经验，吸取教训，避免类似问题再次发生。

（六）超越他人的动机

成功的创业者是动机驱动型的，他们受到内心强烈愿望的驱动，追寻并达到富有挑战性的目标，不断超越自我。在企业初创期，创业者对地位和权力的需求很低，他们从创建企业的挑战和兴奋中产生个人动机。这时驱动他们的是渴望获取成就的动机，而不是地位和权力。创业成功之后，他们会获得地位和权力。他们所取得的地位和权力是他们行动的结果。金钱经常被看作判断成功的标准，但这并不是创业本身的目标，而是结果。驱动创业者成功的是超越他人的动机。

案例故事

和其他创业成功者一样，李德平也有着不平凡的创业历程。在校学习期间，他一方面“贪婪”地汲取知识的营养；另一方面不断地将所学的知识运用于蔬菜生产实践。他运用测土配方施肥技术，用铁丝分排拉开结果西红柿的间距，成功解决了西红柿着色不均、透光透气差的难题。此外，他还利用业余时间，参加襄阳市农民创业（蔬菜产业）培训班学习，通过系统地学习创业理论、无公害蔬菜栽培技术等培训课程，更加坚定了发展无公害蔬菜生产、提高经营管理水平和领办经济合作组织的信心。他深有感触地说：“通过在校的学习，我的理论水平得到了提高，认识了很多有助于我事业发展的老师和同学。特别是思想上又有了新的认识，从‘小富即安’到‘致富一户，带动一方’，实现了质的飞跃。”

“宝剑锋从磨砺出，梅花香自苦寒来。”辛勤的付出，终于获得了丰硕的回报。李德平丰富的管理经验和过硬的种植技术很快传遍保康县和毗邻的神农架林区。神农架科技局经过多次考察后，聘请他到神农架林区当蔬菜技术指导。他利用土洋结合的办法，打破当地冬季不能生产喜温蔬菜的说法，成功使黄瓜、西红柿、辣椒等 10 余种蔬菜在当地春节上市。他的技术得到了神农架林区 150 多名人大代表的认可，还先后被评为县“科技示范户”“蔬菜专业户”，获得“城区菜篮子工程”先进个人称号。

争当科技致富的领头雁，是李德平毕业后继续创业的梦想。他的心中已勾画出更大的蓝图：充分利用保康县后坪镇前坪村在建的“保康县商品菜供应基地”平台，新成立绿源菜业科技服务有限公司，使自己的蔬菜产业实现统一规划、分区种植、立体发展；同时利用菜叶等资源，开挖鱼塘 30 亩，建了两个大棚鸡舍散养土鸡；逐步完成绿源生态农庄配套设施建设，形成循环、立体发展模式；实行“公司＋农户”的经营模式，采用“标准化生产、标准化管理”的经营策略，做大做强“绿源菜业”，尽快带动全村和周边农户发展蔬菜种植产业，共同走上致富的道路。

任务三　创业者的自我认知

创业者在创业之初拥有的资源是有限的，为了把握住稍纵即逝的商机，需要从自己手头拥有的资源出发，立刻采取行动。创业者要结合自身的兴趣爱好、能力态度、以往经验以及所掌握的资源等，对自己拥有的资源（手段）进行评估，从而确定自己下一步的行动。按照萨阿斯·萨阿斯瓦斯（Saras Sarasvathy）的效果推理理论，创业者的自我认知可以从“我是谁、我知道什么、我认识谁”三个方面入手。“我是谁”包括个体拥有的特质、能力和个性；“我知道什么”包括个体的教育背景、经验和专业知识；“我认识谁”则意味着社会人际网络。

一、我是谁：独特的竞争优势

人们通常不会把自身视为首要的机遇来源，或者独一无二的、任何人难以击败的竞争优势的基础。创业者个体本身及个人的特性不仅是创业的出发点，也是将要建立的企业的基础。他们会努力去尝试那些曾经被忽视的事情。尤其是当我们致力于找出一些成功企业家都具备的必要条件时，就会惊奇地发现：成功的企业及它们的创立者都拥有并利用了独特的环境，同时或多或少拥有不同凡响的人格魅力，因此造就了他们独一无二的人生经历。

“我是谁”需要创业者系统地评估和总结自己的如下特征：

第一，我拥有什么样的特质？

第二，我拥有什么样的能力？

第三，我的兴趣爱好是什么？

第四，我对创业这件事的态度是怎样的？

当问自己“我是谁”时，你正试图了解自己是一个什么样的人：什么样的事情会让你着迷；什么样的东西对你来说是重要的；什么样的事情你不会去做，也许因为它们与你的价值观相背离，也许仅仅是因为它们不值得投入时间和精力。这些问题的答案可以给你一个自我的感知，从而帮助你快速淘汰那些与自己情况不符的想法。思考的结果是，你知道自己想要做什么、不想做什么。自我意识是关键。你需要知道自己是谁、想要什么，以及不想要什么。

二、我知道什么：行动中的学习

每个人的生活经历不同，接受的专业教育不同，工作经历也不一样，先验知识的储备因每个人的特性而迥异。所以，“我知道什么”对于每个人而言都不尽相同。两个不同的人，出发点相同，环境相同，所创建的企业却有可能大不相同。

具有不同专业背景、不同行业经验的创业者致力于根据他们在某一领域内独有的丰富知识来发展机遇。这不仅限于科学或技术信息，也包括对消费者的需求和商业知识的了解。你永远无法知道发现一个机会的洞察力来自何处，所以需要把知道的东西进行心理层面的分类。

“我知道什么”需要创业者对如下问题进行评估和总结：

第一，我的专业背景是什么？

第二，我具有哪些专业领域的知识和技能？

第三，我从事过哪些工作？

第四，我具有怎样的工作和生活经验？

三、我认识谁：在行动和拓展中分享

创业者所拥有的最宝贵的财富之一就是他们的人际关系网。我们看到许多创业者通过他们所认识的人或通过其他人认识的人，以及自己偶然认识的人建立稳定的利益相关者关系网，这也是已知的三种资源中的最后一种资源。你认识的人及别人认识的人有可能帮助你将想法变成现实。创业者通过建立利益相关者关系网去拓展企业——把他人所拥有的手段和自己所拥有的手段结合起来。有很多人与你有最直接的密切联系，可以为你提供及时的帮助，如朋友、家人、同事、用户等。

在与不同的人偶然互动的过程中，创业者总会遇到一些人，并通过他们扩大人际网络。此外，创业者还可以通过自己认识的人联系到某个陌生人。著名的六度分离理论认为，你和任何一个陌生人之间所间隔的人不会超过五个。也就是说，最多通过五个人你就能够认识任何一个陌生人，不管对方在哪个国家，属于哪类人种，是哪种肤色。你认识的人或许认识那些知道谁能成为有力合作伙伴的人，这些人与你是“弱连接”，你能够从他们身上学到更多。有时候，你能够在不熟悉的人身上接触到更宽广的领域，学到更多知识，开启一个全新的世界，同时也为你带来有力的资源支持，从而创造出新的产品和发明。你认识的人，从创业的角度，就是你可以通过他人使用到的资源，包括他人本身。这两点的结合能够让你与任何人建立联系，带给你有力的支持，从而创造出新的发明。

“仅仅认识”一些人是不能为你提供实际帮助的。如果创业项目没有价值，即便认识，当你向这些人寻求资源、渠道时，也会发现没有人愿意帮助你。对于创业者而言，与其花费大量时间去结交别人，浪费精力在无谓的社交上，不如将时间和精力放在应该做的事上，将自己的特长发挥到极致，潜心钻研，努力提升自己。在创造价值的同时，呈现出自我价值，吸引他人的加入，才能最终真正满足自己的需求。资源往往会流向创造价值更多的地方，正所谓“你若盛开，蝴蝶自来”。

通过对“我是谁、我知道什么、我认识谁”的分析和总结，创业者会更加清晰地认识自己，了解自身具有的优势和劣势，以及目前拥有的资源，明确如果希望达到期望目标，可以通过哪些资源进行路径设计。为了方便、直观地了解自己，创业者可以通过自我认知评估表（见表 4–3）对自己进行深入的了解。

表 4–3　自我认知评估表

评估指标	二级指标	内容
我是谁	我拥有什么样的特质	
	我拥有什么样的能力	
	我的兴趣爱好是什么	
	我对创业这件事的态度是怎样的	
我知道什么	我的专业背景是什么	
	我具有哪些专业领域的知识和技能	
	我从事过哪些工作	
	我具有怎样的工作和生活经验	

续表

评估指标	二级指标	内容
我认识谁	家人	
	朋友、同学	
	领导、同事	
	用户、合作伙伴	
	偶然认识的陌生人	

课堂活动

分析自己是否适合创业，并说明原因。如果适合创业，那么你打算采用哪些方法来提升自己的创业能力？

项目二　创业团队

创业团队是一群愿意做出承诺的利益相关者，是被创业项目吸引而生成的。创业团队由哪些人组成，如何分配股份和划分责、权、利，这些对一个初创团队而言非常重要。只有找到合适的搭档，各取所长，优势互补，才能发挥团队最大的作用。

任务一　创业团队的内涵

一、创业团队的概念

创业团队有广义和狭义之分。狭义的创业团队是指在创业初期（包括企业成立前和成立早期），由一群才能互补、责任共担、愿为共同的创业目标而奋斗的人所组成的特殊群体。广义的创业团队不仅包含狭义的创业团队，还包括与创业过程有关的各种利益相关者，如风险投资商、供应商、专家咨询群体等。创业团队强调共同性也强调互补性，如图 4–1 所示。共同性主要指愿景、目标的共同性，能共担风险，共享回报；互补性主要是指思维、技能、性格和资源的互补。共同性保证团队有共同的信念，团队成员能同甘共苦；互补性能让团队成员互补所短，发挥团队的最大作用。

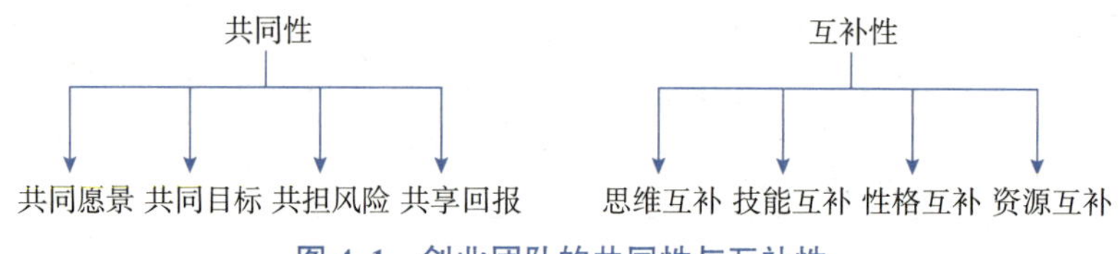

图 4–1　创业团队的共同性与互补性

创业团队的内涵主要表现在以下三个方面。

（1）创业团队是一个特殊群体。从组织中人与人之间的关系看，创业团队与普通工作群体的区别在于，创业团队中人与人之间的关系是互补的，而普通工作群体中人与人之间的关系是互换的。创业团队中谁也离不开谁，而普通工作群体中谁离开了，都不会有太大的影响。创业团队是在创业初期聚集在一起的一群人，团队成员有共同的目标，主动共享信息，积极协作，愿意共担风险，共享收获，而普通工作群体更多的是强调个人完成自己的工作任务，少有或没有共同的责任。

（2）创业团队的工作绩效远高于成员个人绩效的总和。普通工作群体中，每个人只需要完成自己分内的工作即可，群体的工作绩效也仅是单个成员个人绩效的总和。创业团队则不同，成员相互配合、互帮互助、坦诚沟通、共享信息，通过所有成员的共同努力、积极协作，使团队产生更高的绩效水平，远大于成员个人绩效的总和。

（3）创业团队是高层管理团队的基础和最初组织形式。创业团队一般存在于新企业成立前和成立早期，现实生活中人们常常将创业团队成员称为“元老”，企业高层管理团队是创业团队组织形式的继续。虽然高层管理团队可能产生人员流动，也许团队中依然存在部分创业元老，也许所有的创业元老都已离开，但高层管理团队的管理风格在很长一段时期内是很难彻底改变的。

二、创业团队的共同性

（一）共同愿景

共同愿景建立在共同的价值观基础上，是对组织发展的共同愿望，并且这个愿望不是被命令的，而是全体成员发自内心想要追求的，往往是创业的初衷。它不一定包含具体的行动方案或行动策略，但一定是比较具体的，涉及组织未来的发展目标、任务及使命等，通过团队成员的共同努力是可以实现的。共同愿景能够使全体成员紧紧地联系在一起，淡化人与人之间的个人利益冲突，从而形成一种巨大的凝聚力。

（二）共同目标

共同目标是团队前进的方向，没有目标，团队就无法向前发展。每个人都是独立的个体，对事物的看法和观点也千差万别，但目标在组织层面，却一定是统一和明确的，为共同的奋斗目标而努力，团队才更可能获得成功。

（三）共担风险

创业团队要面向未来，去探索一个不确定的目标，有可能成功，也可能失败，每个人都要承担风险。是否能够共同承担风险，对于创业团队非常重要。唯有共同承担风险，才能共同走向未来。值得注意的是，创业团队在生成过程中，每个成员的加入都是以自己可承担的风险作为判断依据的，而团队的创业活动也是以团队可承担的风险作为行动依据的。

（四）共享回报

创业团队在共同承担风险的过程中，也一定会共同享受回报。这些回报一般是多元化的，既有物质层面的，也有精神层面的。物质回报包括更高的薪金、期权、股份等，它会改变你的生活方式；精神回报包括更大的成长空间、更高的成就感等。

值得注意的是，物质回报有时也许需要很长时间才能兑现，但是精神回报却有可能随时获得，如学会了坚持、学会了宽容、学会了迭代、学会了积极行动等。

三、创业团队的互补性

（一）思维互补

思维是指人类所具有的高级认识活动。思维方式的不同，往往源于不同的年龄、学习经历、工作经验和成长环境等，不同的思维方式有利于不同思想的交融，有利于创造性解决方案的产生。不同思维方式的组合也有利于系统性地思考问题，而不容易陷入片面和单一的视角。思维方式的差异对于理解用户的多样化需求具有重要意义。

（二）技能互补

所有的想法都要通过行动来实现，而行动往往是由具备的技能或专长推动的。技能代表着一个人在某个领域的专长。创业活动需要各种技能，因此就需要具备不同技能的人组合在一起形成创业团队。如果一个团队仅有具备某一项专长的人，那么这个团队往往无法有效地开展创业活动。例如，一个完全由文科学生组成的创业团队，虽然会有很棒的想法，但是可能由于缺乏技术支撑等问题，往往陷入现实的困境中。

（三）性格互补

创业过程具有极强的不确定性，过程往往漫长而艰辛。创业团队中有不同性格的成员，往往可以使团队走得更远。例如，《西游记》“取经团队”中的猪八戒，虽然看起来实力不强，又好吃懒做，但是善于活跃工作气氛，使取经之旅不至于太沉闷。现实中，大部分创业团队可能都有这种类似性格的人，他们看似价值不大，但却对创业团队工作氛围的形成起着至关重要的作用。

（四）资源互补

创业者经常面临资源稀缺的情况，这就需要创业团队在有限的条件下，创造性地整合资源，将想法变成现实。资源整合首先从自己所拥有的资源开始，所以团队成员所拥有的资源也是其存在的理由。创业团队的所有成员都应该积极整合自身资源，为团队做出贡献。

四、创业团队的构成

按照创业团队的定义，张玉利教授认为广义的创业团队可分为初始合伙人团队、董事会、专业顾问等形式。

（一）初始合伙人团队

初始合伙人团队由在创业初期就投资并参与创业行动的多个个体组成。初始合伙人团队的知识、技术和经验，往往是企业所需要的、最有价值的资源。正是由于这个原因，人们经常通过评估初始合伙人团队的素质，来预期企业未来发展的前景，这些素质特征包括受教育程度、前期创业经历、相关产业经验和社会网络关系。

（二）董事会

如果创业者计划创建一家公司制企业，就需要按规定成立董事会——由公司股东选举产生，以监督企业管理的个人小组。如果处理得当，公司董事会能够成为新创企业团队的重要组成部分，它可以通过以下两种方式，帮助新创企业有一个良好的开端，并形成持久的竞争优势。

（1）提供指导。虽然董事会具有正式的治理职责，但是董事会所发挥的最大作用还是为企业管理者提供指导和支持。实现这一点的关键是，企业挑选的董事会成员要有能力、有经验，愿意给予建议并能够提出具有洞察力、更加深入的问题。

（2）增加资信。董事会是由股东大会选举产生的，负责处理公司各种重大经营管理事项。具有较高知名度和地位的董事会成员能为企业带来即时的资信。

（三）专业顾问

除了上述介绍的创业团队成员，在许多情况下，创业者还需要依靠一些专业顾问，以获取重要的建议和意见。这些专业顾问通常都会成为创业团队的重要组成部分，在外围发挥重要作用，具体成员如下。

（1）顾问委员会。顾问委员会是企业管理者在经营过程中，向其咨询并能得到建议的专家小组，对企业不承担法定责任，只提供不具约束性的建议。

（2）贷款方和投资者。贷款方和投资者会为企业提供有用的指导和资信，并保证发挥基本的财务监管作用。

（3）咨询师。咨询师是提供专业或专门建议的个人。当企业开展可行性分析研究或行业深入分析时，咨询师起着十分关键的作用。

拓展阅读

优秀创业团队的组成

一个优秀的创业团队应包括以下几种人。

1. 一个很好的“领袖”。此人必须能够高瞻远瞩，能够为企业制定明确的战略、战术；必须有很好的人品，处事公正，能够服众，能够团结整个团队；必须具有很好的协调能力，能够及时化解团队成员的矛盾。

2. 一个很好的“管家”。此人主要负责企业的日常运营及各项规章制度的制定。由于企业日常事务非常琐碎，因此，此人必须心思缜密、工作细致。

3. 一个很好的“财务总管”。资金是企业的生命线，因此，创业团队中最好有一个业务能力较强的财务人员，能合理地安排企业收支，帮助企业融资。

4. 一个很好的“营销总监”。我们经常说，产品是基础，营销是龙头。如果营销不行，产品就不能变成钱，企业只有关门大吉。

此外，如果新创企业是一个技术类企业，可能还需要一个很好的技术专家。此人能够帮助企业不断更新技术或产品，始终带领企业走在行业的前沿。

任务二　创业团队的生成

好的创业团队往往不是组建的，而是生成的。创业团队的生成关键且不易，一般会经历三个步骤：说服、承诺与共创。

一、说服

“众人拾柴火焰高”，对于创业者而言，在创业初期，除了可以获得更多的资源以外，还可以将自己的想法与他人分享。获得他人的认可并愿意做出承诺加入，不仅能提升创业者的自信，还能帮助创业者分担创业初期的风险，激发更多的创造性，帮助产品更好地迭代，这对新创企业而言有着非常重要的意义。

在创业初期，企业规模小，发展前景不明朗，给出的薪酬竞争力也不足，单纯靠招聘是招不到优秀人才的，有时即便招聘到优秀人才，也很容易流失。阿里巴巴集团某前副总裁曾说过：“在格局没到、钱也没到时，人才靠钱是吸引不来的，只能靠使命和愿景。”创业者基于手头拥有的资源与可承担的损失，广泛与潜在的利益相关者互动，介绍创业者自己的梦想，使利益相关者了解、认可创业者的想法，并说服可能的伙伴加入团队。

二、承诺

在认可了创业者的想法后，基于可承担损失原则，新伙伴与创业者之间将进行共赢型的事前承诺，从而正式加入创业团队。吸引做出承诺的人参与团队，有如下好处。

（一）获得更多的行动资源

每个团队成员都为新创企业带来了新的资源。通过资源组合，每次互动都可能创造出新的、有价值的事物，即使这些新事物对他们正在塑造的世界并非都很重要。通过这种方式可以实现创业者和团队成员之间的双向选择。每一个团队成员之间的互动，都可能影响孕育中的新市场的可能形态，也可能改变资源库中的资源本身。

（二）分散风险

每个团队成员投入的资源都是他们自己提供的，所承担的风险也都是分散的。在创业初期，没有人知道创业这块蛋糕会做多大，更不用说将来每个人会分得多少。团队成员无法把预期收益作为选择投资的直接标准，他们会暗自揣度自己是否可以承担投资创业可能出现的损失，因此所投入的资源也会有多与少的差别。

（三）激发创造性

俗话说，“三个臭皮匠，顶个诸葛亮”。新市场的建立不是任何一个人事先设计出来的，而是创业过程中每个成员和其他团队成员之间互动的结果。最开始，任何一方都不确定将来这一新事物一定能有回报，也不知道能否如其所料。整个环节都是由双方的不断互动促成的，团队成员根据自己的承诺和投入，一起协商未来企业的具体模式。同时，创业环境中的任何变化都会使创业者产生新的想法，重新激活循环。

（四）增强自信

除非认为你有一个具有潜在价值的想法，否则人们不会参与你的行动。你聚集的人越多，越说明有更多的人认可你。当然，不排除不明缘由的盲目跟风者。

实际上，大多数人的抱负远大于手中所拥有的资源。吸引自我承诺的团队成员参与，就是在整合其他资源。这些人拥有的知识网络和资源可以成为你的资源。这不是一件简单的事，因为很少有人在一开始就拥有创造新事物所需要的所有资金和能力。

如果自己缺乏承诺，就不要期望获得他人的承诺。万事开头难，一定要让自己的想法付诸实践。如果你没有全身心加入，其他人是可以感知到的。他们会认为，你对创意并不感到兴奋或并没有真正承诺要把它付诸实践。如果缺乏承诺，你面临的困难将会成倍增加。

此外，要注意识别真承诺和假承诺。有些团队成员没有真正地被吸引进来，其承诺可能是假的。这可以从情境、语言、神态、行为等方面进行识别，从而保证加入的成员的承诺是真实意图的反应，保证他们为承诺去真心地付出。

三、共创

承诺的利益相关者加入团队的时间越早，他们就越有机会帮助你改变最初的想法。他们最终可能不再是合作者，而是新创企业的股东。这样，他们就成了名副其实的共创者。初始的愿景开始分享，然后扩散，最终成了“我们的”，而不再是创业者个人的愿景。

随着公司规模的扩大，创业者开始和新进的员工进行沟通和交流，逐渐地变成“我们想这样做”，而不是“我想这样做”。新伙伴的加入，会带来新的资源，产生新的目标，从而使创业成为一个“共创”的过程，共同创造出新的市场、新的产品、新的业务，甚至新的企业。

四、创业团队画布

一个好的创业团队的形成会受到多种因素的影响和制约。朱燕空等人依据团队画布与效果推理理论而提出的创业团队画布，为我们提供了一个生成创业团队的基本工具和方法。其构成要素如下：

（1）初衷，即我们为什么要做这件正在做的事情。这个要素是画布中最为核心的要素。

（2）资源，即我们拥有哪些资源。包括知识、能力、人脉等。

（3）目标，即我们团队想要实现的目标是什么，我们个人想要实现的目标是什么。没有明确的目标，容易丧失前进的方向。

（4）分工，即我们每个人在团队中的角色。一般与团队成员的知识、能力有关。

（5）规则，即团队的共同规则。一般与团队开展的活动有关，如我们如何决策、如何沟通等。

创业团队画布示意图如图 4–2 所示。

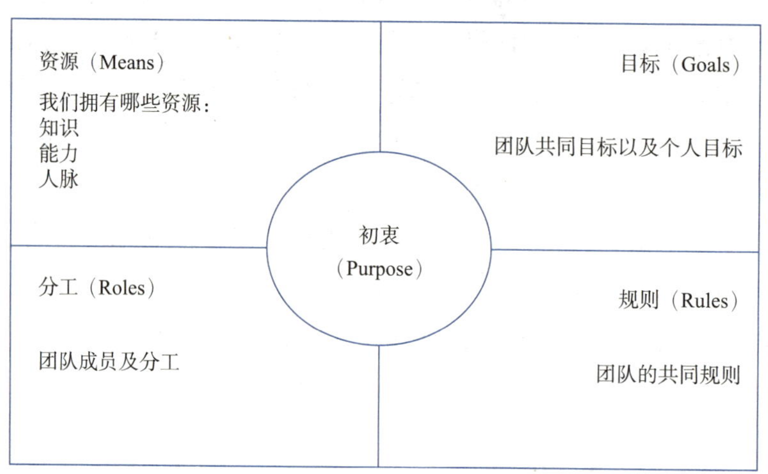

图 4–2 创业团队画布

创业团队画布的逻辑本身并不能保证一个创业团队的成功生成。但是它为创业团队的产生与共创提供了有力的共同语言，使得团队无论是在生成还是在成长过程中，都能清楚地意识到每个新加入的成员到底带来了哪些“资源”，该成员的“目标”与团队发展方向是否一致，该成员的“分工”如何，以及该成员加入后开展工作的“规则”等。

案例故事

如今，千篇一律的毕业照已经无法满足追求个性的大学生的需求了。当你看到网络上一张张充满创意的毕业照时可曾想到，有 3 个小伙子为了这精彩的一瞬间付出了无数的心血和努力？根据相关报道，在毕业季到来时，安庆某学校学生杨某、姚某和宋某发现了拍摄“创意毕业照”这一商机，仅用了两个月时间就赚了 40 万元，获得了巨大的回报。

4—5 月份是学校毕业生集中返校进行论文答辩和拍摄毕业照的时候。在这段时间里，杨某每天早上都会被电话叫醒——毕业班的同学们纷纷找他咨询和联系拍照事宜。召集摄影团队之后，从早上 7 点半开始，他们按照流程单上的班级逐个拍摄毕业照，摆造型、想创意，每天都从日出拍到日落。晚上还得分类整理照片及拍摄所需的服装，整理完后已将近深夜 12 点，但整个团队还要商量第二天的工作安排，凌晨一两点才能睡觉。“这段时间，整个人感觉像打了鸡血一样在工作。”杨某说道。

毕业季开始后，杨某团队所在学校的 100 多个毕业班级中，有 73 个班级找他们拍毕业照。杨某的团队不仅为他们提供服装，还负责将照片制作成相册，将其中一些照片制作成纪念品，同时还承担班级毕业聚会的拍摄任务。“我们提供一条龙服务，每忙完一个班级，都感觉累得不行。”杨某说道。最忙的时候，他们一天拍了 20 个班级的毕业照。

但让杨某团队感到欣慰的是，短短两个月不到的时间，3 个人已经挣了 30 多万元。不仅如此，他们还到邻校去拍摄毕业照，又挣得 10 多万元。“我们向每个学生收费 120 元，虽然异常辛苦，但这也是我人生的第一桶金。”杨某说。

随着毕业季的逐渐远去，杨某团队的生意也迎来了淡季，但他们却想到了一个“好法子”。去年，杨某的团队给毕业 10 年后回到母校的思政专业校友提供过拍照服务。今年他们从中受到启发，想到了“校友服务”这一新业务，把业务范围从“在校时”和“毕业时”拓展到“毕业后”，充当校友们的“回校接待员”，给他们安排衣、食、住、行、游、购、娱一条龙服务。

创业是一项极具挑战的活动，创业的过程是非常辛苦的。上述案例中，3 个非常有想法的大学生，为了共同的理想和目标，不仅辛苦工作，挣得了人生的第一桶金，还勇于创新，开拓出新业务。他们不断思考、善于发现以及努力拼搏的精神是非常值得我们学习的。

课堂活动

讨论：如果你自主创业，如何组建创业团队？

任务三　创业团队的管理

创业是对理想的追求，源于激情的支撑，但随着时间的流逝和企业的成长，权力分配、理念分歧、利益冲突等问题就会浮出水面。创业团队只有高度重视并妥善解决这些问题，才能确保团队的稳定。

一、做好创业团队核心角色分工

彼得·德鲁克在《管理的实践》中提到，“理想的董事长”应该是善于对外交往、善于思考和善于行动三个角色的综合。公司的团队应该是三人团队模式：一个制定公司文化，一个引领技术，一个负责执行。英特尔公司罗伯特·诺伊斯（Robert Noyce）、戈登·摩尔（Gordon Moore）和安迪·格鲁夫（Andy Grove）三人组成的创业团队，堪称合作的典范：诺伊斯负责对外沟通交流，摩尔负责技术，格鲁夫负责执行。现实中，许多创业团队都是借鉴这一模式组建形成的。

创业团队没有固定的模式，根据英特尔的三人组合模式，可以总结出一些规律。

（1）一般创业团队都包含精神领袖、技术领袖和执行领袖三种角色。所有事物的成功都经历过两次创造。首先是设计，设计代表着战略与方向，是精神领袖的任务。其次是行动，行动代表着管理与执行，是执行领袖的任务。最后，在设计和行动之间，需要技术的支持，技术是把精神世界转化成物质世界的载体，是技术领袖的任务。

（2）成员数量不宜过多，成员过多往往会造成管理的内耗，沟通和协调的成本也会大幅增加，在面临不确定性目标时，成员越多，决策的难度越大。

（3）有时候一个人可能扮演不同的角色，例如，很多精神领袖也是执行领袖，很多技术领袖也扮演精神领袖的角色。但是一个人终究不能代表一个团队，正是不同成员之间思维方式、技术、性格、资源等方面的差异推动了创业目标的实现。

二、设置好创业团队组织架构

创业团队的互补性和异质性，给新创企业带来了多样化的人力资源基础，但同时也造成团队成员在个性、特长上的较大差异，这使得团队管理承受了巨大压力。此时需要保证团队成员间沟通的通畅，如果缺乏有效沟通与协调，将难以达成一致的目标，甚至导致严重的后果。团队领袖在组织和管理团队时，应当努力掌握和提高有效沟通与协调的能力，善于倾听不同意见，善于概括总结，克服分歧和矛盾。从人力资源管理的角度来看，建立优势互补的创业团队，设置好团队组织架构是保持创业团队稳定的关键。

（1）对基于理性逻辑组建的创业团队，创业者可采取明文规定的分工协作和决策程序，落实责任，明确责、权、利，避免相互扯皮、推诿。管理重点在于沟通和协调、培养信任感、整合成员特长，即以利益为中心培养团队凝聚力，以信任为中心增强团队沟通等。

（2）对基于非理性逻辑组建的创业团队，分工要适当，因人授权、按权担责，避免过度集权、决策一致性倾向，管理重点在于更多地整合外部资源。创业者应当注意吸纳并培养具有不同专长的核心员工，聘用外部专业顾问，增强团队的互补性等。

三、打造创业团队精神

团队精神，一般是指经过精心培育而逐步形成的，被团队全体成员认同的思想境界、价值取向和主导意识。团队精神是企业的精神支柱，是凝聚团队成员的共同信念和精神力量，是创业成功的基石。李时椿教授认为团队精神的打造可以从以下三个方面进行。

（1）确立创业团队认可的共同愿景和创业目标。愿景和目标的设立要切实可行，依靠大家共同规划和设计，成为团队成员共同的信念和精神力量，使团队成员产生强烈的归属感与荣誉感，由衷地把自己的前途与团队的命运联系在一起。这也是日后企业文化建设的核心内容。

（2）建立“以人为本”的管理机制。坚持以人为本，充分尊重人、爱护人、关心人，借助激励机制的构建，让成员参与管理、共同决策，求同存异、荣辱与共，强化团队成员的责任感，激发员工的献身精神和忠诚度。

（3）建设学习型创业团队。学习型创业团队是为实现共同创业目标，共享信息和其他资源，在学习中实践、在实践中不断学习的组织。学习和创新是团队精神培育与企业发展的不懈动力。市场环境瞬息万变，创业过程中要面临太多的变数和风险，危机和忧患意识促使团队成员必须不断学习和思考，并分享新知识、新技术、新思想，以加快知识更新。团队成员更要研究和解决新问题、新情况，积极适应变化，避免潜在的风险，从而达到企业生存和长期发展的目的。

案例故事

有一个装扮很像魔术师的人来到一个村庄，他向迎面而来的人说：“我有一颗汤石，如果将它放入烧开的水中，会立刻变出美味的汤来，我现在就煮给大家喝。”

这时有人就找了一个大锅，有人提了一桶水，并且架上炉子和木材，在广场上煮了起来。这个陌生人很小心地把汤石放入滚烫的锅中，然后用汤匙尝了一口，很兴奋地说：“太美味了！如果再加入一点洋葱就更好了。”于是立刻有人冲回家拿了一些洋葱。陌生人又尝了一口，说：“太棒了！如果再放一点肉片就更香了。”于是有一个妇人快速回家端了一盘肉来。“再有一些蔬菜就完美无缺了。”陌生人建议道。在陌生人的指挥下，有人拿了盐，有人拿了酱油，也有人拿了其他的材料。最后，当大家一人一碗蹲在那里享用时，他们发现这真是天底下最美味的食物。

启示：所谓“汤石”，不过是陌生人在路边捡到的石头。其实只要我们愿意，每个人都可以煮出一锅如此美味的汤。贡献自己的一份力量，众志成城，汤石就在每个人的心中。

四、优化创业团队运作机制

（一）优化创业团队决策机制

一方面，要坚持控制权与决策权的统一。所有权的分配本质上是对公司控制权的分配。实践表明，股权占比最大的团队成员如果不拥有公司的控制权，则该成员与有控制权的人可能产生矛盾，进而引发团队矛盾和冲突。另一方面，既要保证大股东对公司的控制权，又要发挥团队集体智慧。可采取大股东“一票否决制”，即一项提议，就算所有股东都通过，但只要大股东自己不同意，就可以否决这项提议；而如果一项提议，大股东同意的话，他也只能投一票赞成票，必须2/3的股东都同意后，这项提议才能被通过。

（二）优化创业团队激励机制

创业之初，凡涉及责、权、利等问题，都应先说明白、讲清楚，不能感情用事，更不能避而不谈。必须以契约形式明确团队成员的权利与利益分配机制，以及增资、扩股、融资和退出机制等，并写入公司章程，这是创业团队长期稳定的制度保障。在实际操作中，依据出资额确定股权分配比例是常见的做法，但对于没有投入资金却持有关键技术的团队成员，则需要谨慎考虑技术的商业价值，在资金和技术之间做出合理的权衡。此外，从企业长远发展考虑，还应给未来进入公司的优秀人才预留部分股权。

（三）优化创业团队分配机制

利益分配要公平、公正，切实体现贡献越大所获得报酬越高。但贡献应当以团队成员在整个创业过程中的表现为依据，而不仅仅是某一阶段的业绩。此外，不同类型的员工对于利益的诉求不尽相同，因此企业的报酬体系不仅包括股权、工资、奖金等物质报酬，还应包括提高个人能力和成长机会等方面的因素。每个团队成员所看重的利益因素并不一致，这取决于个人的价值观、奋斗目标和抱负。有些成员将物质追求放在第一位，而有些则希望获得荣誉、发展机会、能力提高等精神利益。因此，团队的领导者应当加强与成员的沟通交流，针对各成员的利益诉求，选取恰当的方式，并能够根据团队成员的期望进行适时调整，这是有效激励的重要前提。

思考讨论

1. 你怎么看待创业者的特质观？
2. 你觉得创业者应该具备哪些素质和能力？
3. 创业者的自我认知从哪几个方面入手？分别包含哪些内容？
4. 创业团队的共同性体现在哪些方面？
5. 创业团队生成的步骤包括哪几步？
6. 如何进行创业团队管理？

实践训练

实训 1——创新创业者自我评估测试

【实训目的】

1. 参与评估测试，对自己在创新创业方面有基本的认识。

2. 能够更加深入地了解创新创业，积极参与创新创业。

【实训流程】

流程 1：创新创业自我评估测试题（选择题，可多选，每题 5 分，共 15 题）

1.（　　）是创新人才进行创新活动时必备的精神要素，是创新人才进行创新的行动指南，更是创新人才在创新领域有更进一步发展的基础。

A. 健全的人格　　B. 多学科的综合知识结构

C. 先进的精神素质　　D. 掌握处理问题的诸多具体方法

2. 宋朝的吕本中说的“悟入必自功夫中来”这句话指的是一种（　　）精神。

A. 领悟　　B. 敢为天下先的创新

C. 积极进取　　D. 锲而不舍的钻研

3. 创业者个人或是团队白手起家进行创业是指（　　）。

A. 自主型创业　　B. 就业型创业

C. 个人创业　　D. 机会性创业

4. 新产品、新过程、新系统和新服务的首次商业性转化是指（　　）。

A. 自主创新　　B. 技术创新

C. 模仿创新　　D. 产品创新

5. 你在哪一种条件下会决定创业？（　　）

A. 等有了一定工作经验以后

B. 等有了一定经济实力以后

C. 等找到天使投资或风险投资（VC）以后

D. 现在就创业，尽管自己口袋里没有几个钱

E. 一边工作一边琢磨，等想法成熟了就创业

6. 你认为创业成功的关键是（　　）。

A. 资金实力　　B. 好的创意

C. 优秀团队　　D. 政府资源和社会关系

E. 专利技术

7. 以下哪项是创业公司生存的必要因素？（　　）

A. 高度的灵活性　　B. 严格的成本控制

C. 可复制性　　D. 可扩展性

E. 健康的现金流

8. 开始创业后你立刻做的第一件事情是（　　）。

A. 寻找投资人　　B. 撰写创业计划书

C. 物色创业伙伴　　D. 着手研发产品

E. 选择办公地点

9. 新创企业应该（　　）。

A. 低调埋头苦干　　B. 努力到处自我宣传

C. 看情况顺其自然　　D. 借别人的势进行联合推广

10. 招聘员工时最重要的是（　　）。

A. 学历高低　　B. 朋友推荐

C. 人力成本　　D. 工作经验

11. 产品进入市场的最佳策略是（　　）。

A. 价格低廉　　B. 广告投入

C. 口碑营销　　D. 品质过硬

12. 创新人才需要具备的人文素质有（　　）。

A. 卓越的实践能力　　B. 多学科的综合知识结构

C. 健全的人格和先进的精神素质　　D. 掌握处理问题的诸多具体方法

13. 创新意识实际上就是一种独立的人格意识，包括（　　）。

A. 追求创新　　B. 崇尚创新

C. 乐于创新　　D. 敢于创新

14. 你认为大多数创新是经过哪三步完成的？（　　）

A. 想象　　B. 假设

C. 验证　　D. 实践

15. 创业环境包括（　　）。

A. 创业以及相关的法律建设

B. 创业学科体系的建设

C. 创业软科学理论的研究和学科建设

D. 创业快速孵化理论的研究和孵化基地的建设

流程 2：诊断测试结果

创新创业人员自我测评评价标准及分值可参考表 4-4。

表 4-4 自我测评评价标准

评价项目	测试是否完成（25 分）	测试完成质量（75 分）	
		1～20 分	还不具备创业的基本知识，不要贸然创业。
		20～50 分	游走在创业的梦想和现实之间。
		50～75 分	已经做好了创业的基本准备。

流程 3：测试结果反馈

通过这一测试，你对自己在创新创业方面有了基本的认识。通过回答下述问题进行反馈。

1. 通过此次测试，你认为自己适合进行创新创业吗？为什么？

____

____

2. 通过此次测试，你对创新创业又有了哪些更深一步的了解呢？

____

____

3. 通过此次测试，你对未来事业发展有什么具体的规划吗？

____

____

【实训思考】

通过对创新创业的理解，你认为自己目前应该在哪些方面有所改进呢？

____

____

____

____

实训 2——创业者如何组建创业团队

【实训目的】

1. 了解什么是创业团队。
2. 掌握组建创业团队的步骤。

【实训流程】

流程 1：填写团队成员信息一览表（见表 4-5）

表 4–5　团队成员信息一览表

职务	姓名	联系方式
首席执行官		
营销总监		
财务总监		
采购总监		
信息总监		

流程 2：填写各个岗位的具体职责（见表 4–6）

表 4–6　岗位职责

职务	岗位职责
首席执行官	（1） （2） （3） （4） （5） （6） （7）
营销总监	（1） （2） （3） （4） （5） （6） （7）
财务总监	（1） （2） （3） （4） （5） （6） （7）

续表

职务	岗位职责
采购总监	（1） （2） （3） （4） （5） （6） （7）
信息总监	（1） （2） （3） （4） （5） （6） （7）

注：组建创业团队时，一般是每组 5～8 人，根据人数的不同，也可以增加以下角色。

（1）首席执行官助理：帮助首席执行官处理各种琐事及客户沟通工作。

（2）财务助理：协助财务总监做好财务工作。

（3）商业信息员：负责调查其他企业的广告投放、企业战略、生产能力以及盈利情况等信息，为本企业决策提供有力支持。

流程 3：团队氛围营造

确定了团队的主要成员后，成员之间能否建立融洽的关系，也影响企业的发展与成长。可以参考“六顶思考帽”方法（见表 4–7），避免群体思考陷入混乱，并确保从一开始就使误解最小化。

表 4–7 “六顶思考帽”方法解析

帽子颜色	用于	范例
白色（事实）	中性信息	民以食为天
红色（情感与感觉）	包括预感和直觉	我感到很生气，因为我们失去了很多客户
黑色（否定）	评估思想或情形的不妥之处	这个建议不会起任何作用
黄色（肯定）	评估思想或情形的有利之处	这是个好主意

续表

帽子颜色	用于	范例
绿色（创造力）	产生思想	你可以尝试换个角度
蓝色（控制）	正如管弦乐队中的指挥一样——控制帽子的使用	现在我们需要戴上黄色帽子思考

在使用这一方法的时候，应该允许每个人每次集中思考问题的一个方面，同时也应让团队中的每个人能够在思考中转变角色。通过阅读“六顶思考帽”方法，以小组为单位，思考当团队成员之间发生矛盾或冲突时，你作为团队的领导者该如何做。

____

____

____

流程4：分析总结

1. 通过上述步骤，你认为在组建创业团队时，应考虑哪些因素？

____

____

____

2. 你认为组建创业团队最重要的一点是什么？为什么？

____

____

____

【实训思考】

假设你是创业者，你该如何利用自身有效的资源去组建创业团队？

____

____

____

模块五 整合创业资源

模块导读

如今的创业市场虽然商机无限，但对资金、能力、经验都有限的大学生创业者来说，并非“弯腰就能拾到地上的财富”。在这种情况下，大学生要创业，只有根据自身特点，找准“立锥之地”，才能闯出一片真正适合自己的新天地。选择合适的商业模式对于新创企业来说十分重要，彼得·德鲁克曾说过：“当今企业之间的竞争，不是产品之间的竞争，而是商业模式之间的竞争。”只有融合资源、创新商业模式、利用创业机会，才能实现新创企业持续的盈利。

案例导入

没有任何资源，难道就不能做事情，不能创业吗？我们不能被眼前的困难吓倒，要明白一个道理：资源是可以整合的。没有工厂，可以借别人的工厂生产；没有品牌，就先做别人的品牌，待积累了一定基础后，再做自己的品牌，同时也可以整合其他品牌资源。现在这个时代，靠一个企业独立经营，单打独斗，力量是十分有限的，只有整合各方面的资源才能做大。

牛根生是这方面的牛人。牛根生刚开始只是伊利的一名普通员工，凭着自己的勤奋和聪明成为生产部门的总经理。后来因各种原因，牛根生离开了伊利。但是他那个时候都40多岁了，去北京找工作，人家嫌弃他年纪大。因此他又回到呼和浩特，邀请原来伊利的几个同事一起出来创业。人有了，但是没有工厂，没有品牌，没有奶源，每一项都是致命的。

第一个问题，没有工厂怎么办？牛根生开始整合资源，通过人脉关系找到哈尔滨一家乳制品公司。这家公司的设备都是新的，但是营销渠道没有打通，所以产品一直滞销。牛根生马上找到这家公司的老板说：“你来帮我们生产，我们都是技术人员，帮忙技术把关，牛奶的销售、铺货我们也承包了。”这位老板一听，马上答应下来。这样一来，与牛根生一起出来创业的伙伴也有了落脚的地方，解决了生存的问题。

第二个问题，没有品牌怎么办？在乳制品这个行业，没有品牌很难销售，因为品牌代表着安全可靠。牛根生借势整合，打出口号：“蒙牛甘居第二，向老大哥伊利学习。”口号一出，“蒙牛”这个不知名的品牌马上跻身全国前列。牛根生不仅盯着伊利，而且把蒙牛和内蒙古的几个知名品牌联系起来，说：“伊利、鄂尔多斯、宁城老窖、蒙牛为内蒙古喝彩！”因为前三个都是内蒙古的驰名商标，自己放在最后，给人感觉蒙牛就是内蒙古的第四品牌。牛根生通过整合品牌资源，让蒙牛没有花一分钱就迅速成为知名品牌。

第三个问题，没有奶源怎么办？买牛养殖，一是牛很贵，二是也没有那么多人员去照顾，因此蒙牛整合了三方面的资源：奶农、农村信用社、奶站。把信用社的钱借给奶农，蒙牛提供担保，而且承诺包销路。奶牛生产出来的奶由奶站接收，蒙牛又找到奶站。蒙牛定时把信用社的钱还了，把利润分给奶农，趁机喊出一个口号：“一年养 10 头牛，过的日子比蒙牛的老板还牛。”就这样，蒙牛一分钱没花，整个北方地区 300 万奶农都在为蒙牛养牛。

项目一　获取创业资源

任务一　创业资源概述

一、创业资源的内涵

对于创业资源的含义，学术界有不同的定义。杰伊·巴尼（Jay Barney）认为：“创业资源就是任意一个主体，在向社会提供产品或服务的过程中，所拥有或者所能够支配的能够实现自己目标的各种要素以及要素组合。”阿尔瓦雷斯和布森尼特斯认为：“创业本身是一种资源的重新整合。”林强和林嵩认为：“创业资源是企业成立以及成长过程中所需要的各种生产要素和支撑条件。”张斌认为：“创业资源是指新创企业在创造价值过程中需要的有形与无形资产，具体包括创业人才、创业资本、创业机会等。”综上所述，创业资源是指新创企业在创造价值的过程中所需要的特定资源的总称。

从广义上看，创业资源可界定为：能够支持创业者进行创业活动的一切东西。

它既包括可见的物质资源，如厂房、机器设备、资金等，也包括不可见的无形资源，如创业战略、创业方案、知识、技术、创业团队等；既包括创业者实际拥有的资源，也包括创业者可间接获取的资源，如广泛的社会关系等；既包括体现创业者个性特征的个体资源，也包括组织性、社会性的资源；既包括国内的各种资源，也包括国外的资源。

总而言之，广义上的创业资源是涵盖使创业者创业活动顺利进行的一切支持性资源，包括有形与无形的资源。它是新创企业创立和运营的必要条件，主要表现形式为创业人才、创业资本、创业机会、创业技术和创业管理等。创业的过程实际上是创业者建立、整合和拓展资源的过程。

从狭义上看，创业资源是促使创业者启动创业活动的关键优势资源。

关键优势资源是指建立企业盈利模式的业务系统所必需的和重要的资源与能力，如麦当劳的标准化资源与能力、海尔的创新资源与能力、沃尔玛的低成本战略资源与能力。并不是企业现有的所有资源和能力都同等珍贵，也不是每一种资源和能力都是企业所必需的，只有和企业定位、盈利模式、整个业务系统流程、现金流结构相契合并且能互相强化的资源和能力才是企业真正需要的。

从资源的角度看，创业者是否具备业务系统所需的关键资源能力是其能否成功创业的核心问题。创业者对关键优势资源和能力识别得越清晰，利用得越充分，在激烈的市场竞争中保持创业后的竞争优势也就越持久。创业者对创业资源管理的原则是：必要资源要齐备适量，关键优势资源要富集并不断追求。

创业者要么根据自己的关键优势资源选择创业项目，要么根据创业项目整合关键优势资源，否则创业很可能以失败告终。

二、创业资源的种类

不同的创业活动具有不同的创业资源需求。我们把创业资源分为有形资源和无形资源两大类，而其中无形资源往往是撬动有形资源的重要杠杆。

（一）有形资源与无形资源

1. 有形资源

包括金融资源、实物资源和组织资源三大类。

（1）金融资源。金融资源是企业物质要素和非物质要素的货币体现，具体表现为已经发生的能用会计方式记录在账的，能以货币计量的各种经济资源，包括资金、债权和其他。

（2）实物资源。实物资源包括企业从事生产经营活动所需要的一切生产资料，其构成状况可按实物资源在生产经营过程的作用划分为劳动对象和劳动手段。

（3）组织资源。组织资源是指为了实现既定的目标，按一定规则和程序而设置的多层次岗位及其相应人员隶属关系的权责角色结构，包括企业的战略规划、员工开发、评价和报酬系统等。

2. 无形资源

包括人力资源、科技资源、品牌资源、市场资源、政策资源、信息资源六大类。

（1）人力资源。即存在于企业组织系统内部的、有经验的、掌握特殊技能的、被激励起来的员工等和可供企业利用的外部人员的总和。人力资源是企业资源结构中最重要的关键性资源，是企业技术资源和信息资源的载体，是其他资源的操作者，决定着所有资源效力的发挥水平。

（2）科技资源。包括两个方面：①与解决实际问题有关的软件方面的知识；②为解决这些实际问题而使用的设备、工具等硬件方面的知识。科技资源的专有性主要表现为与企业相关的专门知识、商业秘密、专利和著作权等。

（3）品牌资源。品牌是一个名称、名词、符号或设计，或是它们的组合，其目的是识别某个销售者或某群销售者的产品或服务，并使之同竞争对手的产品和服务区分开来。品牌资源又可细分为产品品牌、服务品牌和企业品牌三大类。

（4）市场资源。包括营销网络与客户资源、行业经验资源、人脉关系。

（5）政策资源。近年来，政府会采取一系列系统的创业扶植政策，如支持创业教育与培训，提升创业技能，通过资金扶持、减免税费、财政补贴、社会保障等鼓励创业，为创业者提供信息与管理咨询及专业化服务，提供金融支持、项目支持等。

（6）信息资源。主要包括：依靠什么来进行决策？从哪里获得决策所需的信息？从哪里获得有关创业资源的信息？

（二）无形资源是撬动有形资源的重要杠杆

由于企业新创，企业的战略规划、员工开发、评价和报酬系统等制度安排还不完善，因此有形资源中的组织资源无疑是较为薄弱的部分。无形资源中的人力资源在很大程度上承担着组织资源的功能，成为创业时期最为关键的因素，创业者及其团队的洞察力、知识、能力、经验及社会关系将影响整个创业过程的开始与成功。

同时，在企业新创时期，专门的知识技能往往掌握在创业者等少数人手中，因而此时的技术资源在事实上和人力资源紧密结合，并且上述两种资源可能成为企业竞争优势的重要来源。

在有形资源中，创业时期的资源最初主要为财务资源和少量的厂房、设备等实物资源。然而，这些资源的取得（如风险投资），很大程度上取决于创业者及其团队的能力、经验、社会关系及所掌握的关键技术资源，以及信息资源、政策资源等无形资源；同时，企业在新创过程中对所需的厂房、设施、原材料等有形资源的组织与运作也有赖于创业者及其团队的能力与经验。

课堂活动

关于创业资源，你认为最重要的是什么？你会如何进一步去拓展这方面的资源？

任务二　创业资源的获取途径

一、创业者获取资源的关键因素

资源获取是在识别资源的基础上，得到所需资源并用于创业过程的行为。对于新创企业而言，是否能够从外界获取所需资源，首先取决于资源所有者对创业者或创业团队的认可，而这一认可在很大程度上取决于创业项目的商业价值。创业项目为资源获取提供了杠杆，一个能被资源所有者认同的、有价值的创业项目，有助于降低创业者获取资源的难度。除了创业项目的商业价值，影响资源获取的因素还有很多，其中主要因素有创业者（创业团队）的工作经验、创业者的管理能力、社会网络和创业者的资源整合能力等。

（一）创业者（创业团队）的工作经验

创业者（创业团队）的工作经验分为创业经验和行业经验两大类。其中，创业经验是指创业者先前创建过新的企业或组织，在此过程中所获得的感性和理性的观念、知识和技能等。它提供了诸如机会识别与评估、资源获取和公司组织化等方面的信息。行业经验是指创业者在某行业的工作经历，它提供了有关行业的规范和规则、供应商和客户网络、雇佣惯例等信息。

创业过程本身就是一个知识转移的过程。从先前创业经验中转移来的知识能够提高创业者有效识别和把握创业机会的能力，有助于发现、获取创业资源。拥有创业经验的创业者有一种“创业思维定式”，驱使他们寻求和追求那些最好的机会。在不确定的时空条件下，先前的创业经验提供了有利于对创业机会做出决策的隐性知识，这种隐性知识可以通过创业者而转移到新创立的组织里。因此，创业者拥有较多的创业经验就更容易获得可取的特定机会，并能从更多的途径获取创业资源。此外，先前的创业经验还提供了帮助创业者克服新企业面临新困难的知识。这些都能够帮助创业者规避风险，增强他们的资源获取能力。

（二）创业者的管理能力

创业资源获取的关键往往取决于企业的软实力。创业者的管理能力是企业软实力的主要表现，管理能力越强，获取资源的可能性越大。创业者的管理能力可以从其沟通能力、激励能力、行政管理能力、学习能力和外部协调能力等多方面予以衡量。

良好的沟通能力可以使创业团队表现出更强的凝聚力，拥有更强的行动力，从而使创业团队更容易获取必要的外在资源。团队激励与合作有助于企业综合能力的提升，产生团队外溢效果，使创业团队获取必要的资产和资源。较强的行政管理能力有利于创业者将各种资源进行较完美的匹配与组合，使企业的正常运作更有效率，企业因而会根据成员的要求和组织发展的需要，吸引更多的人力资源和其他无形资产。学习能力则可以使创业者不断地提升自身的管理能力，使创业者了解外部市场的变化和新创企业内部的需求，对其做出理性判断，并运用一定的方式获取企业所需的资源。外部协调能力是创业者个人才能的对外应用，创业者的外部协调能力越强，与合作者（如供应商、销售商等）达成一致的可能性就越大，创业者就可以利用外部资源为企业服务，为企业创造良好的发展环境。

（三）社会网络

社会网络是多维度的，能够提供企业正常运转所需的各种资源，也是新创企业最重要的资源获取来源之一。社会网络是隐性知识传播的重要渠道，它能通过促进信息（包括技能、特定的方法或生产工艺等）的快速传递而协助组织学习，同时还可以大大降低企业的交易成本，帮助企业获取与需求相匹配的资源，因此对于创业资源的获取具有重要意义。

研究表明，社会网络的关系强度、信任关系，以及网络规模对创业资源的获取有正向影响。大学生由于大部分的时间在学校学习，很少有机会接触社会，这就造成了大学生的社会网络中几乎没有政府网络、商业网络的存在。因此，大学生创业者应注意加强对关系网络的维护和利用。关系网络的主体通常以家庭、亲戚、朋友为主，与这些关系的频繁、密切接触，能使大学生创业者更易获取资金、技术、人力等运营资源和有益的创业指导和建议。

不同的社会网络和网络地位，为人们之间的沟通与协作提供了不同的渠道。在社会网络中处于优势地位的创业者，有较好的关系网络，能有针对性地对不同对象传递商业创意的不同方面，能有目的地获取不同资源所有者的不同理解和信任，最终能成功地从不同网络成员那里获取所需的不同资源，从而为自己的创新创业提供基础。

（四）创业者的资源整合能力

资源整合能力是指创业者在创业过程中，以人为载体，在资源整合过程中表现出的对资源的识别、获取、配置和利用的能力。

创业资源在未整合之前大多是零散的、一般性的商业资源，要发挥其最大的效用，使其转化为竞争优势，为企业创造新的价值，就需要创业者运用科学的方法将不同来源、不同效用的资源进行优化配置，使有价值的资源充分整合，发挥“1+1>2”的放大效应。

二、创业者获取资源的具体途径

（一）通过市场途径获取创业资源

通过市场途径获取创业资源包括购买和联盟两种。

1. 购买

购买是指利用财务资源，通过市场购入的方式获取外部资源，主要包括购买厂房、设备等物质资源，购买专利和技术，聘请有经验的员工及通过外部融资获取资金等。需要注意的是，诸如知识，尤其是隐性知识等资源，虽然可能会附着在非知识资源之上，通过购买物质资源（如机器设备等）得到，但很难通过市场直接购买，因此，需要创业者通过非市场途径去开发或积累。

2. 联盟

联盟是指通过联合其他组织，对一些难以或无法自己开发的资源实行共同开发。但联盟的前提是双方的资源和能力互补且有共同的利益，而且能够对资源的价值及使用达成共识。

（二）通过非市场途径获取创业资源

通过非市场途径获取创业资源包括资源吸引和资源积累等。

1. 资源吸引

即发挥无形资源的杠杆作用，利用新创企业的商业计划和创业团队的声誉，通过对创业前景的描述来获得或吸引物质资源、技术资源、人力资源和资金等。

2. 资源积累

即利用现有资源，在企业内部通过培育形成所需的资源。主要包括自建企业的厂房、设备，在企业内部开发新技术，通过培训来增加员工的技能和知识，以及通过企业的自我积累获取资金等。

显然，创业者的自有资源往往是通过非市场途径获取的。由于起步阶段的创业者往往囊中羞涩，很难通过购买的方式获取创业所需的各种外部资源，因此非市场途径——通过社会关系，用最小的代价获取创业资源成为创业者的首选，甚至无偿获取创业资源也并非不可能。

拓展阅读

创业者的人脉的作用

创业者的人脉圈往往决定了其事业的高度。血缘、地缘、业缘、同乡、校友、同僚、战友等，都是形成人际交往圈的重要因素。在这些圈子里，校友圈又显得比较特别，如表 5–1 所示。有人说，世界上能够产生最好的朋友的地方就是学校和战场。

表 5–1　校友创业团队示例

公司名称	学校	校友创业者
腾讯	深圳大学	马化腾、张志东、陈一丹、许晨晔
新东方	北京大学	俞敏洪、徐小平、王强
携程	上海交通大学	季琦、沈南鹏、范敏
饿了么	上海交通大学	张旭豪、康嘉、汪渊
美团	清华大学	王兴、王慧文
途牛	东南大学	于敦德、严海锋

任务三　创业资源的获取技能

杰弗里·蒂蒙斯认为，成功的创业活动必须对机会、创业团队和资源进行最适当的匹配，并且还要随着事业的发展而不断进行动态平衡。创业过程由机会启动，在创业团队建立以后，创业者就应该设法获得创业所必需的资源，这样才能顺利实施创业计划。为了合理获取、利用资源，创业者往往需要制定设计精巧、用资谨慎的创业战略，而创业团队则是实现创业目标的关键组织要素，为此创业者或创业团队必须具有高超的领导力和沟通能力，能够适应市场环境的变化，而沟通能力是其中尤为重要的一种能力。

人际沟通能力是指通过情感、态度、思想、观点的交流，建立良好协作关系的能力。有效性和适当性是评价人际沟通能力的重要指标。有效性，即沟通行为有助于个人目标、关系目标实现的程度；适当性，即沟通行为与情境和关系保持一致的程度。

沟通技巧是指参与沟通的人具有接收和发送信息的能力，能通过书写、口头与肢体语言等媒介，有效与明确地向他人表达自己的想法、感受与态度，亦能较快并准确地解读他人的信息，从而了解他人的想法、感受与态度。沟通技巧涉及许多方面，如简化运用语言、积极倾听、重视反馈、控制情绪等。虽然拥有沟通技巧并不意味着一定会成功获取创业资源，但缺乏沟通技巧一定会使创业者遇到许多麻烦和障碍。

案例故事

有这样一个故事，某位老人有三个儿子，大儿子和二儿子在城市工作，小儿子和老人在农村相依为命。有一天，从城里来了一个人，找到老人，对老人说："我想把你的小儿子带到城市去，可以吗？"老人说："我就这么一个儿子在身边，为什么要把他带走呢？"这个人说："我给你这个儿子在城市找份工作，可以吗？"老人说："那也不可以。"这个人就说："我给你这个儿子在城市找一个对象，你看如何？"老人说："那也不行。"这个人又说："如果我给你儿子找的对象是洛克菲勒的女儿，你同意吗？"老人想了想，同意了。

过了两天，这个人又找到了洛克菲勒，对洛克菲勒说："洛克菲勒先生，我准备给您的女儿介绍一个对象。"洛克菲勒说："我还用你给我女儿介绍对象吗？"这个人说："如果我给您女儿介绍的对象是世界银行的副总裁，您同意吗?”洛克菲勒笑了笑，点头同意了。

又过了两天，这个人找到了世界银行的总裁，对他说：“总裁先生，您现在必须立刻任命一位副总裁。”总裁先生说：“我这么多的副总裁，为什么要听你的再任命一位呢？而且还要马上?”这个人说：“如果您任命的这位副总裁是洛克菲勒的女婿，您同意吗?”总裁先生立即同意了。

这个故事的真实性存疑，但它很好地说明了什么是资源整合：把一个农民的儿子既变成洛克菲勒的女婿，又变成世界银行的副总裁。

在获取资源的过程中，与各方沟通是必不可少的，因此创业者及其团队必须与各方建立顺畅的沟通机制，并派出有一定沟通能力的团队成员负责与各方沟通，这是成功获取创业资源的关键。有研究结论很直观地证明了沟通的重要性，即“两个 70%”，同样适用于创业者获取资源这一任务。

第一个“70%”是指企业的管理者实际上有 70% 的时间用在沟通上。开会、谈判、谈话、做报告是最常见的沟通形式，撰写报告实际上是一种书面沟通的方式，对外的各种拜访、约见也都是沟通的表现形式。

第二个“70%”是指企业中 70% 的问题是沟通障碍引起的。例如，企业常见的效率低下的问题，实际上往往是有了问题后大家没有沟通或不懂得沟通所引起的。另外，企业执行力差、领导力不高的问题，归根到底都与沟通能力欠缺有关。

无论是人与人之间，还是企业与企业之间，良好感情的建立都是双方持续不断地顺畅沟通的结果。创业者获取资源、整合资源的过程就是与新创企业内、外部资源供给者充分沟通的过程。在企业外部，创业者需要与投资者、银行、媒体、同行从业者、消费者、供应商等通过沟通建立联系，获得信任，消除利益分歧，争取对方的扶持与帮助，取得共赢的结果；在企业内部，创业者需要通过顺畅沟通，鼓舞士气，吸引人才，留住人才，进而提升企业运营绩效。

任务四　创业资源的开发与整合

资源是创业者创业过程中的关键要素，创业资源整合能力的强弱决定了创业的成败。资源整合能力是衡量创业者、企业家能力的主要指标之一，直接影响新创企业的发展壮大。并不是每个创业者都具备这种能力，也并非谁都能轻易学来，它需要创业者经过长时间的积累，而且与创业者的素质、管理能力和企业研发能力等密切相关。

一、不同创业资源开发与整合的具体方法

（一）人脉资源

人脉资源是创业过程中的第一资源，各种良好的、健康的人脉资源有助于创业者找到投资、技术、产品和渠道等。整合人脉资源是创业成功的基础条件之一。

开发与整合人脉资源要注意以下几个方面：

（1）长期投资性。创业者应当在平时就注重人脉资源的积累，不要在有需要时才开始建立人脉资源。人脉资源的形成需要很多的时间和精力，这也是一种投资。

（2）可维护性和可拓展性。人脉资源是可以通过亲情、友情、合作、交流等进行维护并加以巩固的，但需要经常进行维护，同时在维护中不断发展新的人脉关系。

（3）有限性和随机性。每个人一生中认识的人是有限的，而真正能够帮助自己的人更是有限。就这点而言，个人的发展受到人脉资源的限制。同时，创业者并不一定能从所认识的人中获得帮助，他可能不认识有能力的人，这在客观上要求创业者不断认识更多的人。

（4）辐射性。辐射性强调人脉资源的传递性，通过中间人能够调动更多的人脉资源。但要注意，在进行人脉资源的开发与整合时一定要整合健康的人脉资源，要以创业者自身的人格魅力来集聚。因此，创业者需要不断提升自身的人格、品质、素质等。

（二）人才资源

人才战略应当作为新创企业的重点战略，为此企业应当求才、爱才、育才、重才，用事业发展吸纳高科技人才，用高科技人才牵引高新技术产品开发，从而形成一支支撑企业发展的高素质优秀人才队伍。

开发与整合人才资源应注意以下几个方面：

（1）建立完善的激励机制，用奖惩制度去激发员工的潜能，让员工的潜能发挥到极致。

（2）建立培训机制，培养人才，让人才在企业中发挥最大潜能。

（3）善待员工，这是留住人才的唯一法宝，不仅给予人才精神上的满足，同时也要配以物质利益。

（4）要量才而用，尽量挖掘并发挥人才的长处，按照人才的才能和特长安排职务，尽量避开其短处，使人才有价值的被认可感。

（5）分工应该尽可能明确，职责划分清晰。

（6）通过外部力量，如培训班等，协助自己快速找到所需的人才。

（三）信息资源

当今社会，信息资源对很多创业者来说是成功的机遇。企业在做决策时，受到来自竞争对手、政府、行业、合作伙伴、客户等内外部环境的影响。对于创业者来说，只有充分了解和分析企业内外部环境，才能做到有的放矢，抓住成功的机遇。创业者既要开发与整合好外部资源，抓住好的机遇，又要开发与管理好内部信息资源，进行信息资源的规划，建立起高水平的企业信息网络。

（四）技术资源

创业初期，技术资源是最关键的资源，它是决定所需创业资本的多少、创业产品的市场竞争力和获利能力的根本因素。成功的企业，其产品必须做到专业化，而在同一领域内要实现产品的专业化，技术上一定要领先。

对于新创企业而言，在缺乏自身技术资源的情况下，应尽可能地与大中专院校及科研院所合作，实现技术成果的转化。另外，要明确开发与整合技术资源只是起点，其目的是不断进行技术创新，自主研发并拥有自主知识产权，保持技术领先，占领市场并壮大企业。

（五）资产资源

开发与整合资产资源，不仅仅是解决创业过程中“钱”的问题，更重要的是看投资者能为企业带来的其他资源，如政府背景、行业背景、市场影响力、行业支撑等。

在开发与整合外部资产资源时，首先，新创企业要对资产资源有整体性了解，对投资者的基本情况如资质情况、业绩情况、提供的增值服务情况等进行全面掌握，再根据企业的实际情况在众多的投资者中选择合适的对象。其次，在谈判的过程中，双方将围绕企业的发展前景、新项目的想象空间、经营计划和如何控制风险等重点问题进行协商。最后，在签订合同时，创业者和投资者需明确两个问题：双方的出资额与股份分配，其中包括对新创企业的技术开发设想和最初研究成果的股份评定；新创企业的人员构成和双方各自担任的职务。

（六）行业资源

新创企业应对某个行业有充分的了解，同时掌握这个行业的各种网络关系，如业内竞争对手、供应商、经销商、客户、行业管理部门以及科研机构、行业协会、行业杂志、行业展会等，这些对于创业的成功很重要。

另外，同行之间或者产业上下游之间的新创企业应通过策略联盟或股权置换等方式整合资源，使人力资源、研发能力、市场渠道、客户资源等实现优势互补，对内相互支持，对外协同竞争。这种方式往往是以几家新创企业为核心，同时带动一批新创企业，形成利益共同体。

（七）政府资源

充分开发与整合创业的政府资源，享受政府扶持政策，对于新创企业来说可以达到事半功倍的效果。开发与整合政府资源时，需要及时关注并利用政府的各项优惠政策，包括财政扶持政策、融资政策、税收政策、科技政策、产业政策、中介服务政策、产业扶持政策、对外经济技术合作与交流政策、政府采购政策等。

二、创业资源的整合过程

创业资源的整合是一个复杂的动态过程，是指新创企业对不同来源、不同层次、不同结构、不同内容的资源进行选择、汲取、配置、激活和有机融合，使之更具灵活性、条理性、系统性和价值性，并对原有的资源体系进行重构，摒弃无价值的资源，形成新的核心资源体系。

资源的整合过程可以分为四个阶段，即资源扫描、资源控制、资源利用和资源拓展。这四个阶段在时间上并不是完全分离的，而是相互影响、相互衔接的。

（一）资源扫描

创业者要知道自己的资源以及企业拥有的最初资源，将已有的资源辨别出来，包括有形资源和无形资源，如人才、技术、设备、品牌等，找到自己的资源优势和劣势，同时认清哪些属于战略性资源，哪些属于一般性资源，还要确定资源的数量、质量、使用时间以及使用顺序。

在扫描自身已有资源的同时，还要对外部环境进行扫描，及时发现新创企业所需的资源，确定自己所缺的创业资源可以从哪些渠道获得，谁拥有这些重要资源，对各种资源获得的难易程度进行排序，进而寻找利益交集，对资源拥有者的利益需求进行深度分析，并与自己所拥有的资源进行比较，找到利益契合点。这通常需要创业者具有行业知识和一定的社会关系。创业者在创业初始阶段会利用与自己关系近的资源网络，随着业务的发展会逐步扩充资源网络。

（二）资源控制

通过资源扫描通常会发现，在创业初始阶段，创业者的个人资源是创业的基础。资源控制的范围包括创业者自身拥有的资源、通过交易等形式可获得的资源以及通过社会网络等形式可以控制的资源。

创业者自身拥有的资源在很多情况下存在于创业团队中。在一些行业，创业团队中成员的社会网络资源和技术对于企业的成功至关重要。在获取资源的过程中，创业者要辨别这种资源对实现企业目标是否关键，并且设计出双赢的合作方案，形成长期的互利关系。

创业者通过购买或并购获取外部资源。资源购买主要是通过市场购入所需的资源；资源并购是通过股权收购或资产收购，将企业外部资源内部化的一种交易方式。创业者要尽可能通过联盟或加盟的方式，利用已有资源和能力去控制那些尚无法得到的资源。

对于多数新创企业来说，初始资源是不完整的，创业者需要取得资源供应商的信任以获取所需的资源。创业者可以通过一定的手段来展示企业成功的形象，并借此鼓励供应商对企业进行资源投资。创业者的声誉、能力、行为等是吸引潜在合作者的决定性因素。

（三）资源利用

在获取和控制大量资源的基础上，新创企业开始运用科学方法对各种类型的资源进行配置，将有价值的资源有机地融合起来，让它们相互匹配、互为补充，充分发挥这些资源的价值。在配置资源之后，企业新的资源或者说竞争优势就会形成。

（四）资源拓展

对资源的拓展创造是指将以前没有建立起联系的资源建立联系，将新获取的资源和已有的资源进行连接融合，进一步开发潜在的资源为企业所用，又称为再开发，即开拓资源的范围和功能，为下一步的识别、获取、配置和利用资源奠定坚实的基础，这也是企业持续竞争优势的根本来源。

课堂活动

你在创业资源获取方面有哪些建议？你平时用哪种方式来获取某种资源？尝试想出更多方式。

项目二　创业融资

任务一　创业融资的内涵

一、创业融资的概念

广义的融资是指资本在持有人之间流动，以余补缺的一种经济行为；狭义的融资主要是指资本的融入，具体是指通过一定的渠道，采用一定的方法，以一定的经济利益付出为代价，从资金持有者手中筹集资金，满足资金使用者在经济活动中对资金需要的一种经济行为。

创业融资是指创业者为了将创意转化为现实，通过不同的渠道，采用不同的方式筹集资金以建立企业的过程。

二、创业融资的作用

任何企业的生产经营都需要资金的支撑，对于新创企业来说，无论是进行产品研发还是产品的生产和销售，都需要投入大量的资金，如何有效融集资金是创业者极为关注的问题。创业者通过合理选择融资渠道和融资方式，可降低资金成本，将新创企业的财务风险控制在一定范围之内。通过对企业不同发展阶段融资需求特点的分析，创业者可做出科学的融资决策，使新创企业实现可持续发展。

拓展阅读

大学生创业者融资难的原因

1. 个人信誉较弱，难以获得资金帮助。
2. 经营企业的思维意识较差，失败风险大。
3. 创业者普遍缺少抵押财产，难以获得银行贷款。
4. 新企业没有经营记录，难以评定信誉等级。
5. 项目处于验证期，风险类投资介入缓慢。
6. 创业者融资信息来源不足，不了解社会各类扶持资金的情况。

任务二　创业所需资金的测算

一、投资资金预测

创办企业离不开必要的投资，投资资金一般可分为长期资产投资和开办费投资两类。

（一）长期资产投资

长期资产投资是企业为了销售而专供企业经营活动中使用，且经济寿命较长的资产项目投资。一般包括固定资产投资、无形资产投资、长期待摊费用投资。

1. 固定资产投资

固定资产投资是企业购置价值较高、使用寿命较长的资产所投入的资金，如厂房、办公场所、办公家具、机器设备等。固定资产投资额的预测取决于固定资产的取得方式，主要有两种：一是外购；二是自建。如果企业对固定资产有特殊要求，最好采用自建的方式，如根据生产的特殊性自建厂房。自建固定资产的好处是能够更好地满足企业生产经营的需要，但是也有不足，就是会占用大量的资金、时间。如果企业可以直接外购固定资产，如购买合适的商铺或者购买可以直接用来开工生产的设备，则创办企业的效率会更高，相对会比较简单、快捷。如果可以在家创业或利用已有房产、设备等资源创业，就可以减少固定资产投资，降低创业成本，创业会更容易。如果创业资金不是很充足，很难购建固定资产，也可以采用租赁的方式。租房比建房、买房所需的资金要少，也更容易改变经营地点。设备价值比较高的情况下也可以考虑租赁以减少投资，降低公司风险。

2. 无形资产投资

无形资产投资是指企业为取得长期使用的，不具有实际形态，能形成经济收益的资产所付出的资金，如特许经营权、商标权、专利权、土地使用权、大型软件等。无形资产有一定的特殊性，因此在预测无形资产投资时，首先，要保证所购无形资产的合法性；其次，要确认所购无形资产的法定有效期；最后，要找准评估和计价的法律依据。在创业过程中，如果需要购买特许经营权等无形资产，可以向特许经营权等无形资产的拥有者咨询所需费用，也可以向经营管理同类业务的企业家或创业者寻求帮助来预测无形资产投资。在进行无形资产投资时还要注意，不同的创业地点费用可能会有不同，因此，还需要向无形资产的出让者进一步验证预测的投资额。

3. 长期待摊费用投资

长期待摊费用投资是企业已经支出，但摊销期限在 1 年以上（不含 1 年）的各项费用，比较常见的有办公用房装修费支出。

（二）开办费投资

开办费是企业在筹建期间发生的各项费用，包括培训费、差旅费、印刷费、注册登记费，以及不计入固定资产和无形资产价值的借款费用等。

二、流动资金预测

一般情况下，企业在初创期以资金投入为主，现金流为负，只有到了经营期才能有销售收入，才开始盈利。企业在获得收益之前，先要有维持生产经营的流动资金投入。结合新创企业生产经营实际进行分析，流动资金主要包括购买并储存原材料及商品的费用、人工费、日常工作支出、广告宣传费、租赁费、保险费及其他费用。企业创办初期所需投入的流动资金数额取决于企业获得销售收入之前所需要的时间。有的企业需要足够的流动资金来支付 6 个月的经营费用，有的企业需要足够的流动资金来支付 4 个月的经营费用，获得收入前需要的时间越长，所需投入的流动资金就越多。因此，在进行流动资金估算时，要本着“以销定产”的思想，根据销售数量或提供服务的数量估计可能发生的材料以及商品购买费用。由于企业在初创期没有形成稳定的市场份额，销售并不乐观，因此，预测流动资金时要计划得更宽裕一些。

（一）购买并储存原材料及商品的费用

制造商生产产品需要预测原材料的需用量，服务企业提供服务需要预测顾客付款前原材料的用量，商贸企业进行销售需要预测营业前的商品采购量。企业预计的存货越多，采购需要的流动资金越多，资金投入越多，因此，保持合理的存货量以降低资金成本，从而降低企业经营风险尤为重要。

（二）人工费

企业的生产经营离不开人的劳动。人工费就是用人单位依据国家有关规定或劳动关系双方的约定，以货币形式支付给员工的劳动报酬，如员工的工资、为员工缴纳的社会保险等费用。社会保险包括基本养老保险、基本医疗保险、失业保险、工伤保险、生育保险，其中前三项保险为企业与职工共同缴纳，后两项保险则只有企业为员工缴纳。在预测人工费时，通常用每月支付的工资总额和社会保险的金额乘以还没到达收支平衡的月数加以计算。

（三）日常工作支出

日常工作支出是指企业为了维持正常的运营，除了场地费、原材料和库存商品费用及人工费以外发生的各项办公支出，主要包括电话费、网络费、水电费、招待费等。这部分支出可以根据实际情况预测。

（四）广告宣传费

企业在初创阶段为了让外界了解企业及产品，往往需要扩大宣传，树立企业形象，促销产品，因此，要测算出企业的广告宣传费。广告宣传费可以根据广告项目和当地实际收费标准预测。

（五）租赁费

企业的经营场所和设备可以是购买的，也可以是租赁的。如果是购买取得的则不存在租赁费，如果是租赁的则需要测算租赁费。租赁费可以按月、按季或按年支付，测算时可以用月租金乘以还没到达收支平衡的月数。如果租金是按季度支付或者半年一付、一年一付，就直接按季、按半年或按年测算。这样新创企业的流动资金投入会更大一些，企业的资金压力也会更大。

（六）保险费

企业从创立开始就必须支付必要的保险费，主要是以商业保险的形式，包括：财产保险，如机动车保险、企业财产保险、货物运输保险等；人寿险和健康险，如疾病保险、医疗保险等。保险费用可以根据投保的项目及投保的标准测算。这也是流动资金投资的一部分。

（七）其他费用

企业的日常经营除了上述列举的主要支出外，还可能发生许多其他支出，如设备维护费、车辆使用费等，因此要求在资金预测时列出详细的费用项目。在预测投资资金时我们可以借助投资资金预测表，在预测流动资金时我们可以编制流动资金预测表。在编制流动资金预测表时，我们需要详细列出流动资金的项目及未来 3～6 个月的预计流动资金金额。

三、销售收入预测

企业的经营目标是生存、发展、盈利。在广泛的市场调查和分析的基础上，新创企业接下来要更好地运用启动资金实现盈利。这就要求企业做到心中有数，做好销售收入预测。销售收入是销售量与销售单价的乘积。企业已经根据市场分析以及行业饱和度等信息预测出销售量，因此，销售收入预测的核心是合理、准确预测销售价格。企业产品或服务的定价离不开成本，只有定价高于成本，企业才有利润，所以销售收入的预测可以分为三个步骤：首先，预测企业产品或服务成本；其次，测算并制定销售价格；最后，预测销售收入。

（一）预测企业产品或服务成本

企业间的竞争很大程度上是成本的竞争，同样的产品与服务，同样的质量与价格，哪个企业的成本更低，哪个企业就具有竞争优势。企业成本一般包括变动成本和固定成本两部分。变动成本是指在一定范围内，成本总额随着业务量的变化而变化的成本费用，如材料费用。固定成本是指在一定的业务量范围内，成本总额固定不变的成本费用，如固定资产的折旧费。对于制造企业或服务企业，与生产产品或提供服务有直接关系的成本就属于变动成本，如生产产品的材料费用、零售商的进货成本等。

（二）测算并制定销售价格

新创企业产品或服务的定价方法可以分为两大类：一类是以成本为基础的定价方法；另一类是以市场需求为基础的定价方法。由于以成本为基础的定价方法可以选择的成本包括变动成本、制造成本、完全成本，因此以成本为基础的定价方法又细分为完全成本加成定价法、保本点定价法、目标利润定价法和变动成本定价法。

1. 完全成本加成定价法

完全成本加成定价法是在完全成本的基础上，加上合理的利润来定价。合理利润的确定，在工业企业一般根据成本利润率确定，在商业企业一般根据销售利润率确定。在考虑税金的情况下，定价公式为：

产品或服务的单位价格＝单位成本＋单位税金＋单位利润
＝单位成本 ×（1＋成本利润率）/（1－适用税率）
＝单位成本 /（1－销售利润率－适用税率）

以某教育培训公司为例，假设某项培训业务的完全成本是 800 元，企业要求的成本利润率为 10%，且无相关税金，则培训业务的定价可以确定为：

培训业务的定价＝ 800＋800×10%＝880（元）

需要说明的是，产品或服务的定价可以在完全成本加成定价法确定的基础上，结合企业定价目标、定价策略及竞争对手的价格策略进行相应调整。

2. 保本点定价法

保本点定价法是按照刚好能达到盈亏平衡的价格来确定产品的销售价格。这种方法确定的销售价格是新创企业可以接受的最低价格。定价公式为：

单位价格＝单位完全成本＋单位税金
＝单位完全成本 /（1－适用税率）

采用保本点定价法，上述教育培训公司培训业务的定价应该确定为 800 元，这也是公司可以接受的最低价格。

3. 目标利润定价法

目标利润定价法是根据目标利润、产品销售量、产品成本、适用税率等因素来确定销售价格的方法。定价公式为：

单位价格＝单位成本＋单位税金＋单位目标利润
＝（单位目标利润＋单位完全成本）/（1－适用税率）

假设上述教育培训公司的单位目标利润为 100 元，则培训业务的定价为：

培训业务的定价 = 800 + 100 = 900（元）

4. 变动成本定价法

变动成本定价法是在企业有剩余生产能力的情况下增加生产一定数量的产品，增加的这部分产品不负担固定成本，只负担变动成本时，以变动成本为基础确定销售价格。此处的变动成本既包括变动制造成本，又包括变动期间费用。定价公式为：

单位价格 = 单位变动成本 ×（1 + 成本利润率）/（1 – 适用税率）

这种方法主要在企业有追加订单的情况下采用。

以成本为基础的定价方法主要关注企业成本情况而不考虑市场需求，因此还可以采用以市场需求为基础的定价方法，该方法又可以分为需求价格弹性系数定价法和边际分析定价法。鉴于这两种方法专业性比较强，使用起来比较复杂，这里不再详细介绍。

新创企业在制定价格时，是很难预测竞争对手的反应的。如果在进入市场初期，竞争对手的反应比较激烈，新创企业也许会采用低价格策略，这样就会使新创企业难以立足从而面临经营风险。因此，销售价格的制定除了采用上述专业定价方法测算以外，还要考虑市场的反应、竞争对手的策略及其他外部因素对价格的影响，在价格测算的基础上根据定价策略进行相应调整以最终确定销售价格。

（三）预测销售收入

新创企业首先根据市场调查与分析，采用专门的方法预测了销售量，然后制定了销售价格，销售量乘以销售价格即为销售收入。但是企业生产的产品或提供的服务往往不止一种，这就需要先区分产品与服务项目，然后再测算销售收入。因此，销售收入的预测可以分为以下 4 个步骤：

第一步，列出企业推出的所有产品或服务项目。

第二步，通过市场调查与市场分析，预测每个月每种产品或服务的期望销售量，至少完成 6 个月的预测。

第三步，为企业生产销售的每种产品或提供的每项服务制定销售价格。

第四步，用销售价格乘以月销售量来预测每种产品或服务的月销售收入。

需要注意的是，在企业的初创期或市场环境变化较大的时期，经营的不确定性较大，因此在销售数量和销售收入的预测上不要过于乐观，要切合实际。

案例故事

张佳明大学毕业后准备开办一家小型书店，在经过考察以后，他决定租用一间 60 平方米的门面房，下面是他开办书店进行的资金预算（不同城市及地段各项费用有所差别，仅供参考）。

1. 店铺装修：普通的小型书店，装修费用为每平方米 300 元。60 平方米的书店需投入装修费 18 000 元。

2. 书架：中档的报价是每个 300 元。60 平方米的书店放 30 个书架，共计 9 000 元。

3. 营业设备：电脑、扫描仪、打印机、电话、传真等，费用大约为 10 000 元。

4. 首期备货的采购资金：参考其他书店情况，初步确定为 50 000 元。

5. 房租：每月租金 5 000 元，需预备 3 个月的，共计 15 000 元。

6. 人员工资：60 平方米的书店需要 2 个店员，每人每月工资平均为 3 000 元，预备 3 个月，共计 18 000 元。

7. 其他费用预留：水电、通信、公关、物流等费用，每月预算 2 000 元，预备 3 个月，共计 6 000 元。

以上各项费用合计 126 000 元。

结论：开办这样一家 60 平方米的小型书店至少需要启动资金 126 000 元。

任务三　创业融资渠道

如果你想组建一个创业团队，想注册一家公司，那就要考虑一个至关重要的问题——你创业的第一桶金从哪里来？长期以来，这个问题困扰着无数的创业者。或许对于部分起点高的人而言，他们能够通过各种渠道迅速找到创业的突破口，挣得第一桶金，但对于仅凭满腔热血创业的普通创业者来说，赚取第一桶金几乎难如登天。正如古戏所唱：“一文钱买鸡蛋，蛋变鸡、鸡变蛋，能变个没完”，而大多数人就差买蛋的那一文钱。然而，钱是有的，关键是到哪里去找。

很多创业故事已经告诉我们，充足的启动资金绝对会帮助我们在创业路上少走一些弯路。这里总结了 10 种获取启动资金的渠道。

一、自我筹资

总的来说，成功的企业家的创业资金有 30% 来自自己的积蓄。创业初期，团队成员依靠自身的筹资，往往具备了初期项目启动的能力。同时，自筹资金也是一种自我承诺，极大地坚定与鼓舞了团队士气。

一般来说，大学生创业初期所选择的项目其投入都不会太大，所以创业的第一桶金基本上是自筹的。从萌生创业想法到最终付诸实践，其间总会有机会让你攒下积蓄。“先打工赚钱，再出来创业”也成了许多创业者规划的路径。

案例故事

彭某是江苏某职业学校安防技术专业的学生。上学期间，他利用周末和节假日到上海市徐汇区的“百脑汇”打工，为客户组装电脑。在装机过程中，他了解了组装电脑的流程并找到了销售电脑的渠道，同时也掌握了一些营销技巧。他率先在电脑城里打出了“整体装机只挣 100 元”“元器件价格全透明”的广告，消费者看到后纷纷去他所在的店铺装机。

彭某不甘心一直给别人打工，想开创自己的事业。于是，他用打工积累的钱租了一个摊位，请了几位工人，开启了自己的电脑维修、装机服务。到毕业那年，他的资产已经超过 20 万元。他把这些资金作为启动资金，利用自己在学校所学的安防技术专业知识，注册了上海 ×× 安防技术服务有限公司。截至 2019 年，彭某的企业的注册资本增资到 1 000 万元。

积累个人的创业资金对于创办企业尤为重要。彭某通过努力工作，有了一些积蓄，并将其作为启动资金，创办了自己的公司，取得了创业成功。

二、向父母、亲朋好友融资

向父母、亲朋好友借钱，应该是很多创业者采取的方法。这种方法有优势也有劣势。优势是成功概率高，投资和利息条件更优惠，而且能够更快地拿到钱。劣势是容易出现纠纷，父母、亲朋好友可能会插手公司事务；如果创业失败，你可能一辈子会对他们有负罪感。向父母、亲朋好友借钱时不要超出他们的损失承受能力。你当然希望可以借到足够多的启动资金，但要考虑到如果你创业失败，可能会给他们带来很大的麻烦。

三、股东融资

即共同参与的所有股东，合伙筹集启动资金。不少人选择合伙创业的方式来减轻创业初期的资金压力，人多力量大，一个人出几万元，启动资金很快就能凑齐。这种方法有优势也有劣势。优势是容易共同前进，达成统一利益共识；劣势是当出现亏损时股东承受不住压力而撤资，会影响士气。

四、创业贷款申请

即根据每年创业扶持政策申请创业贷款，以获得当地政策与资金的扶持。这种方法有优势也有劣势。优势是创业贷款资金使用压力较小，有贴息、免息等政策；劣势是获得扶持的难度较大，申请人较多。

大学生申请创业贷款要求如下：

（1）大学生创业贷款申请者年满十八周岁，具有合法有效身份证明和贷款行所在地合法居住证明，有固定的住所或营业场所。

（2）大学生创业贷款申请者持有工商行政管理机关核发的营业执照及相关行业的经营许可证，从事正当的生产经营活动，有稳定的收入和还本付息的能力。

（3）大学生创业贷款申请者投资项目已有一定的自有资金。

（4）大学生创业贷款用途符合国家有关法律和银行信贷政策规定，不允许用于股本权益性投资。

（5）在银行开立结算账户，营业收入经过银行结算。

五、加入孵化计划/赢取创业基金

每年有大量的社会公益机构，针对创业者开展大赛、论坛，经过评委评定，发放部分资金帮助创业者。这种方法有优势也有劣势。优势是获得的扶持资金可享有免偿或免息政策；劣势是公益机构创业扶持评审周期长。

很多城市的创业园区、政府机构有为创业者提供创业基金的政策和孵化器，以及办公场所和初始基金；一些知名创业扶植服务机构、基金也会定期举办创业大赛等。用赢取创业基金的方式筹集创业的“第一桶金”，不失为一个高效、可行的办法。这要求创业者具备足够的实力，能从众多申请者中脱颖而出。

如创业邦推出的“创新中国孵化计划”，由创业邦天使基金会为每家入孵企业提供50万～200万元的启动资金，帮助新创企业度过早期最艰难的时刻。

六、天使投资

天使投资是自由投资者或非正式风险投资机构对处于构思状态的原创项目或小型新创企业进行的一次性的前期投资。天使投资虽是风险投资的一种，但两者有着较大差别：天使投资是一种非组织化的创业投资形式，其资金来源大多是民间资本，而非专业的风险投资商；天使投资的门槛较低，有时即便是一个创业构思，只要有发展潜力，就能获得资金，而风险投资一般对这些尚未诞生或嗷嗷待哺的“婴儿”兴趣不大。在风险投资领域，“天使”这个词指的是企业的第一批投资人，这些投资人在公司产品和业务成型之前就把资金投入进来。天使投资人通常是创业者的朋友、亲戚或商业伙伴，由于他们对该创业者的能力和创意深信不疑，因此愿意在业务远未开展之前就投入大笔资金。

天使投资具有以下特征：

（1）天使投资的金额一般较小，而且是一次性投入，它对风险企业的审查也并不严格，更多是基于投资人的主观判断或者是由个人的好恶所决定的。天使投资通常是由一个人投资，并且是见好就收，是个体或者小型的商业行为。

（2）很多天使投资人本身就是企业家，了解创业者面对的难处，他们是起步公司的最佳融资对象。例如在硅谷，相当多的天使投资人是那些成功创业的企业家、创业投资家或者大公司的高层管理者，他们不仅拥有一定的财富，而且还有经营理财或者技术方面的特长，对市场、技术有敏锐的洞察力。

（3）天使投资人不但可以带来资金，而且能带来关系网络。如果他们是知名人士，还能提高公司的信誉。天使投资往往是一种参与性投资，也称为增值型投资。

一般而论，一个公司从初创期到稳定成长期，至少需要三轮投资。第一轮投资大多来自个人的天使投资，作为公司的启动资金；第二轮投资往往会有风险投资机构进入，为产品的市场化注入资金；第三轮投资则基本是上市前的融资，来自大型风险投资机构或私募基金。

七、商业银行贷款

商业银行贷款有个人生产经营贷款、个人创业贷款、个人助业贷款、个人小型设备贷款、个人周转性流动资金贷款、下岗失业人员小额担保贷款和个人临时贷款等类型。

目前各类银行都有针对中小企业的贷款政策，可供新创企业短期借贷使用。很多人认为找银行，金额大了批不下来，再加上对政策、手续不熟悉，觉得审查会很麻烦，投入的时间和精力成本有些不划算。但实际上，很多银行都设有小额担保贷款，在必要时可用于满足企业日常生产经营的资金周转，帮助创业公司突破瓶颈。

拓展阅读

银行小额贷款产品

1. 中国工商银行：个人信用消费贷款产品

中国工商银行为特定条件借款人发放的，用于消费的，无担保、无抵押的信用贷款。贷款额度600元至80万元不等，贷款期限最长为5年，有4种还款方式，可自由选择，提前还款不收取任何费用。

2. 中国农业银行：网捷贷

中国农业银行针对个人客户推出的自助申请、自动审批的小额信用贷款。贷款额度最高为30万元，贷款期限为1年，还款方式是贷款到期一次性还款。

3. 中国建设银行：快贷

中国建设银行推出的线上全流程自助贷款，分为快e贷、融e贷、质押贷、车e贷、沃e贷5种，其中快e贷门槛最低。快e贷贷款金额为1 000元至30万元不等，贷款期限最长为1年，可循环使用。

4. 中国招商银行：闪电贷

中国招商银行推出的一款全线上自助信用贷款。贷款额度为1 000元至30万元不等，贷款期限分24期、60期、240期，用户可按利率计息，提前还款无额外费用。

5. 浦发银行：微小宝

浦发银行针对授信金额在500万元以下的小微企业融资需求创新推出的专属服务模式，包含四个子产品：网络循环贷、积分贷、组合贷和小额信用贷。

八、众筹募资

众筹，顾名思义，就是利用众人的力量，集中大家的资金、能力和渠道，为小微企业、艺术家或个人进行某项活动等提供必要的资金援助。创业者可以把自己的产品原型或创意提交到众筹平台上，发起募集资金，由感兴趣的人捐助指定数目的资金（捐助者可以在项目完成后得到一定的回馈，如这个项目制造出来的产品）。众筹最初是艰难奋斗的艺术家为创作筹措资金的一个手段，现已演变成新创企业和个人为自己的项目争取资金的一个渠道。众筹平台使任何有创意的人都能够向几乎完全陌生的人筹集资金，消除了从传统投资者和机构融资的许多障碍。互联网金融的兴起让许多人们曾经以为不可能的事情成为可能，现在，有越来越多的国外创业者开始在 Kickstarter、Indiegogo 等众筹平台募集资金，国内也出现了很多出色的众筹平台，如天使汇、大家投、点名时间、追梦网等。这些众筹分属于股权式众筹、奖励型众筹、捐赠型众筹等不同形式。

九、担保机构融资（信用担保）

信用担保融资主要由第三方融资机构提供，是一种民间有息贷款，也是解决中小企业资金问题的主要途径。从 20 世纪 20 年代起，许多国家为了支持本国中小企业的发展，先后成立了为中小企业提供融资担保的信用机构。目前，我国国内中小企业信用担保融资机构也有很多。

十、其他融资方式

其他融资方式包括典当贷款、设备融资租赁、孵化器融资、集群融资、供应链融资等。以下简要介绍典当贷款。

典当贷款，典当期限短则 5 天，长则半年，到期还可以延期；典当金额少则几百元，多则上千万元，这些双方都可以协商约定。小企业的扩张发展选择典当贷款，不失为一种有效的融资方式。

任务四　创业融资方式及经验

一、创业融资方式

筹资渠道解决的是资金来源问题，筹资方式则解决通过何种方式取得资金的问题，它们之间存在一定的对应关系。一定的筹资方式可能只适用于某一特定的筹资渠道，但是，同一渠道的资金往往可采用不同的方式取得，同一筹资方式又往往适用于不同的筹资渠道。因此，企业在筹资时，应实现两者的合理配合。新创企业一般会经历种子期、创业期、成长期和成熟期 4 个阶段。不同的阶段，融资需求、融资渠道以及融资方式有着不同的特点，创业者要做到融资方式选择与融资阶段、融资需求及融资渠道相匹配。

（一）种子期

在种子期，创业者往往刚萌生创业的想法，可能只是有了一个创意或者有了一个正在研究的科研项目。在这个阶段，创业者可能还没有注册企业或者刚完成注册，也可能正在进行市场调研，也许还未制订商业计划，还未形成创业团队，还没有自己的产品或服务，还没有实现销售和利润。这个阶段大概要持续 3 个月到 1 年。在种子期，创业者的主要任务就是将创业理想变为创业现实，所需资金主要用于新技术、新产品的研发或市场调研，资金需求量不是很大，资金主要来源于创业者自己和家人的积蓄，融资方式主要是自我融资、亲情融资或众筹融资。

（二）创业期

创业期是创业者创办企业并让企业活下来的阶段。在这个阶段，创业者完成了公司注册，制订了商业计划，组建了创业的核心团队，已经完成产品的研发和市场调研，有了较少的销售或者有了较少的利润；企业如果要存活下来就需要大力地开拓市场，加大产品宣传，有足够的资金保证生产。这个阶段大概需要 1 ~ 2 年的时间。在创业期，创业者需要大量的资金保证企业的建立、生产经营的顺利进行及市场开拓。由于这时企业的生产规模较小，市场占有率不高，管理制度还不够健全，经营风险还较大，机构投资者和金融机构出于稳健经营的考虑往往不会提供大量的资金支持给企业，因此，此阶段创业者的资金主要来源于个人资产、私人借贷、合伙人或天使投资和风险投资。这时的融资方式可以少量选择金融机构借款，多选择自我融资、亲情融资、合伙融资、商业信用、典当等。如果创业者可以争取到天使投资的青睐也可以选择天使投资，如果新创企业是高科技企业也可以选择风险投资。

（三）成长期

在成长期，企业的生存问题已经基本解决，企业开始实现盈利，销售进一步扩大，企业生产经营面临的主要问题就是进一步占有市场，不断扩大生产经营规模。这就要求创业者有更多的资金投入，这个过程通常要持续 2 ~ 3 年。在这个阶段，企业已经步入正轨，资金需求主要是满足企业发展和扩张的需要，资金需求量较大。因为此时企业的经营风险降低，因此可以增加债务资金投入，发挥财务杠杆作用，提高企业资金的盈利能力。在融资方式的选择上，可以选择金融机构借款、融资租赁、风险投资、商业信用、票据融资等。

（四）成熟期

新创企业在成熟期需要确定未来的发展方向，如上市、被并购或独立发展。发展方向不同，融资的渠道与方式就会不同。如果新创企业选择上市，那么可以采用发行股票的方式或者吸收直接投资的方式融资。如果新创企业选择被并购，则收购方可能采用杠杆收购的形式。收购方可以以目标企业的资产或未来的现金做抵押向银行以优先债形式获得 60% 左右的收购所需资金，从风险投资公司以可转化债券和优先股形式获得 30% 左右的夹层资金，以及自己投入 10% 左右的资金来完成杠杆收购。上市和被并购都会涉及夹层资金，因此，成熟期的融资主要是夹层融资。如果企业选择独立发展，则可以选择银行借款、发行债券等方式融资。

二、创业融资经验

（一）争取主动

新创企业筹集风险资金的过程的确很艰难。一般来说，风险投资公司一年要听数百位创业者阐述他们的创业计划，可最后投资的企业少之又少。因此，做好准备，把握机会，主动争取创业资金，对融资相当重要。对创业者来说，融资过程也是推销其公司、产品和梦想的过程。成功的企业家之所以会成功，一个重要的原因就是他懂得怎样向经验最丰富的投资人推销他的第一个商品——初创的企业，从而获得资金的支持。

（二）不要急于求成，廉价出售你的技术或创意

许多创业者急于得到启动或周转资金，往往在融资时急于求成，给小钱让大股份，轻易地贱卖技术或创意。因急于求成，不少核心技术的拥有者以低廉的价格出售了自己的技术或创意。在公司运营一段时间后，他们才感觉到当初的技术卖得便宜了，开始对当初的投资协议不满，造成合作不愉快，甚至有的还会轻率地提出毁约。因此，不急于求成，与多个合作者谈判，是非常必要的。

（三）不要对投资者不负责任

创业不仅是创业者实现理想的过程，更是使投资者的投资保值增值的过程。创业者和投资者是一个事物的两个方面，只有通过企业这个载体发展的过程，才能达到双赢的目标。对投资者负责，也是对自己负责，其道理是只有投资者有钱可赚，他们才会信任你，并且会帮助你做大，你才可能成就事业。

（四）对多种融资方案进行比较

新创企业的融资渠道主要有银行及金融机构贷款、政府贷款、风险投资、发行债券、发行股票、转让部分经营权以及 BOT 融资、民间融资、利用商业信誉融资。对以上企业融资渠道进行比较与选择，可以有效降低融资成本，提高融资成功率。一方面，创业融资不能为了获得资金而不择手段，不做比较选择就进行融资；另一方面，做好融资组合，将资本金和债务资金做比较合理的安排，其中的债务资金以不给企业带来风险为前提，股权稀释以不至于失去对新创企业的控制能力为底线。

（五）准备好项目和资金规划

有些创业者以为获得了资金，创业一定会成功，其实不然。当资金进入企业时，如果不能得到很好的使用，企业也会失去发展的动力。缺乏融资准备最典型的表现是多数创业者对资本的本性缺乏深刻的研究和理解，盲目进行融资。资本的本性是逐利，不能让其闲置，这就需要企业准备好项目，然后融资。如果没有项目的支持，要想找到资金支持是很困难的；如果没有资金使用规划，支持者也会因为企业失败而导致损失。融资前，应该先将企业梳理一遍，做好相应的准备。融资时，应把企业及其业务清晰地展示在投资者面前，让投资者看到投资后逐利的可能性和现实性。

（六）建立广泛的金融联系

新创企业要居安思危，在正常经营时就应该考虑融资需要，与资金提供方建立广泛联系，向其介绍企业发展，与其进行资金融通，形成你中有我、我中有你的资金融通格局。这种广泛的联系使企业在成长期更容易获得超过基本融资能力的多方资金联合支持。

（七）准备必要的融资知识

很多创业者有很强的融资意愿，但缺少相应的融资知识。真正理解融资的人很少，很多融资者总希望托人打个电话、找个熟人、写份创业计划书，就能把钱贷到手，而不用心去研究融资知识。他们往往把融资简单化、随意化。由于缺乏必要的融资知识，他们融资视野狭窄，只看到银行贷款或股权融资，不懂得或不知道租赁、担保、合作、购并及无形资产输出和转让等方式都可以达到融资目的。其实，融资的相关知识是非常专业的，需要有丰富的融资经验和广泛的融资渠道，对资本市场和投资人要有充分的认识和了解，还要有很强的专业策划能力及解决融资过程中遇到的各种现实问题的运作能力。因此，创业者必须加强融资知识的学习和理解。还可以聘请融资顾问，从培育和铸造企业资金链的高度，帮助企业打造发展的资金支撑。

（八）适度包装

有些新创企业为了融资不惜粉饰财务报表，甚至造假进行“包装”，这种情况很容易被专业人员看破，一旦被看破，企业就会失去融资机会。另一种情况是，有些新创企业认为自己经营效益好，应该很容易取得融资，不愿意花时间及精力去“包装”企业。资金方不仅看企业短期的利润，更看企业的发展前景、企业可能面临的风险及创业团队带领员工战胜风险的能力，所以创业者应对企业进行适度“包装”。

（九）建立合理的企业治理结构

企业的规范化管理是企业自身融资能力的体现。很多民营企业虽然在不断扩张、发展，但企业管理却越来越粗放、松散。其忽略了在企业发展过程中应不断完善企业治理结构，增强自身融资能力和规避企业扩张过程中经营风险的能力。企业内部或各部门之间缺乏共同的价值观，没有协调能力，不具备银行评估的基本贷款条件和融资的条件，这也是造成贷款难、融资难的一个重要原因。

（十）不要轻易对外出具融资担保函

由于融资比较困难，因此一些新创企业往往相互进行融资担保，这种盲目担保往往会给新创企业带来很多意想不到的风险。意气用事和感情用事，结果使创业者深陷财务困境，是创业失败的重要原因。

思考讨论

1. 结合创业实际，谈谈什么是创业资源。
2. 大学生创业的主要资源有哪些？
3. 简述创业资源获取的途径与技能。
4. 创业融资的途径有哪些？应该如何选择？

实践训练

实训 1——模拟预测启动资金

【实训目的】

1. 了解启动资金包含的内容。
2. 掌握预测启动资金的方法。

3. 学会预测启动资金。

【实训流程】

流程 1：选择模拟企业

尽可能从多方面考虑，选择模拟企业，填写模拟企业情况表（见表 5–2）。

表 5–2 模拟企业情况表

项目	计划
组织形式	
规模	
主营业务	
目标客户	

流程 2：预测启动资金

列出固定资产项目和流动资金项目的清单，填写启动资金预测表（见表 5–3），再测算每一类中每个物品的具体价格、每项工作的具体花费，最后求和。

表 5–3 启动资金预测表

<table>
<tr><th>类型</th><th>分类</th><th>清单</th><th>费用</th></tr>
<tr><td rowspan="5">固定资产</td><td>企业用地和建筑</td><td></td><td></td></tr>
<tr><td rowspan="4">设备</td><td>机器</td><td></td></tr>
<tr><td>工具</td><td></td></tr>
<tr><td>办公家具</td><td></td></tr>
<tr><td></td><td></td></tr>
<tr><td rowspan="5">流动资金</td><td>开办费</td><td></td><td></td></tr>
<tr><td>原材料</td><td></td><td></td></tr>
<tr><td>工资</td><td></td><td></td></tr>
<tr><td>促销</td><td></td><td></td></tr>
<tr><td></td><td></td><td></td></tr>
</table>

实训 2——拟定融资计划

【实训目的】

1. 学会拟定融资计划。

2. 掌握创业融资预算能力。

3. 加深对融资基础知识的理解。

【实训流程】

流程 1：分组讨论

以小组为单位，结合各小组的创业项目和创业计划书，讨论创业需要多少资金，可通过哪些渠道获得这些资金，新创企业需要哪些融资方案，融资前还应该做好哪些准备。请各小组成员将主要观点记录下来。

____

____

____

____

流程 2：拟定融资计划

请各小组拟定融资计划，融资计划中的财务预测、资本结构、投资者退出方式、风险分析等内容可参考以下模板。

1. 财务预测。

该部分主要包括的内容如下：

（1）今后三年公司的发展预测。

（2）投资计划。主要包括预计的投资数额，公司未来的筹资资本结构，获取投资的抵押、担保条件，投资收益及再投资的安排，投资者投资后双方股权的比例安排，投资者介入公司经营管理的程度。

（3）融资需求。主要包括创业所需要的资金额、团队出资情况、资金需求计划、资金需求时间、资金用途（列表说明）等。

（4）融资方案。包括公司所希望的投资者及其所占股份的说明、资金来源（如银行贷款等）。

2. 资本结构。

该部分主要包括的内容如下：

（1）目前有多少资金投入本公司。

（2）目前公司打算筹集多少资金。

（3）如果筹资成功，公司可以持续运营多长时间。

（4）以后计划筹集多少资金。

（5）公司可以向投资者提供的权益（如股权、普通债权等）有哪些。

（6）公司现在的资本结构表。

（7）本期筹资成功后的资本结构表（见表 5–4）。

表 5–4　资本结构表

投资者	投入的资金数量	股权比例情况

（8）公司希望找怎样的投资者，对投资者的要求是什么，如投资者对资金、管理的支持程度，对行业的了解程度，等等。

3. 投资者退出方式。

该部分主要包括的内容如下：

（1）利润分红：应向投资者说明股权利润分红计划。

（2）股权转让：应向投资者说明股权转让计划。

（3）股权回购：应向投资者说明股权回购计划。

4. 风险分析。

要详细说明创业项目实施过程中可能遇到的风险，如技术风险、市场风险、管理风险、财务风险及其他风险，应提出有效防范风险的手段。

流程 3：老师点评

各小组将拟定的融资计划向老师进行展示，老师一一点评，小组成员进行总结（见表 5–5）。

表 5–5　点评总结

老师评语：

续表

小组总结：

【实训思考】

融资计划做得好，就能获得融资吗？你认为融资成功的关键因素是什么？

____

模块六 创业计划书的撰写与展示

模块导读

“凡事预则立，不预则废。”大学生创业不能仅凭激情，通过撰写创业计划书可以理清思路，规划未来。同时，对于众多创业者来说，创业计划书是进行融资的必备文件，尤其近年来随着创业融资程序的日益规范，创业计划书更是成为投资公司进行项目审批的正式文件之一。因此，能够撰写高质量的创业计划书是每一个创业者都必须掌握的技能。

案例导入

今日头条的母公司字节跳动成立于2012年，2012年1月至7月，字节跳动在短期内完成了总计330万美元的天使轮、A轮、A+轮融资，投资方为海纳亚洲及多位个人天使投资人。此后，字节跳动先后完成了B轮、C轮、D轮、E轮融资，并于2018年年底完成了30亿美元的Pre-IPO轮融资（投后估值750亿美元）。

今日头条最早的创业计划书：一张餐巾纸

2012年大年初七，当时还在九九房担任CEO的张一鸣与海纳亚洲创投基金的董事总经理王琼约在知春路的一家咖啡厅里见面。张一鸣告诉王琼，他想抓住当时的移动互联网发展浪潮，在九九房之外再做点别的有意思的事情，但做什么，又没完全想好，只有一个大致的构想。于是，张一鸣用咖啡厅的一张餐巾纸，在上面画出了线框图，跟王琼讲解他构想中的产品原型，大体上，就是现在今日头条的样子。王琼虽然似懂非懂，但觉得这件事很新鲜，当即就敲定了对今日头条天使轮和A轮的融资。

为什么在商业模式和产品逻辑都没搞懂的情况下，仅凭一张餐巾纸，王琼就投资了张一鸣呢？其实，王琼认识张一鸣是在2007年，当时张一鸣任酷讯网技术委员会主席。那时，张一鸣对技术的理解与驾驭，以及他的视野和格局，就已经得到了王琼的认可。

所以，早期融资成功的关键在于投资人对创始人能力与认知的认可。投资人可以不懂创始人要做的方向，当投资人相信创始人具备选择正确方向的能力时，创业计划书就显得不那么重要了。

今日头条最用心的创业计划书：一份26页的创业计划书

今日头条在完成A轮融资后，面临的一个很现实的问题是，整个资讯的内容市场，基本上已经被瓜分殆尽。网易、搜狐、腾讯、凤凰这些新闻客户端，几乎已经覆盖了全部用户。投资人会问："已经有门户了啊，新浪、网易、搜狐都号称自己有几亿用户。此外，还有很多垂直媒体客户端，如鲜果、无觅、ZAKER之类的，今日头条到底还有没有空间？"

2012年10月，张一鸣带着产品出去转了一圈儿，但结果却不太理想。张一鸣认为，这个时候必须有一份更详细和更有说服力的创业计划书。

而这份创业计划书，可以说是今日头条最用心也是最重要的一份创业计划书。毕竟那个时候，今日头条虽然业务有些起色，但内容创业并不是当时的投资风口，而且相较于其他名义上的竞争者，今日头条也似乎没有什么优势。因此，必须有一份创业计划书，能够把今日头条的投资价值，以及与竞争者们的差异化优势清晰而有说服力地给投资人讲明白。

凭借这样一份创业计划书，当然，也是因为张一鸣非常幸运地遇到了能够看懂今日头条商业价值的投资机构DST，今日头条才拿到了非常重要的B轮投资，而再往后，就是今日头条的一马平川了。

项目一　创业计划书

任务一　创业计划书概述

一、创业计划书的定义

创业计划书是创业团队在创业初期集思广益，探讨、提炼、梳理出来的创业思路。撰写创业计划书的过程可以帮助团队明确创业项目未来的发展战略和资本部署，指导其细分市场、明确目标顾客、准确进行市场定位和制定资金规划。创业计划书是给投资人看的，更是给创业者自己看的。在头绪纷繁的创业初期，把想法落实在纸上，能够迫使创业者检查自己的运作构思是否可行，改正不切实际的想法，降低试错的代价，加深对创业核心要素的思考和记忆，如行业竞争、营销策略等，从而大大提高创业者的经营管理能力和专业知识。因此，创业计划书是一份全面说明创业构想、阐述如何实施创业构想的文件。

大学生创业初期，更需要系统地思考项目的可行性，通过撰写创业计划书，一方面，建立团队内部分工合作和沟通交流的机制，形成对项目的共同认知；另一方面，可以更广泛地扩大与外部的交流，获取信息和资源，例如市场分析和竞争分析环节的市场调研、专业老师给予的技术支持和管理咨询等。适合大学生创业项目的创业计划书，一般可以按照相对标准的文本格式进行撰写，具体包括项目背景、产品或服务介绍、市场分析、竞争分析、项目运营、团队管理、财务分析、风险分析、退出机制等。一份详尽的创业计划书，就是未来创业过程中的行动纲领，指导创业者应该做什么、注意什么问题、规避什么风险。创业计划书不是一成不变的，它是建立在预测基础上的，随着时间的推移、企业的发展和环境的变化，计划要不断调整，因此，一份好的创业计划书应该具有灵活性和适应性。

二、撰写创业计划书的目的

撰写创业计划书可以迫使创业者系统地思考创业这件事，或者在融资和合作的过程中向其他个人或组织介绍创业项目，这是撰写创业计划书的两个基本目的。

（1）撰写创业计划书可以迫使创业者在项目发展的不同阶段和场景下更加系统地思考创业的核心要素和逻辑。在创立企业之前，创业计划书可以帮助创业者梳理思路，迫使团队成员一起努力工作，全力以赴地解决创业过程中的各个细节问题。当创业项目落地或新创企业实现商业化后，撰写创业计划书可以帮助创业者分析和判断未来企业的发展、所面对的市场及潜在的风险等，并指导未来的创业行为。

（2）创业计划书是企业的推销性文本，可以引申出资源需求计划、融资计划、合伙人招募计划等，作为向潜在的投资人、供应商、合伙人和其他人介绍创业项目和新创企业的一种方法，它和宣传手册、公司介绍、网站等的作用有相似性。

很多人错误地认为只有创业者在融资时才需要一份创业计划书，实际上，公司发展的每个阶段都需要一份相应的创业计划书，它不仅有助于寻求外部融资的企业的资本运作，而且有助于企业整理、思考并确定其中长期的战略目标和发展规划。

三、创业计划书的作用

创业计划书具有明显的商业价值，是一种国际通用的商业文本。其商业价值主要从以下几个方面体现出来。

（一）指导作用

创业计划书是创业的战略构想和战术部署，是指导创业者将想法变为现实的纲领性文件。因此，创业计划书对产品和服务特色的挖掘、市场调研和分析、商业模式创新、衍生计划的形成和新企业开办都具有指导作用。具体表现为指导创业者使用科学合理的方法和工具思考问题，让创业者少走弯路，使计划更具有可执行性。例如，战略分析使用 SWOT 工具、竞争分析使用波特五力模型、市场分析使用 STP 方法。

（二）聚才作用

创业计划书的聚才作用是很宽泛的。这个“才”，可以理解为专业人才、股东、管理团队、基金公司、投资人等对创业项目感兴趣并能让项目快速发展和成长的组织和个人。

（三）整合作用

创业计划书的整合作用是其最根本、最重要的作用之一。在创业初期，各种生产要素、信息杂乱无章地混在一起，创业者的思路也是千丝万缕。通过撰写创业计划书，创业者可以从纷杂的信息中提炼出有用的信息，将生产要素归类整理，并进一步完善信息、梳理思路、找出各阶段的关键环节，最终把各种资源有序地整合、调动起来，进行最佳要素的组合，形成商业价值。这种整合，能够把各种分散的资源聚拢起来，形成一种增量资源，从而产生明显的经济效益。

（四）融资作用

资金是企业的血液，是创业的要素，是新创企业快速成长和迭代的重要资源。大量的创业案例说明：创业过程中的各个阶段都离不开外部资金的支持，且随着企业规模的扩大，这种资金需求会更迫切，数额会更大。很多刚开始创业的大学生，对资金存在认知误区，总认为自己没有钱，有多少钱就做多大的事情。实际上，企业的发展离不开外部资金的支持，银行贷款、风险投资、合伙人入股等形式都可以为企业注入更多的资金，这些合作都是从审验创业计划书开始的。因此，写好创业计划书对获得更多资金支持具有重要的作用。

案例故事

任书豪曾这样说："创业要创新，要打持久战。"任书豪名片上的身份是河北东方凯誉通信技术有限公司董事长。他的"持久战"始于2003年，当时他还是石家庄经济学院一名大学二年级学生。在同龄人中总是显得"不安分"的他，如愿成为校学生会对外联络部的成员。

"那次，我代表学生会到河北网通石家庄分公司拉赞助，恰好碰上了西门子（中国）公司的销售代表，正在向网通公司推销一种通信智能网设备。"任书豪回忆当年创业的缘起说，当时，网通的工作人员没有对这种设备表现出多大的兴趣，"旁听"的他却被这种设备所具有的神奇功能"瞬间击中"。

当时，石家庄的大学生还不知道通信智能网为何物，任书豪凭直觉判断：该设备如果引入大学，必然会是校园通信和各种支付活动的一场"革命"。这次巧遇，促成了西门子（中国）公司将设备以免费试用的方式首先在石家庄经济学院安装运营。没过多久，这款能通过手机卡完成多个项目统一支付的"精灵E线"获得了超出预想的成功，任书豪争取到了网通"精灵E线"在石家庄高校的推广代理权。第二年8月，任书豪所带领的团队以他们的亲身经历为蓝本制作了创业计划书，一举夺得全国大学生"挑战杯"大赛铜奖。以此为起点，他们注册了东方凯誉公司，"我们的业务当年就覆盖省会十几所高校，公司的年收入已超300万元"。"从那之后的10年里，我做了很多事，但所有事都没有偏离以通信为基础的增值服务这个轨道。"任书豪说。

创业梦是美好的，但创业后如何拓展，为社会创造更多的财富？这个更大的梦想已经成为任书豪和他带领的年轻团队"穿云破雾"的原动力。

资料来源：李冬云．任书豪：一份商业计划书成就的创业梦 [EB/OL]. 河北新闻网，2013-12-04.

课堂活动

思考一下哪些人物（或角色）会关注你的创业计划书，以及他们可能最关注你的计划书中的哪些内容。请在白纸上围绕创业计划书，尽可能多地列出他们的身份与最大的关注点。

任务二　创业计划书的基本结构与核心内容

一、创业计划书的基本结构

创业计划书形成了相对固定的格式、规范，也形成了广为采用的基本内容结构。完整的创业计划书一般包括封面、目录、执行概要、正文和附录等，主要结构如图 6–1 所示。

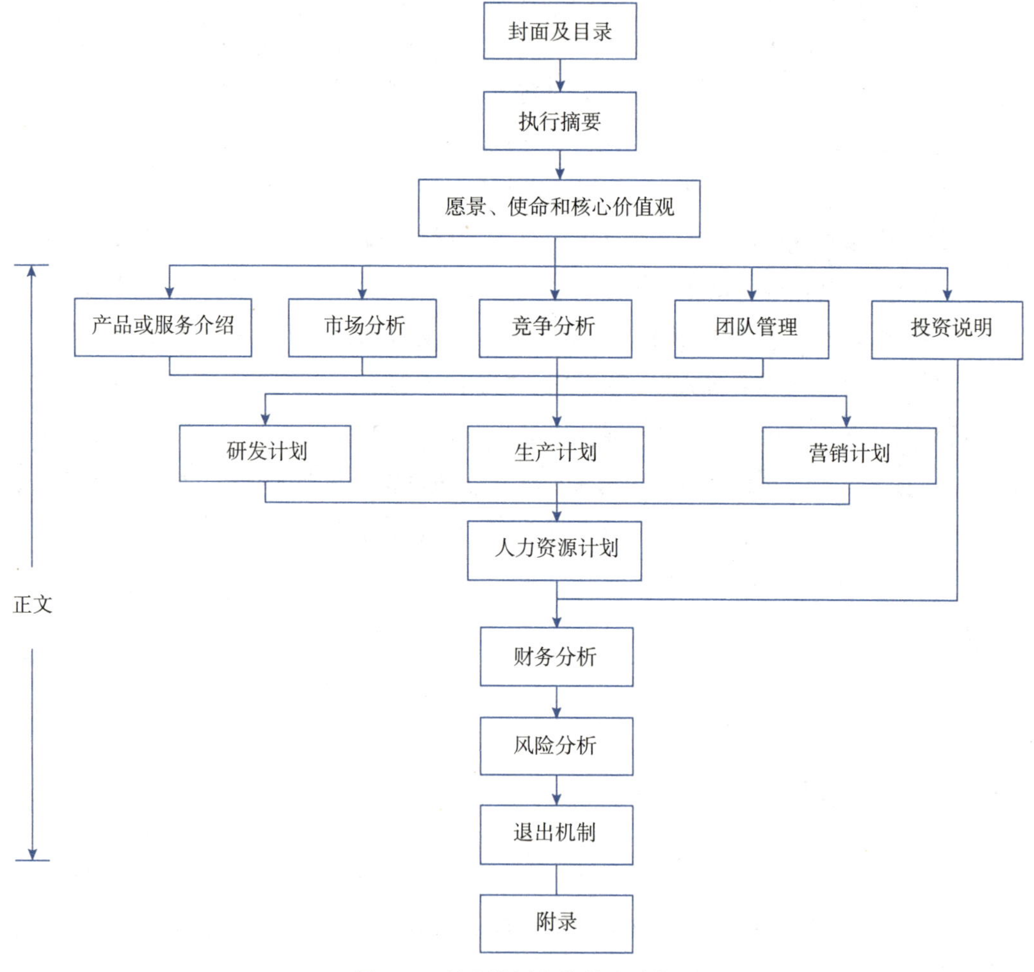

图 6–1　创业计划书的基本结构

（一）封面及目录

封面设计要美观，兼具艺术性，除了项目名称、地址、联系人姓名、联系方式等，还可以有公司的标识。

目录要包括创业计划书的各主要章节题目。

（二）执行摘要

执行摘要浓缩了创业计划书的精华，涵盖了创业计划全部要点，应简明扼要、精练、有说服力，让投资者能在最短的时间内评审计划并做出判断。

（三）愿景、使命和核心价值观

企业的愿景、使命和核心价值观是投资人极为重视的部分。因此，在创业计划书中撰写这部分内容时，需要格外注意。

（四）正文

正文包括产品或服务介绍、市场分析、竞争分析、团队管理、投资说明、研发计划、生产计划、营销计划、人力资源计划、财务分析、风险分析、退出机制等。

（五）附录

附录包括支持上述信息的文件资料，如详细的报表、团队成员简历等，以及其他需要进一步说明或提供佐证的事实材料。

二、创业计划书的核心内容

创业计划书与商业模式不同，商业模式探讨价值的传递和价值创造的可能性，而创业计划书则阐述了创业团队对项目的系统认知和将要如何执行的具体细节。在创业准备阶段，一定要多思考商业模式，想一想能为顾客创造什么价值，怎么让顾客知道并把价值传递给顾客，怎么做得更快更好。当创业进入实质性运作阶段，要把项目呈现给他人或组织时，就得准备创业计划书。面对不同的对象，创业计划书的侧重点会不同，形式也不一样，因此无法形成一个通用的内容结构。但是，其核心内容应该包括：产品或服务的新颖性，以及价值、市场发展潜力、核心竞争力。每一份创业计划书都是唯一的，关键在于把“故事”讲明白。

（一）执行摘要

执行摘要是创业计划书的精华和浓缩，能让投资人一目了然地看清创业计划书的要点。执行摘要应该对以下几个关键问题给予简短回答，即说明创业项目有哪些亮点，解决了哪些未被解决的问题，未来的市场前景如何，采用什么样的商业模式，项目的竞争优势是什么以及项目为什么会成功。篇幅一般不超过 2 页。

执行摘要要能在短时间内激起别人的兴趣，让他们想去了解更多的信息。因此，在撰写时要深思熟虑，不仅要传达清晰的信息，也要传递创业者的坚韧与激情，让阅读者看到项目未来发展的清晰思路。这部分要在计划书完成后撰写。

拓展阅读

撰写执行摘要时应回答的关键问题

鉴于执行摘要在创业计划书中的重要地位，在撰写时一定要简明生动、精炼贴切，以便投资者在其中发现闪光点。一般来讲，撰写执行摘要时应回答下列关键问题。

第一组问题

你的创意由来和存在的理由是什么？

你的理念是什么？

你能准确客观地描述你的目标市场吗？你了解它们吗？

你能给你的目标客户带来什么价值？他们为什么接受？

你预计市场占有份额和增长率会是多少？

你最大的竞争者是谁？你将如何应对？

你需要多少投资？

第二组问题

你怎么安排资金？

销售额、成本及利润情况如何？

你会使用何种分销渠道？

你的核心能力是什么？

达到盈亏平衡点的时间是什么时候？

你有专利吗？如何保护它？

第三组问题

你的团队能胜任吗？为什么？

你将如何分工？

你有行动时间安排表吗？请列举行动计划。

为什么你是创业带头人？你能胜任吗？

（二）愿景、使命和核心价值观

愿景是指企业长期的发展方向、目标、目的、自我设定的社会责任和义务。使命是指企业在社会经济发展中所应担当的角色和责任。核心价值观是指企业在长期的生产经营活动中逐渐形成的，组织成员或群体成员分享的同一价值观念。

利益相关者会关心具体的创业项目和团队，也会关心创业者的理想和抱负，关心企业能创造多大的经济价值，能做出什么样的社会贡献。愿景和使命是创业者的内在动力，会反映出未来企业的核心价值观，对企业文化的形成也会起到决定性的作用。

（三）产品或服务介绍

这部分内容应该解释项目可以提供哪些产品或服务，有什么独特性和创新价值，未来的发展空间有多大，是否具有产生利润的潜力。这就需要讨论项目的背景、所在的行业、目标顾客以及新技术、新材料的使用等，因为正是这些条件才能显示出你现在正努力开发的创意或项目的价值。

这部分内容还应该包括产品或服务的更新迭代计划。已经研发的产品或服务能够满足消费者的需求，而更新和迭代计划的目的是让投资人或者相关方看到创业项目的发展空间和团队的创新精神。

（四）市场分析

这部分内容主要包括以下方面。

第一，创业项目解决了消费者的哪些痛点问题，或者满足了哪些未被满足的需求。比如，设计一种新款的药瓶，这种药瓶的大小、外观、材质等都没有太大的改变，只对瓶盖表面进行改进——改用放大镜，就可以帮助老年人在没有老花镜的情况下，借用瓶盖上的放大镜，看清说明书。虽然只是非常简单的改变，但是可以非常准确地定位目标顾客。项目评审方和投资者都更偏好具体化。

第二，说明项目的目标市场。在行业分析的基础上进行市场细分，结合项目特色明确目标市场，并进行市场定位。创业初期，创业者常犯的一个错误就是对市场的判断不准确，往往过于宽泛。就上面药瓶的例子而言，只表述药品的市场规模是不充分的，还应该包括老人对药品的特有需求、社会老龄化情况等方面。

第三，说明现实顾客很可能花钱买这种产品或服务。在目标市场明确的前提下，设定基本的销售预期。多数情况下，应该借助市场调研的数据，说明潜在的销售收入，依据应包括详细的财务预算、统计数据以及潜在顾客的相关信息。

创业计划书的这部分内容应该有调研数据支撑并进行量化分析，说明创业者已经为该项目的产品或服务做过市场调研，并且有证据显示，当这种产品或服务上市时，会有消费者打算购买它。创业者应该尽最大努力说明消费者为什么想购买或使用他们的产品或服务，这是建立在科学预测的基础上进行的数据分析。对经验丰富的投资者来说，是可以判断数据的真实性和科学性的。

（五）竞争分析

通过借用波特五力模型识别当前竞争者、潜在进入者、替代品的竞争和与上下游相关方之间的议价能力，来构建竞争优势；通过解释产品或服务的创新性，与目标市场的动态匹配性，来展示创业团队的知识素养和能力水平；说明创业项目准确识别并抓住了此类机会，结合产品或服务的更新迭代，足以能够创造近期或长期优势的核心特征。

这部分需要说明本企业与现有解决方案存在哪些差异。如果存在竞争者，需要比较产品和技术之间的不同。

（六）项目运营

这部分要详细描述产品的研发计划、生产计划、营销计划、人力资源计划和商业模式等。

（1）研发计划环节，要明确目前项目中的产品或服务已经进行到什么阶段，是处在产品评估阶段，还是设计阶段，或是已开发、上线，正准备生产。如果正准备生产，那么预期成本以及制造产品或提供服务的时间表是什么。无论处在哪个阶段，都要为后续的量化生产制订一个详细的时间进度列表。

（2）生产计划环节，要为产品或服务量化生产做好规划，包括厂址选择、制造流程优化、生产工艺和方法、品质管控以及物料需求计划和外部协作等。对于这些问题，企业进展得越深入，对潜在投资者的吸引力就越大。这不仅是因为企业的发展已经跨越了最初的开办阶段，还因为这表明企业的运营方式合理、高效。如果每件事都处于合理状态，便可以确保企业快速向前发展。

（3）营销计划环节，主要包括制定销售目标、营销策略，权衡销售目标与利润目标之间的关系。其中，销售目标要具体到细分市场；营销策略可以运用“4P”理论，从产品、价格、渠道和促销四个方面来制定；权衡销售目标与利润目标时产品结构要合理，将产品销售目标具体细分到各层次产品，并通过数据列表的形式呈现。

（4）人力资源计划环节，要与组织的发展战略相匹配，分析现阶段的人员结构，制定未来人才引进、人员流动、内部晋升、员工培训等人力资源的预测和规划安排，包括人力资源开发和管理的所有内容。

（5）商业模式的描述，既是对项目的核心价值、价值传递以及盈利模式的系统思考，也是通过模型对项目进行系统形象的展示和项目运营的整体规划。

（七）团队管理

团队管理这一部分内容主要对团队成员的学历背景、工作经历以及团队成员分工进行详细描述。具体包括：团队成员个人简历、团队成员职务分工和职责划分、团队成员之间如何能力互补、创业团队的优势和劣势、职责是否划分明确和股权结构等。还要思考除了团队本身，可以分配或者获取的其他资源有哪些。例如，大学生创业项目可以补充一些其他资源，包括专业老师的研究成果、创业导师的指导经验等。

在评估创业项目时，许多投资人非常关注团队管理，会重点阅读这一部分内容。有些天使投资人甚至宁愿投资具有二流创意的一流团队，也不愿投资具有一流创意的二流团队。由此可以看出，团队成员的能力互补、团队竞争、创新意识、创业精神对于创业成功是极其重要的。

（八）财务分析

首先，要明确项目的资本构成，包括自筹资金、银行贷款、募集资金等的金额和比例。说明先期投入资金的使用情况，并将详细清单列在附录中。需要融资的，要有投资说明。

其次，提供财务报表，包括资产负债表、利润表和现金流量表。还没有注册成立公司的，可以提供预编制的 6 个月的报表信息；已经注册成立公司且开始运营的，要提供运营期间的财务报表，并预编制未来 1 ~ 3 年的报表。预编资产负债表可以显示权益负债率、营运资金、存货周转率和其他财务指标是否在可接受限度内，还可以证明对企业的初始和未来投资是否合理。预编利润表记录销售收入、直接成本、综合费用、财务费用、利润或亏损，提供运营结果的合理规划。预编现金流量表显示预期随时间变化现金流入流出的数量，分析下一步的融资需求和时机以及对营运资金的需求。

最后，要进行盈亏平衡分析，通过分析产品成本、销售量和销售利润这三个变量之间的关系，掌握盈亏变化的临界点。另外，还可以从静态和动态两个角度进行投资回收期分析，这种方法计算比较简单，在一定程度上反映了资金周转的速度。

（九）风险分析

经营企业会有很多风险，创业计划书除了预测企业良好发展的一面，还要充分考虑投资计划可能附随的风险或企业发展中面临的不利因素。风险分析的目的是让创业者清晰地认清风险的类型以及存在的可能性，并向投资人说明可采取的风险应对策略。风险的类型通常包括客户接受程度风险、管理风险和竞争风险等。大学生创业的风险还包括团队分歧风险、创业认知风险和核心竞争力风险等。

（十）退出机制

新创企业发展到一定阶段，都存在投资人的退出及投资回报问题。在这一部分需要描述投资者退出机制，即他们如何收获资助新创企业所带来的利益。例如，出售业务、与其他企业合并、上市，或者重新募集资金，使所有者和投资者能够通过先前的投资获益。

（十一）时间表和里程碑

创业计划书正文的最后部分应该说明主要活动的起止时间、已经取得的成果、计划实现的目标、关键里程碑何时达到。从投资者角度看，这个部分表明创业者的确仔细关注了企业的运营，并且已经为企业的未来发展制订了清晰的计划。要选择那些无论是从企业资源还是从所在产业的角度看都有意义的里程碑。

（十二）附录

创业计划书的正文应该相对简短，只要提供重要信息即可，项目的其他信息最好放在单独的附录部分。以大学生创业项目为例，附录中可以包括大学生创业项目中的比赛获奖证书、专利信息、调查问卷及结果、团队成员完整简历以及财务报表等。

课堂活动

参照创业计划书的格式，找几个同学一起来模拟：假如你来开办一家公司，将如何运作？要求所有资料都从网络搜集得来，搜集时间控制在3小时左右（团队成员可以分工协作，也可以独立完成）。在练习中掌握书写创业计划书的要素和写作方式。经过多次练习后，即可掌握创业计划书的写作流程。

任务三　创业计划书的信息搜集

准备创业计划书的过程实质上就是信息的搜集过程，是分析并预测环境进而化解未来不确定性的过程。搜集并获取准确、到位的市场信息和行业信息有助于创业者了解市场行情，知晓客户需求，洞悉对手状况，从而明确竞争对手的优势和自身的不足，确定市场发展方向和企业发展定位。

市场调查是创业者搜集信息最主要的途径之一，是决定创业计划书的论证是否有理有据、检查创业计划是否切实可行的主要工具。大量的事实表明，详尽的市场调查有助于创业者做出更好的市场细分、市场定位以及营销决策，减少创业过程中的失误，增加创业成功的可能性。

一、创业计划中的信息搜集

创业计划中的信息搜集是以企业发展为目的，通过相关的信息媒介和渠道，采取相应的方法，有计划、有目的地获取市场信息的过程。因此，创业者需要了解信息的搜集渠道、搜集步骤和搜集方法。

（一）信息搜集渠道

信息搜集渠道就是指信息的来源。获取创业计划中涉及的市场、客户、竞争对手、融资方式、创业资源等方面的信息可以通过互联网、公开出版物、竞争对手企业、关联方、会议展览等渠道。

1. 互联网

互联网的巨大优势在于信息含量大而广、种类繁多、内容丰富，输入一个关键词就会搜出浩如烟海的信息，但并不是所有的信息都与创业者的项目非常相关，因此，需要创业者掌握一定的搜索技巧，并能清晰地界定所需内容的关键词，不断调整搜索范围，从而实现搜寻的目的。目前，国内关于创业计划信息的网站有：创投在线、中国青年就业创业网、创业教育网、高校创业联盟网、科技创业咨询网、阳光巴士创业网、世界创业实验室、中国大学生创业培训网、全国大学生服务网、中国创业培训网、创业家网、《创业邦》杂志网、中经网、国研网等。

2. 公开出版物

公开出版物也是创业者搜集信息的主要渠道之一，主要包括：

（1）企业名录和企业年鉴，能提供有关企业规模、产品、产量、销量、市场份额等方面的信息；

（2）报纸、杂志、图书以及音像制品、电子出版物和互联网出版物，主要集中了行业方面的企业动态、竞争态势、市场状况等信息；

（3）产品样本，通常包括产品说明书、产品数据手册、产品目录等，主要是对产品的型号、技术规格、原理性能、特点、构造、用途、使用方法等方面的介绍和说明；

（4）上市公司年报，即上市公司一年一度对其报告期内的生产经营概况、财务状况、人事、客户等信息进行披露的报告，具体包括公司简介、会计数据和业务数据摘要、股东变动及股东情况、股东大会简介、董事会报告、重大事项、财务报告等，也包括审计报告、会计报表和会计报表附注以及公司的其他有关资料；

（5）专利文献，是包含已经申请或被确认为发现、发明、实用新型和工业品外观设计的研究、设计、开发、试验成果的有关资料，以及保护发明人、专利所有人及工业品外观设计和实用新型注册证书持有人权利等有关资料的已出版或未出版的文件（或其摘要）的总称，可为新企业的产品开发提供重要信息；

（6）图书馆信息，图书馆收藏的市场研究报告、一定时期的消费数据汇总、同类企业的资料文献汇编等都是创业计划信息搜集的有效来源。

3. 竞争对手企业

通常可以利用竞争对手企业出版的简报、刊物，获取创业计划中所需要的信息；另外，可以通过员工个人人际关系从竞争对手企业研发、市场等部门获取有价值信息，特别是零次信息，即信息直接获取者获取并形成原始记录的信息，或通过信息直接获取者的表象形态（口头语言和肢体语言等）传递的原始信息。

4. 关联方

在经济全球化和高度不确定的环境下，新创企业日益重视与自身存在利益关系的人和机构（包括用户、律师、银行、会计师事务所、市场调查机构、广告公司、咨询机构、经销商、供应商、行业协会、媒体、质量检验部门、储运部门等）建立战略合作伙伴关系，从而获取创业计划所需的相关信息资源，以此增强企业竞争力。

5. 会议展览

新创企业通过参与各种会议或者参加各种产品展销会、博览会、交易会、订货会、洽谈会等，可以获得参展公司有关产品说明和技术参数等具有重要参考价值的信息。这为创业者提供了获取市场信息、技术信息和人才信息的最好时机。

（二）信息搜集步骤

创业者在获取大量、准确的创业信息前，需要了解信息搜集的基本步骤，以便节省时间，有效提高工作效率。一般来说，信息搜集过程可分为如下几个步骤：

1. 制订信息搜集计划

做好信息搜集工作，需要创业者做充分的准备并且目标清晰，最好制订信息搜集计划。计划制订得周密与否将决定整个信息搜集工作的成败，因此，制订计划要立足创业项目的实际需要。如果以竞争对手为信息搜集对象，就要依据不同竞争对手的地理位置、周边环境、技术研发、产品生产、销售策略、售后服务等方面制订有针对性的计划；如果以市场需求为考察方向，就应该从消费趋势和走向两方面加以区分。

2. 设计搜集提纲和表格

在信息搜集计划制订出来之后，创业者就可以按照信息搜集的目的和要求设计出合理的搜集提纲和相关表格，从而便于对搜集到的信息进行分析、加工、保存和传递，提高创业计划撰写或编制的效率和质量。

3. 明确信息搜集方式

在创业计划撰写或者编制的过程中，创业者需要详细了解和充分利用创业计划中不同层面的信息搜集方式，如互联网、公开出版物、竞争对手企业、关联方、会议展览等，以此拓宽创业所需信息的来源。

4. 提供信息成果

信息成果就是在零散信息的基础上经过整理分析和归纳得出的信息结果，这些结果通常以调查报告、资料摘编、数据图表等形式呈现。创业者要将信息成果与信息搜集计划进行对比分析，如不符合要求，还要进行补充搜集。之后，创业者可以对这些信息成果进行有效的评估和判断，以此决定能否创业。

（三）信息搜集方法

面对来自不同渠道的大量信息，创业者需要全面掌握基本的信息搜集方法，以此便利地获取创业计划所需要的资料。常用的信息搜集方法有观察法、提问法、比较法、文献检索法等，这些也是市场调查的主要方法，各方法介绍具体参见下面的“创业计划中的市场调查”。

二、创业计划中的市场调查

行之有效的创业计划一定程度上取决于市场调查。顾名思义，市场调查就是指运用科学的方法，有目的地、有系统地搜集、记录、整理有关市场营销的信息和资料，分析市场情况、了解市场现状及发展趋势，为创业计划提供客观可靠的数据资料的过程。对于创业者而言，编制或撰写创业计划需要了解市场调查的作用、内容、步骤与方法。

（一）市场调查的作用

通过详尽的市场调查，创业者可以了解与市场相关的各种宏观环境、行业环境、竞争对手以及消费者需求等信息，这有助于创业者做出正确的营销决策，减少创业过程中的失误，增强创业成功的可能性。市场调查的作用具体体现在以下几方面：

第一，市场调查有助于创业者获取准确的市场信息，对创业项目进行可行性分析。通过市场调查，创业者可以大致了解有关创业项目提供的产品或者服务潜在的市场需求量、可能的顾客群体、市场的增长潜力、市场的发展方向、顾客消费习惯变化的趋势、市场的竞争状况、获取创业所需资源的难易程度等方面的信息，据此可以对项目可行性进行有效的分析，对项目运作的可能性做出合理的分析与判断；同时，依据调查信息对创业计划做出适当的调整以保持项目的持续性开展。

第二，了解行业信息，做出科学的市场定位。通过市场调查，创业者可以对所在行业、技术、产品的生命周期阶段、行业的机会窗口大小、行业的竞争状况、同行产品的功能及优势、行业的进入和退出壁垒以及消费者需求等方面的信息进行分析与判断，在此基础上进行市场细分，明确对应的目标市场，并结合新企业的实际情况尽可能做出科学的市场定位，包括产品与服务的最终选择（产品定位），拟确立的产品品牌形象（品牌定位）、拟占领的区域市场（区域定位）、拟选择的产品或服务的目标消费群体（客户定位）以及价格定位策略（价格定位）等。

第三，进行科学决策，制订相应的营销计划。通过市场调查，创业者可以了解有关宏观环境（与营销前景有某种联系的客观环境的主要趋势，如政治、法律、经济、科技、社会文化、自然等因素）、市场（市场规模与增长状况、各细分市场的销售情况、顾客需求和购买行为的变化趋势等）、竞争（主要竞争者的规模、目标、市场占有率、产品质量、市场营销策略以及意图和行为等）、分销（各分销渠道上产品的销售量和每个渠道重要地位的变化等）以及产品或服务（近年来各主要产品品种的销量、价格、利润率、产品组合效果等）等方面的基本现状，据此可运用科学的方法进行决策，并制订切实可行的营销计划。

（二）市场调查的内容

为了获取创业计划编制或撰写所需要的信息，就要对创业环境、竞争对手、消费者需求等方面展开调查。

1. 创业环境调查

创业环境调查主要从宏观环境和行业环境两方面展开调查。宏观环境是指一切影响行业和企业的政治、经济、社会文化、技术以及自然等外部环境因素，通过对这些要素的分析，从中挖掘宏观环境带给企业的机会和威胁；行业环境主要包括决定企业盈利能力的潜在进入者、替代品、现有竞争者、供应商议价能力、顾客议价能力等因素，可以用来分析企业所在行业的竞争特征和产业的吸引力。

2. 竞争对手调查

竞争对手调查作为市场调查的主要内容之一，是根据企业定位确定竞争对手的类型，通过获取不同来源的竞争信息，进而与竞争对手的战略与行为等方面进行比较分析的过程。竞争信息的来源主要包括年度报告、内部报刊、广告、行业出版物、竞争对手的历史、竞争产品的文献资料、企业管理者的论文与演讲、销售人员的报告、供应商意见、顾客意见、专家意见、证券经纪人报告以及雇用的高级顾问的意见等。

3. 消费者需求调查

消费者需求调查与分析是编制或撰写创业计划书的重要工作，决定企业经营的成败。消费者需求调查要求在消费者需求量、消费者收入、消费结构、消费者行为等方面进行全面、深入的了解，掌握消费者对行业的认知程度，探讨消费者的购买习惯，最终形成消费者需求分析结论，以此让投资者确信，新创企业的调研方法科学、调研工作到位、调研结果准确，能制定合理的营销策略。

（三）市场调查的步骤

新创企业开展市场调查可以采用两种方式：一是委托专业市场调查公司来做；二是新创企业自己来做，可以设立市场研究部门负责此项工作。一般来说，市场调查的基本过程包括：明确调查目标、设计调查方案、制订调查工作计划、组织实地调查、整理和分析调查资料、撰写调查报告。

1. 明确调查目标

进行市场调查首先要明确市场调查的目标，按照企业的不同需要，市场调查的目标有所不同。企业实施经营战略时，必须调查宏观市场环境的发展变化趋势，尤其要调查所处行业未来的发展状况；企业制定市场营销策略时，要调查市场需求状况、市场竞争状况、消费者购买行为和营销要素情况；当企业在经营中遇到问题时，应针对存在的问题和产生的原因进行市场调查。

2. 设计调查方案

一个完善的市场调查方案一般包括七个方面内容：第一，根据市场调查目标，在调查方案中列出每次市场调查的具体要求；第二，确定调查对象，一般为消费者（使用该产品的消费群体)、零售商、批发商(经销该产品的商家)等;第三,确定具体的调查内容,既要全面、具体,又要条理清晰、简练;第四,设计调查表,应与调查主题密切相关,容易让被调查者接受,内容要简明、符合逻辑顺序等;第五,确定调查地区范围,应与企业产品销售范围相一致,一般可根据城市的人口分布情况在城市中划定若干个小范围调查区域,据此实施访问调查;第六,制订样本抽取方案,应根据市场调查的准确程度和用途情况确定适宜的样本数量;第七,选择合适的资料收集方法(调查法、观察法和实验法等)和整理方法(统计学方法)。

3. 制订调查工作计划

调查工作计划的内容包括:组织领导及人员配备、访谈人员的招聘及培训、各阶段的工作内容及所需时间的确定、调查费用预算的确定等内容。

4. 组织实地调查

组织实地调查需要做好两方面工作:一方面,做好实地调查的组织领导工作,明确访谈人员的工作任务和工作职责;另一方面,做好实地调查的协调、控制工作,及时掌握实地调查的工作进度完成情况及存在的问题。

5. 整理和分析调查资料

调查人员对调查表进行逐份检查,剔除不合格的调查表,然后将合格调查表统一编号,以便于调查数据的统计。调查数据的统计可利用 Excel 电子表格软件完成;将调查数据输入计算机,经 Excel 软件运行后,即可获得已列成表格的大量的统计数据,利用上述统计结果,就可以按照调查目的的要求,针对调查内容进行全面的分析工作。

6. 撰写调查报告

撰写调查报告是市场调查的最后一项工作内容,市场调查工作的成果将体现在最后的调查报告中,调查报告将提交企业决策者,作为企业制定市场营销策略的依据。市场调查报告要按规范的格式撰写,一份完整的市场调查报告由题目、目录、概要、正文、结论和建议、附件等组成。

(四)市场调查的方法

常用的市场调查方法主要有:观察法、提问法、比较法、文献检索法、问卷调查法、抽样调查法、焦点小组访谈法、实验法等。

1. 观察法

在市场调查中,观察法是指直接或通过仪器在现场观察调查对象的行为动态并加以记录而获取信息的一种方法。这种方法比对现成信息资料的解读或汇总更为鲜活、有效,因此成为创业者获得直接经验的主要方法。创业者可以通过观察消费者的行为来测定品牌偏好和促销的效果，但还需借助某些现代技术，比如摄像机、照相机来记录现场状况。

尽管观察法可以观察到消费者的真实行为特征，但是只能观察到外部现象，无法观察到调查对象的动机、意向及态度等内在因素。为了尽可能地避免调查偏差，在采用观察法收集资料时应注意四点：第一，要努力做到采取不偏不倚的态度，即不带有任何看法或偏见进行调查；第二，应注意选择具有代表性的调查对象和最合适的调查时间和地点，应尽量避免只观察表面的现象；第三，在观察过程中，应随时做好记录并且尽量详细；第四，除了在实验室等特定的环境下和在借助各种仪器进行观察时，应尽量使观察环境保持平常的自然状态，同时要注意被调查者的隐私权问题。

2. 提问法

提问法实际上就是设问法，即创业者先质疑自己发现的创业机会或创意，提出相关疑惑，然后通过现场调查、电话询问或面对面交流来搜集信息，并以信息搜集的结果来论证创业机会和创业计划的可行性。

3. 比较法

比较法是认识事物本质和规律的一种基本方法，创业者通过对比同行其他创业者的创业计划书，并分析这些创业计划书的可行性，从中总结经验，结合自身实际获取有价值的信息。

4. 文献检索法

文献检索法有广义和狭义之分，前者是指将信息按一定的方式组织和存储起来，并根据信息用户的需要找出有关信息的过程；后者是指该过程的后半部分，即从信息集合中找出所需要的信息的过程，相当于人们通常所说的信息查找。

文献检索法的具体方法包括直接法、追溯法、综合法等，其中直接法是指直接利用检索系统（工具）检索文献信息的方法；追溯法是指不利用一般的检索系统，而是利用文献后面所列的参考文献，逐一追查原文（被引用文献），然后再从这些原文后所列的参考文献目录逐一扩大文献信息范围，一环扣一环地追查下去的方法；综合法是指分期分批交替使用直接法和追溯法，以期取长补短，相互配合，获得更好的检索结果的方法。

文献检索法的基本途径主要包括著者途径、题名途径、分类途径、主题途径、引文途径、代码途径、专门项目途径等。

5. 问卷调查法

问卷调查法作为市场调查最普遍采用的方法之一，是运用统一设计的问卷向被选取的调查对象了解情况或征询意见的调查方法。问卷法的关键内容在于设计问卷，涉及问卷的结构、种类、设计原则以及注意事项。

问卷一般由标题、卷首语、问题与回答方式、编码和其他资料五个部分组成。

问卷调查法分为传真问卷、信函问卷、网络问卷、报刊问卷和实地问卷五种。

调查问卷的设计原则主要包括：第一，可信原则，是指调查问卷的设计能够使调查对象讲真话，而不会对调查对象产生误导，能够对调查对象的心理活动进行了解并得到可靠反映；第二，有效原则，是指通过对调查问卷的使用，使得到的信息资料能够对创业者的市场营销决策和其他问题有所助益；第三，适宜适度原则，是指调查问卷对于创业问题的解决与调查成本应相适宜，调查问卷中的问题数量应适度。

调查问卷设计应注意以下问题：第一，先易后难、先简后繁，将调查对象熟悉的问题放在前面；第二，提出的问题要具体，避免提一般性的问题；第三，一个问题只能有一个问题点；第四，要避免带有倾向性或暗示性的问题；第五，先一般问题后敏感性问题，先泛指问题后特定问题，先封闭式问题后开放式问题；第六，要考虑问题的相关性，注意问题之间内在的逻辑性；第七，提问中使用的概念要明确，要避免使用有多种解释而没有明确界定的概念；第八，避免提出断定性的问题；第九，一些问题不要放在问卷之首；第十，一定注意保护被访者的信息安全等。

6. 抽样调查法

抽样调查法是指从研究对象的全部单位中抽取一部分单位进行考察和分析，并用这部分单位的数量特征去推断总体的数量特征的一种调查方法。其中，被研究对象的全部单位称为“总体”；从总体中抽取出来，实际进行调查研究的那部分对象所构成的群体称为“样本”。

一般来说，抽样调查法主要包括以下几种：第一是简单随机抽样法，这是一种最简单的一步抽样法，它是从总体中选择出抽样单位，从总体中抽取的每个可能样本均有同等被抽中的概率；第二是系统抽样法，它是从随机点开始，在总体中按照一定的间隔（即“每隔第几”的方式）抽取样本；第三是分层抽样法，它是根据某些特定的特征，将总体分为同质、不相互重叠的若干层，再从各层中独立抽取样本，是一种不等概率抽样；第四是整群抽样法，它是先将总体单元分群，可以按照自然分群或按照需要分群，如在交通调查中可以按照地理特征进行分群，随机选择群体作为抽样样本，调查样本群中的所有单元；第五是多阶段抽样法，它是采取两个或多个连续阶段抽取样本的一种不等概率抽样。

7. 焦点小组访谈法

焦点小组访谈法也称小组座谈法，就是采用小型座谈会的形式，由一个经过训练的主持人以一种无结构、自然的形式与一个小组的具有代表性的消费者或客户交谈的调查方式。与问卷调查相比，焦点小组访谈是了解消费者内心想法最有效的工具之一，在调研产品概念、产品测试、顾客满意度、用户购买行为等方面应用率极高。

运用焦点小组访谈法应该注意以下事项：第一，焦点访谈的目的决定了所需要的信息，从而也决定了需要的被访者和主持人；第二，曾经参加过焦点访谈的人，是不合适的参与者；第三，参与者中应该避免亲友、同事关系，因为这种关系会影响发言和讨论；第四，每个小组参与者的数量以 6 ~ 10 人为宜；第五，主持人在焦点小组访谈中要明确工作职责；第六，主持人应把握会场气氛；第七，焦点小组访谈的数据和资料分析要求主持人和分析员共同参与。

8. 实验法

实验法是将自然科学中的实验求证理论移植到市场调查中来，在给定的条件下，对市场经济活动的某些内容及其变化，通过实际验证与调查分析，获得市场信息和资料的一种调查方法。实验法应用范围较广，一般来讲，企业改变产品品质、变换产品包装、调整产品价格、推出新产品、广告形式内容变动、产品陈列变动等，都可以采用实验法测试其效果。

项目二　创业计划书撰写与路演

任务一　创业构想的研讨与可行性分析

创业计划书的撰写涉及的内容较多，因而制订创业计划前必须进行周密安排。主要有如下一些准备工作：确定创业计划的目的与宗旨；组成创业计划工作小组；制订创业计划书撰写计划；确定创业计划的种类与总体框架；确定创业计划书撰写的日程安排与人员分工。

以创业计划总体框架为指导，针对创业目的与宗旨，广泛搜寻内部与外部资料，包括新创企业所在行业的发展趋势、产品市场信息、产品测试、实验资料、竞争对手信息、同类企业组织机构状况、同类企业财务报表等。资料调查可以分为实地调查与收集二手资料两种方法。实地调查可以得到创业所需的一手真实资料，但时间及费用耗费较大；收集二手资料较容易，但可靠性较差。创业者可根据需要，灵活采用资料调查方法。通过分析新创企业的现状、预期需求及结果预计，展示新创企业的清晰面貌——企业经营内容、发展方向、预期目标如何实现。

一、探讨创业的目标与方向

撰写创业计划书之前，需要先探讨和评价新创企业或创业者的目标，据此来制订符合新创企业或创业者实际需要的翔实而周密的创业计划。这一阶段，创业者要重点思考以下两方面的问题。

一是创办企业的原因。创办企业常见的原因包括：拥有自己的企业；渴望职业、财务独立；实现自我愿望；充分展示自我技能；奉献社会；等等。

二是哪些商务领域适合自己创业。为此需要思考这些问题：自己对哪些行业感兴趣？企业将销售什么产品或服务？企业的生意是否具有现实性，它是否满足或适应了某种需要？企业的竞争对手是谁？与现有的公司相比，本企业的优势是什么？企业能够提供高品质的服务吗？自己（创业团队）有能力驾驭企业的运营和管理工作吗？

二、检验创意的市场潜力

创业“金点子”不在于其是否新颖，也不必在意是否自己独创，关键在于创意本身必须具有市场发展潜力。以下是检验这方面的有用问题。

（1）构想是否能满足目标市场所需？这种需求未来是否亦有持续的市场？

（2）产品的销量是否足以维持日常企业运营成本（特别是创业初期）？目前市场的发展空间怎样？竞争对手发展到何种阶段？

（3）自己具备对构想的现实转化实力吗？是否有相关的技术配合？产品或服务的成本是否在消费者可接受范围之内？

（4）创业者是否具备驾驭转化构想所需的知识、技术及能力？此构想是否有人尝试过？其结果如何？为什么？

三、分析创业可能遇到的问题和困难

“凡事预则立，不预则废。”创业之初，亦同此理。事先预想到创业过程可能遇到的各种问题和困难，并事先考虑一些解决之道或应对之法，将为今后的创业之路扫清诸多障碍。因此，创业之初，对于创业者，最好的方法是要先学会换位思考，站在投资人的角度认真思考以下问题。

（1）市场机遇与开发策略：市场现存哪些问题？我们准备以什么产品或服务来解决这些问题？我们的产品或服务可能的潜在销售额有多大？如何实现这些销售额？我们的目标顾客何在？

（2）产品与服务构思：我们的产品或服务是否能够满足顾客的真实需要，帮助他们解决面临的实际问题？我们将来如何销售自己的产品或服务？我们的收入来自何处？如何撰写我们构思的产品或服务简介，以便向潜在顾客展示？

（3）竞争优势：我们的竞争对手是谁？在哪里？我们的产品或服务与竞争对手相比，在使用价值、生产成本、外观设计、上市时间、战略联盟、技术创新、同类兼容等方面有何长处？

（4）创业管理团队：如果团队已组建好，应详细说明团队的组织架构、分工及各人在其中承担何种角色，特别应该强调各人具备的相关从业经验、特长等背景。如果创业团队尚未组建好，可以强调核心团队成员所需的知识和技能。

在仔细思考以上问题之后，接下来需要认真思考和回答下述问题：所说的业务是否具有高速增长的潜力？所说的业务能否抵御竞争对手的竞争？所说的业务需要多少前期投资？所说的业务需要多长时间才能推向市场？所说的业务是否具有成为该市场领先者的潜力？所说的业务的创意在目前阶段开发得如何？经营这项业务的团队成员的素质水平与技能是否互补？凭什么说这项业务在今后几年能够茁壮成长？

任务二　创业计划书的撰写

一、创业计划书的撰写原则

一份逻辑严密、结构完整、要点突出的创业计划书，可以让创业者系统思考创业的现在和未来，吸引相关方和投资人的关注。尽管创业计划书的用途各有不同，结构也不尽相同，但是在撰写时要遵循一定的原则。

（一）突出重点、简明扼要

从篇幅和内容上看，一份创业计划书少则几十页，多则上百页，既要把创业故事讲清楚，又要讲得精彩。怎样才能做到这一点呢？实际上，任何创业项目一定是存在创新点的，常见的有新材料、新技术推动的产品和服务的创新，新市场推动的营销形式的创新，价值创造和价值增值形式的变化推动的商业模式创新等。创新是创业的原动力，因此，创业计划书中的创新部分应该重点突出，并简练而睿智地说明创新带来的价值和市场空间，让投资人或者相关方能在短时间内捕捉到项目的亮点，并被项目的价值所吸引。特别是经验丰富又富有远见的风险投资人，没有那么多时间把创业计划书从头读到尾，因此必须在一开始就吸引住他们，引导他们继续读下去，不仅看到项目的价值，还要看到创业者的创新意识和创业精神。

（二）结构完整、脉络清晰

从结构上看，一份完整的创业计划书，正文部分包括产品或服务介绍、市场分析、竞争分析、项目运营、团队管理、财务分析、风险分析和退出机制。无论创业计划书的篇幅如何，其结构都应该是完整的，要件应该齐备，而且各部分之间是有逻辑关系的。很多大学生创业团队是分工完成创业计划书的，每个同学撰写一两个部分，这时更应该明确创业计划书各部分之间的逻辑关系，否则很容易出现自相矛盾或者逻辑不清的错误。

通常，我们可以这样理解各部分之间的逻辑关系。首先，在产品或服务介绍、市场分析和竞争分析部分，说明我们要做一个创业项目，项目的产品或服务是什么样的，可以满足消费者的哪些需求，指出市场空间并进行市场定位，目前市场上有没有类似的产品和同行业的企业，并分析项目在竞争中的优劣势，如果产品有优势，并且核心竞争力明显，则说明有市场发展潜力。接下来，在项目运营、团队管理和财务分析部分，说明我们有一支分工明确、经验丰富、能力互补的团队，有完善的运营计划和财务计划，可以在一定的时间内实现盈亏平衡，收回投资，实现投资分红等，让投资人和相关方看到我们的激情和能力。最后是风险分析和退出机制两部分，创业一定有风险，要有防范意识，还要有合理的退出机制。

（三）数据真实、规划合理

创业计划本质上是创业者对创业项目未来发展的一种规划，是建立在预测的基础上的。创业过程是动态的，创业者面对的是不可完全预知、快速变化、充满不确定性的未来。尤其是市场分析、竞争分析、财务分析部分有大量的数据，有时效性，也会受到信息获取的限制。即使创业活动面临很大不确定性，创业者也应该努力确保创业计划信息的相对真实性。规划是建立在数据分析的基础上的，只有数据真实，规划才能更加合理。

数据真实是指市场预测必须建立在对创业环境的现有信息进行分析的基础上。规划合理是指要在数据真实的基础上，使用科学的方法进行数据分析，并合理规划项目的未来发展。具体来说，数据真实性表现在以下几方面：①调研问卷的真实性；②市场分析数据的真实性；③竞争者分析的真实性；④财务报表的真实性。规划合理则体现在对以上真实数据分析的科学性和动态调整上。

二、创业计划书的撰写技巧

根据以上撰写原则，为了使创业计划书呈现出项目特色和优势，并最终获得投资人的青睐，创业者在撰写创业计划书时还应掌握一些撰写小技巧，具体表现在以下方面。

（一）采用合理的结构体例

各类组织和投资机构对创业计划书的结构没有硬性规定，但是适用于不同用途的创业计划书的体例基本一致。以大学生创业项目为例，一方面，在结构和体例上，一般使用符合基本结构要求的创业计划书，做到结构完整、逻辑清晰、数据真实，论述有理有据，让评委和投资人从创业计划书的目录和执行摘要中就可以判断创业团队有没有接受过规范化的创业教育和培训；另一方面，从内容上，要体现大学生创业团队的创业热情，并在创业的道路上不断完善团队管理、项目运营等，做到形式与内容并重。

创业计划书的体例看似简单，但仍要努力做到更好。特别是拿给投资人看的创业计划书，是投资人对项目的第一印象，包装不必太精美，但是要规范，可以采用透明的封面和封底。不要过度使用文字处理工具，否则会使创业计划书显得不够专业。一些体例上的用心可以显示你的细心，例如，将设计精美的标识或者徽标放在计划书封面和每一页的眉题上，会给阅读者留下深刻印象。

按照上文提到的创业计划书的一般格式逐项检查，不能有任何遗漏和错误。封面信息不全、表格格式混乱、图表不排序、图片不清晰等，这些小疏漏会使投资人认为创业者准备不充分、态度不认真、不负责任，进而影响其投资决策。

（二）内容设计与过程组织

创业计划书的内容应建立在市场调研或其他间接来源的真实数据的基础上。在撰写正文过程中，涉及市场分析、竞争分析和财务分析部分，可以先组织撰写市场分析、竞争分析这一部分，再结合总体的发展规划和各项运营目标，编写产品开发以及财务分析等信息。实践中，创业者经常在财务分析部分花费大量时间，特别是大学生创业项目，团队中如果没有会计学类专业背景的成员，会花费大量时间却不能很好地描述详细的财务计划，反而因此忽略了市场调研，这是不可取的。财务分析应建立在市场分析和竞争分析的基础上，市场分析的内容真实可靠，具有说服力，即使财务分析欠缺一些也无妨，因为投资人和评委更青睐有真实数据支撑的项目。

创业计划书的撰写是一个不断完善的过程，随着撰写工作的深入，创业者能够获取的新市场、潜在顾客等相关信息越来越多，或越来越具体，这时，创业计划书也要做出相应的调整。甚至随着掌握的相关信息越来越多，创业者的个人目标和追求都会随之改变，这些都会影响企业所有权方式、销售预期、盈利预期以及融资方式等方面的决策。创业计划书的内容设计是动态的过程，随时都需要进行调整。在这一过程中，创业者需要以坦诚的态度、开放的心态，不断修改和完善创业计划书。

相关信息的获取有很多方式，有直接的，也有间接的，如市场调研、行业数据、专家咨询等，其中，市场调研可以获取一手数据，属于直接信息，要体现真实性；行业数据属于间接信息，要说明来源和出处。另外，根据技术和市场的新颖性采用的具体方式也有所差异，花费的精力也不同，比如针对新材料、新技术，没有现成的行业信息，这时就需要花费较多的精力和时间进行市场调研。

最后，创业计划书的内容要尽量规避不该有的错误。无论创业计划书的其他部分有多好，都必须绝对避免这些使创业计划注定被拒绝的错误，哪怕只犯了其中一个错误。

拓展阅读

与创业计划书相关的重要文件

1. 战略规划书

企业战略规划是指依据企业外部环境和内部资源状况及其变化，来制定企业的长期发展目标、规划与具体的实施战略。战略规划是一个动态的过程，在特定的时期，企业往往会根据之前战略规划的实施情况来调整战略，并制定新的战略规划。战略规划书是反映企业战略规划的文件。

清晰的战略规划决定着企业的发展方向、市场定位以及重大经营策略，是创业计划最终获得成功的重要基石。因此，战略规划书也可以单独列出来，为后期撰写创业计划书提供充分的依据。由于战略规划书的内容与创业计划书的内容有重叠部分，因此其核心内容在创业计划书中突出体现即可。

2. 项目可行性分析报告

项目可行性分析报告通常是指在投资决策之前，对与拟实施项目相关的自然、社会、经济、技术等条件进行调研、分析、比较，预测项目完成后的社会经济效益，并在此基础上科学性地综合论证项目实施的必要性、财务的盈利性、经济上的合理性、技术上的先进性以及实施的可能性和可行性，从而为投资决策提供科学依据。编制项目可行性分析报告是确定和实施项目前具有决定性意义的工作。

项目可行性分析也是创业计划书撰写的前提，创业计划书的定义中明确指出，创业计划书是基于项目的科学调研分析形成的。因此，项目可行性分析报告是创业计划书衍生的重要内容之一。

3. 年度经营计划

年度经营计划是指企业为达到战略目标、实现企业长远发展而制订的下一年度的一系列目标、计划及行动方案。

由于年度经营计划是创业计划书初期工作计划落地实施的有力保障，因此它也是创业计划书的重要补充内容之一。

4. 项目管理规划

项目管理规划是对项目管理的各项工作的综合性的、完整的、全面的总体计划。

我们可以将创业项目理解为一个整体项目，将创业过程中产生的一些项目理解为独立的子项目，这里主要指后期的一些子项目管理规划。项目管理规划是确保创业计划书中各个子项目得以有效实施的重要方案，也是创业计划书的重要补充内容之一。

任务三　创业计划书的展示技巧

如前所述，创业计划书的主要目的之一是获得资金支持。创业计划书定稿之后，创业者及其团队面临的主要挑战就是如何将创业计划书推介给投资者。如果为了参加全国性及各地区举办的创业计划大赛，或者为了争取政府部门或社会部门设立的创业基金，那么创业计划书的展示与推介就更加重要。据此，创业者需要了解如下有关创业计划书的展示技巧。

一、创业计划书作为推销性文本本身要引人入胜

一般来说，创业计划书的撰写本身要做到引人入胜应该注意三个方面的问题：（1）结构合理，清晰精练，能在短时间内让投资者选择他们想要阅读的部分；（2）尽量使用比较客观的语言来说服投资者；（3）要通俗易懂，让没有专业技术背景的大众也能读懂。

二、创业计划书的展示必须有宣传片、PPT 的配合

在正式介绍创业计划书之前，播放一段激动人心的创业计划宣传片是非常必要的，这样能提前调动现场所有人员的注意力和好奇心。同时，创业者还必须做到：一方面，展示的创业计划 PPT 一定要制作精美，但又不能烦琐；另一方面，突出项目的新颖独特性、良好的市场前景以及优势互补且高素质的创业团队。此外，展示的 PPT 以 10 ~ 15 张幻灯片为宜，时间不宜超过 20 分钟。

三、发挥激情在展示创业计划书过程中的重要作用

创业需要激情。缺乏激情的创业计划，很难激发投资者的认同，因此，在创业计划书的展示过程中，也应将自己的创业激情融入其中。风险投资者进行投资决策时，除了考虑项目本身的优劣外，更看重的是创业者及其团队成员的个人魅力与能力，而展示创业计划书中所体现的这种激情，将是打动风险投资者的有效途径，从而极大地增加了创业者获得资金支持的概率。

四、努力创设与投资者的互动沟通

展示创业计划书之前，应事先声明允许和鼓励在场的投资者提问或打断，以实现良好的互动与沟通。首先，创业计划书展示切忌照本宣科，自顾自话，而应始终保持与投资者的目光交流；其次，展示过程中保持开放的姿势，而不宜双手抱肘或双手在胸前交叉，以减少与投资者互动的障碍；再次，展示时可恰到好处地运用手势，有助于创业者更好地理顺自己的思路，清晰地表达自己的思想；最后，可运用生动的语言，不断活跃现场气氛，带动投资者的参与积极性。

五、应当注意商业机密的保护

为了引起投资者的强烈兴趣和足够关注，展示创业计划书时努力展现项目自身的优势和亮点，比如产品或服务的新颖性、先进的技术、独特的商业模式以及优秀的创业团队等固然重要，但是恰当地保护创业项目的核心技术和商业机密也很重要。因此，撰写或编制创业计划书时可在封面下部附上有“保密”字样的语句，或在展示前签订一份保密协议，以此来保护自己的利益。不过，对于这一点，目前还存在一些争议，因此，创业者需要谨慎处理，以防错失更多的潜在投资者。

任务四　路演

一、路演概述

（一）路演的概念

路演（Road Show），顾名思义，是指在路边进行的演示活动。来源于早期华尔街，当时股票经纪人在兜售手中的债券时，为了说服别人，总要站在街头声嘶力竭地叫卖。到后来，虽然有了交易大厅，有了先进的电子交易手段，但路演的习惯还是保留了下来，成为国际上广泛采用的股票发行推介方式，后又广泛用于各类推销性演说。创业计划书路演是指创业者通过演讲方式向投资人推销自己的项目的方式。

（二）路演的准备

1. 收集听众的资料

任何演说都是为了打动听众，让其接受你的观点、想法和思想，或作出你希望的决策和行为。因此，路演要想获得成功，就要尽可能多地收集听众的信息，所谓“知彼知己，百战不殆”。如果你的商务计划要与其他对手一起竞争，那么了解竞争对手的信息资料也十分必要。了解信息时要注意以下几点：一是注重收集对方可能存在的诉求，并对其诉求进行价值排序；二是要了解关键决策人和决策习惯，尽可能与决策者建立一定的关联关系，任何千丝万缕的关系，如毕业于同所学校、有共同的爱好、同在一个城市生活过、有共同的朋友或熟悉的人等，都可能有利于打开话题，创造更为宽松的对话环境；三是要了解自己的商务计划中哪些内容最能打动对方；四是要充分了解竞争对手并与自己的力量进行对比，哪些方面是对方能打动投资人而自己不能的，如何修补这个缺陷。

2. 收集演讲地点、环境、时间、参与者等要素

场地的大小决定着参与人数的多少，大场地演讲与小会议室演讲所适合的风格有所不同。场地条件的不同也会影响演讲的效果，不同的场所可能对 PPT 和影像资料的格式会有不同的要求。时间方面也要注意，一是演讲是不能迟到的，需要提前到达，给自己留下熟悉环境和做好心理准备的时间，甚至在有可能的情况下提前调试一下 PPT 和影像资料，了解一下话筒的音量，操作一下控制设备，非常重要的演讲也可考虑提前一

天去熟悉场地。二是演讲时间有一定的要求，如要求你 20 分钟结束演讲，你必须在 20 分钟内结束，要严格控制时间，不能超时。

3. 宣传手册、产品样品、合同书和专利书原件、服装、名片等准备

现场可能用到的宣传手册、产品样品要事先准备好，项目的宣传手册可以展示更多的内容，节省演讲的时间；一些项目产品的样品展示，也可以让投资者更直观地感受产品的用途、质量和价值，甚至可以准备一些竞争产品进行对比；一些合同书与专利书的原件展示，可能会引起投资人的关注，也会获得更多的信任。演讲者的服装也是很重要的细节，一般情况下，身着正装比较保险，表示重视和尊重。当然，若一些项目本身与服装有关，如面料、图案设计、服装设计等，身着印有公司标识的衣物等可以展示自己产品的独特性，加深评委的印象。

4. PPT 和音像等播放资料准备

PPT 内容应该简明扼要，只包含主要标题和一些解释性语句，可配图片、数据图。人们习惯于把 PPT 的内容制作得很详细，但是过多的信息会干扰听众的注意力，从而达不到预期的效果。一般而言，20 分钟的演讲 10 ~ 15 张 PPT 即可，不能过多。宣传片等音像资料的播放要根据听众和时间做适当的调整。

5. 演讲者准备

是一个人演讲还是有团队成员参与共同演讲，这与举办方的要求有关。但许多路演举办方并不作演讲人数的规定，由路演者自己决定。一般来说，创始人更加了解项目，演讲会更有感染力，让投资人感觉项目更可靠，更可能落地。但若创始人不善演讲，也可考虑由核心队员担任主讲人，或采用分工的方式进行团队演讲。一个人的演讲更容易控制听众的节奏，让听众集中注意力，思路上会更连贯。团队式的演讲可以让团队成员有机会亮相，能表明团队的实力，有些技术性、市场性、财务性的问题可能会说得更专业。有些时候，也会采用一人演讲、多人回答的方式，由专业人员回答专业性问题。

6. 演讲准备

反复练习演讲可以修改在练习过程中出现的问题，也能让演讲者更熟悉自己的演讲资料，准确控制演讲的时间，从而在不利情况出现时随机应变。

二、项目路演 PPT 制作技巧

参加创业大赛的团队如果能够进入终审，也就是进入最后的冲刺环节，一般都要进行项目路演汇报。这个时候创业团队汇报的材料就要求整理为 PPT 格式的文件。虽然很多同学很熟悉 PPT 的制作，但是由于不了解项目汇报要点，未掌握项目汇报技巧，不知道评委最关注什么问题，导致最后项目汇报的效果并不理想，最终与奖项失之交臂。

创业计划书的内容很多，而项目路演时间很有限，大赛一般只给 5 分钟、8 分钟或 10 分钟的汇报时间，这就要求参赛者在有限的时间内把创业计划书的主要内容、关键内容陈述清楚，难度十分大。为了更好地做好项目路演，建议在做 PPT 路演汇报时，把评委最关注的以下九大要点汇报清楚（见图 6–2）。

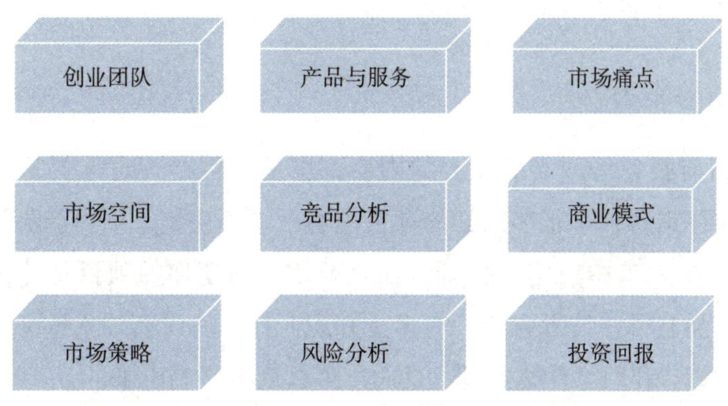

图 6–2　PPT 汇报内容九大要点

（一）创业团队

创业团队是创业项目实施的关键，所以，每个评委都会关注项目路演时创业团队的能力情况。在项目路演时，要用 1 ~ 2 页 PPT，将项目团队的专业性、互补性、协作性、创新性、执行力和学习力等陈述清楚。专业性代表团队具有实施项目的专业技术能力；互补性代表团队成员间可以弥补专业知识、专业技术、业务能力、工作经验和性格等方面的不足；协作性代表团队具有项目的协作和协同能力；创新性代表团队具有创新精神和创新能力；执行力代表团队具有顺利实施和开展项目的能力；学习力代表团队成员都具有不断学习新知识的能力。

在团队陈述时，还要注意将团队的带头人重点突出描述，尽可能将这个人的策划能力、组织能力、管理能力、专业能力等综合能力呈现出来，将其视野、格局和胸怀表述一下，尽可能突出其人格魅力。此外，在团队的陈述中，还要突出团队具有“四老”特征，即老同学、老朋友、老同事、老战友。如大学生创业团队是由本校的不同专业的同学组建的，或是由本校不同年级的师哥师姐、师弟师妹组建的，或是由上大学前的高中同学组建的，或是由一起踢球、旅游的不同学校的同学组建的，这样可以进一步强调团队成员由于具有“四老”特征，相互之间都比较了解，在今后的业务开展中磨合期会短一些。

例如，你想做一款会展机器人，这个项目属于科技类项目，技术含量较高，涉及计算机技术、网络技术、大数据技术、信息集成技术、智能硬件技术、传感器技术、人工智能技术等，这就需要在组建项目团队时，寻找懂计算机专业的人、懂网络技术的人、懂工业设计的人、懂大数据的人、懂传感器的人，以及懂人工智能技术的人来参与产品设计与研发。项目产品研制出来后，还需要进行市场推广和市场销售，又需要找到懂市场营销的人、懂市场策划的人、懂媒体宣传的人。公司运营中离不开财税管理，可能还需要一个懂财务的人来帮你做好财税规划与财务管理。为了让创业团队在一起更加融洽，可能要从你的老同学、老朋友、老同事和老战友中去寻找适合这些工作岗位的人，以便减少团队之间的冲突，缩短团队的磨合期。

（二）产品与服务

项目的产品与服务是评委最关心的内容，也是项目路演时需要完整陈述清楚的内容。在项目路演评审时，有很多同学的项目内容汇报不完整、项目产品汇报不清楚。项目的产品与服务在 PPT 中一定要提到，而且要描述清楚你的项目是什么产品，提供什么服务，这个产品有哪些技术含量，有多少知识产权，有没有技术壁垒，产品的研发采用了哪些学科知识，利用了什么原理，是通过什么途径研制出来的，产品具有哪些功能，能为什么样的用户群体提供什么样的增值服务，以及项目产品在技术方面、性能方面、成本方面、设计方面、应用方面等都具有哪些特色，项目为用户提供服务时在价格方面、效率方面、便利方面、安全方面等都具有哪些竞争优势。

产品与服务的特色与优势是汇报的重点。首先是项目特色方面的介绍，如项目在技术方面有哪些特色，是否采用了一些新的技术和工艺；在性能方面有哪些特色，是否可以具备更高、更全面的性能；在生产成本方面有哪些特色，是否因为采用新工艺而使制造成本下降很多；在节能环保方面有哪些特色，是否达到绿色减排标准等。其次是项目优势方面的介绍，如项目与同类竞争产品与服务相比，是否在技术方面超过它们，是否在产品设计方面超越它们，是否在产品功能方面比它们更全，是否在产品质量方面比它们更优，是否在环保方面比它们更好，以及项目团队是否比竞争对手强。

例如，创业项目做的是一款益智教育机器人，则要描述清楚这款机器人是否采用了人工智能、语音交互、人脸识别、远程视频、自我学习、大数据、云计算、地理位置信息、智能避障、拍照录像等技术；要描述清楚这款机器人是否使用了金属、陶瓷、碳纤维等材料；要描述清楚这款机器人在产品性能、生产成本以及使用的便利性、安全性和环保性方面是怎么样的；要描述清楚在销售这款机器人时采用的是什么服务模式，线上销售是怎么做的，线下销售是怎么做的，体验销售是怎么做的。

（三）市场痛点

在进行项目路演汇报时，一定要将项目创意的来源和起因讲清楚，否则评委不知道你的创业项目是怎么想出来的，是依据什么来确定的。在 PPT 里面一定要介绍清楚目前市场的环境是怎么样的，存在哪些市场痛点，有哪些市场服务需求。以市场痛点为例，一定要介绍清楚这些痛点是显性的还是隐性的，是紧迫的还是不紧迫的；这些痛点的强度有多大；这些市场痛点能带来多大的市场服务需求，有多大的市场机会；如何围绕解决这个痛点来做这个创业项目。一般来说，我们可以从市场价格、产品质量、产品性能、产品安全、服务质量等角度来分析市场痛点，如热水器保温效果不好，手机摄像头像素不高，眼镜镜片寿命短，墙体涂料使用后有异味散发，暖气片散热性不好，空调制冷效果不佳，汽车清洗排长队，快递送货不及时，产品包装简陋，空气净化器过滤层二次污染等。只要围绕市场痛点去分析，就会发现有很多的服务需求，存在很多的市场机会。针对市场痛点进行提炼和梳理，可以让评委清晰地了解你的项目思路。

例如，想做一个快速检测蔬菜和水果农药残留的检测仪，那你就要描述清楚这个项目的市场痛点在哪里。我们知道现在很多蔬菜和水果的种植离不开农药和化肥，如果不打农药不施肥，种植质量就会不理想。随着生活水平的提高，人们愈发重视食品健康问题，所以，一款便携式可以快速检测农药残留的小仪器应该有市场需求，且市场空间还不小。

（四）市场空间

在进行项目路演汇报时，不能仅介绍市场痛点而不提市场空间，一定要向评委汇报清楚我们调查和分析后的市场概况和市场空间情况。如果一个创业项目没有市场，或市场空间不大，那么这个项目就做不大，项目的估值就上不去，项目就很难拿到融资；如果评委看到项目的市场空间不大，给这个项目的打分就会较低。所以，我们通过分析市场痛点后，要从直接市场、间接市场、潜在市场和培育市场的角度去分析未来项目的市场空间有多大：市场空间是 5 000 万元，还是可以达到 1 亿元？是 5 亿元的市场空间，还是可以达到 50 亿元甚至 100 亿元？如果市场空间能达到 50 亿元，就有较大的市场机会，就算有 10 个公司同时在做类似的项目，每个公司年均也能有 5 亿元的市场份额，也容易引起投资者的关注。但是，如果你做的创业项目市场空间不大，只有 5 000 万元，那么如果市场上有 10 个公司，每个公司平均市场份额就只有 500 万元。公司项目销售额做不大，估值上不去，很难获得投资。

（五）竞品分析

在进行项目路演时，竞品分析是所有评委都十分关注的内容，我们一定要把这部分内容放进 PPT 中。竞品分析一方面包括目前市场中已经存在的竞品的数量，另一方面包括行业中排在前 10 名的竞争对手在产品、技术、服务、成本、品牌、资金等方面的情况。进行竞品分析时，要找出对标的竞争对手，围绕一些涉及项目产品与服务的具体内容去对比分析，评估一下我们和竞争对手之间的优劣情况。例如，在产品技术方面、在生产工艺方面、在制造成本方面、在技术壁垒方面、在知识产权方面、在销售渠道方面、在市场占有率方面、在产品售价方面、在公司品牌方面、在生产能力方面等与竞争对手进行对比分析，可以评判我们做这个项目是否有优势。

例如，想研制一款智能手机，市场上同类产品排名前几位的品牌有华为、小米、OPPO、三星、魅族、中兴、海尔、联想等，那么在做竞品分析时，就要围绕一些关键问题进行对比分析，看看我们是否有机会在市场分一杯羹。如在手机设计、手机芯片、手机摄影、手机内存、手机显示器、手机驱动、手机外壳材料、手机人工智能、手机音响、手机专利、手机生产能力、手机生产成本、手机售价、手机销售渠道等方面，进行有针对性的定性和定量的对比分析。

（六）商业模式

在进行项目路演时，一定要说清楚项目的商业模式。评委最关心你的项目是如何挣钱的，是靠什么手段和方法挣钱的，这种商业模式是否新颖，是否独特，是否有创意，是否具有颠覆性，以及这种商业模式与传统的商业模式有什么不同，其构思和规划的精巧之处在哪里。所以，在 PPT 中，我们要清晰地描述项目是采用什么样的技术手段和方法，通过什么样的具有创新性的商业模式来实现盈利的。

例如，共享单车通过一个骑车 App，就把想骑车用车的人引流到这个共享单车平台上，在提供金融租赁服务的同时，不仅沉淀了一大笔注册资金，还能获取用户骑车使用费。其商业模式的延伸性十分强，既可以从户外广告及大数据挖掘上挣钱，也可以从金融理财的角度挣钱，还可以用大笔的资金进行投资与股权收购。

（七）市场策略

在进行项目路演时，市场策略的描述也十分重要。要在汇报 PPT 时，向评委介绍清楚你这个项目的公司战略和市场策略是什么。公司战略一般比较容易介绍，作为创业公司，大多采用差异化战略，走蓝海战略的道路，躲避激烈的市场竞争，在市场的空隙中寻找机会。市场策略可能没有时间介绍得那么详细，但是最起码要介绍清楚你的产品策略、价格策略、渠道策略、促销策略是怎样的。当然，进入互联网社会的今天，你还要为销售策略插上互联网的翅膀，以便使公司运营得更好，所以“传统营销 + 互联网营销”也是需要你完整汇报的。对于不同的创业项目，如技术研发类、产品设计类、技术服务类、技术咨询类、专题培训类、会议会展类等，可以运用的市场策略不同，最好能针对创业项目采用适合的市场策略。

例如，参赛的项目是手工定制皮具，你不仅可以在网上开店做宣传，还可以在线下做 DIY 体验店。一方面，可以通过线下培训教学，提供给学员制作皮包的材料和工具，让学员体验 DIY 制作，并将学员亲手制作的产品卖给学员；另一方面，可以利用网上直播、录播培训过程，在网上卖课和销售定制的皮具。

（八）风险分析

在进行项目路演时，风险分析与控制的内容一定要有。现在很多创业大赛的评委都是投资人，他们对项目的风控很关心。你要在 PPT 中围绕项目的政策风险、市场风险、技术风险、管理风险、人才风险和资金风险等可能存在的风险进行分析，并提出应对措施，给出防范预案。新创企业，市场风险、技术风险、管理风险和资金风险肯定存在，所以千万不要回避风险分析。如果项目方向与国家产业政策方向一致，不存在政策风险，那也要说清楚。风险分析得太多并不是坏事，能够让我们更加清楚地了解项目可能存在哪些风险。只要我们提前制定预防风险的措施，可以防控风险的发生，评委就会更认可我们对风控分析的全面性，就会更加看好我们这个创业团队。

例如，中水处理回收利用项目，就要围绕我国的环保政策、中水处理技术、市场空间与竞争态势、公司管理现状、团队人员情况和资金管理等方面的风险进行风控分析。

（九）投资回报

在进行项目路演时，一定要介绍项目的财务分析结果及投资回报情况。作为创业计划和创业实践项目，一定是要有收益的。一般来说，我们在 PPT 中，要将项目的年销售额、年利润额、年毛利率、年销售额增长率、年利润额增长率、投资回收期、投资回报率等关键财务指标说清楚。由于是创业公司，创业第一年的财务指标普遍不理想，所以可以将创业第二年、第三年的预期财务指标写在 PPT 中，这样就可以将每年的财务指标动态变化情况清楚地呈现给评委。

例如，要做的项目是一款大棚种植的现代农业项目，就要描述清楚项目的财务指标，包括每年的项目支出、每年的销售额、每年的利润额、每年的利润率、年销售增长率、年利润增长率、年投资回收期、年投资回报率等。

三、项目路演的十大禁忌

在做创业项目路演汇报时，常用的形式是 PPT。PPT 制作质量的好坏与汇报者临场发挥的效果，直接影响着项目汇报效果，对能否获得好的成绩至关重要。参赛者进行项目路演时应该重点避免十大禁忌（见图 6–3）。

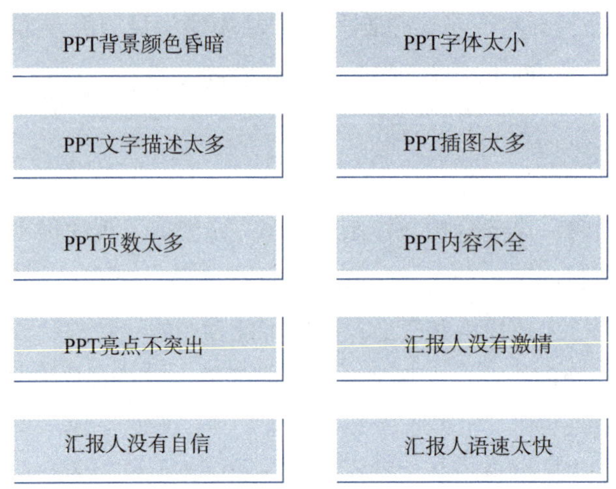

图 6-3 创业项目路演汇报应重点避免的十大禁忌

（一）PPT 背景颜色昏暗

很多项目汇报的 PPT 背景颜色昏暗，这是很忌讳的。如果参赛者用于项目汇报的 PPT 背景制作得很昏暗，字体和背景颜色很接近，字体不突出，评委看 PPT 时就会看不清楚，看几页就会觉得很累。这样的话，评委对你的印象就不好。一方面，评委由于看不清楚项目内容难以完全了解清楚项目情况；另一方面，评委由于看 PPT 很累容易烦躁。在这种情况下，让评委给你打出高分就比较难了。比如，你制作的 PPT 采用的是浅绿色或浅黄色的背景，而你 PPT 的文字使用白色字体，文字内容看起来就会十分模糊；又如，你制作的 PPT 采用的是灰色的背景，而你使用的是黑色字体，字体颜色与背景颜色太接近，距离 PPT 较远的评委根本看不清楚 PPT 内容。所以，在制作 PPT 时，第一个要注意的地方就是要让 PPT 文字与背景鲜明、突出，千万不要采用与文字颜色相近的背景颜色，要让评委看得很舒服、很清楚、很真切。

（二）PPT 字体太小

很多项目汇报的 PPT 内容字体很小，这也是很忌讳的。在项目路演时一定要明确，PPT 汇报是给评委看的，要让评委看得清楚、看得明白、看得舒服。一般项目路演时 PPT 屏幕与评委会有一定的距离，如果你的 PPT 里面的文字很小，评委就不容易看清楚。如果你在项目文字内容描述时使用的字号大小一致，评委就看不到醒目的标题；如果你在文字描述时不仅字体大小一致还使用同一个颜色，就更不容易让人一眼看清楚哪些是重点内容。所以，在制作 PPT 时，一定要用黑体字或大号字来突出标题，用颜色来突出重点部分。总之就是要让评委在瞬间能捕捉到哪些内容是重点，哪些内容是亮点，在最短的时间内了解 PPT 所介绍的项目内容。

（三）PPT 文字描述太多

很多项目汇报的 PPT 文字太多，整页都是文字描述，有的 PPT 一页有七八行文字，把 PPT 的空间填充得满满的，项目内容描述十分啰唆，看不到项目的重点，也看不出项目的亮点，这也是很忌讳的。有些汇报者在路演汇报时从头到尾逐字念，再加上语气很平淡，音调没有起伏，让评委看得发晕，听得没心情。

项目路演汇报都是有时间限制的，如果 PPT 文字太多，汇报时一个字一个字去念，汇报时间肯定是不够的。为了避免这类现象的发生，建议在制作 PPT 时，每一页项目内容的文字千万不要写得太多，文字表述千万不要啰唆，要尽可能突出项目重点，提炼项目亮点，最好能用关键词、提示符和一些图表来表述清楚重点内容，让评委在最短的时间内就能够了解清楚项目内容，以及哪些内容是项目重点，哪些内容是项目亮点。

（四）PPT 插图太多

很多项目汇报的 PPT 插图太多，有些 PPT 不仅插图多还布局凌乱，再加上项目内容的文字与插图配合得不协调，使 PPT 汇报效果十分不好，这也是很忌讳的。

由于 PPT 空间有限，为了更好地提升项目汇报效果，可以采用一些插图来提高 PPT 的生动性和展示性，但是切记不要弄巧成拙，要由繁至简，由多至精，通过有限的插图，尽可能完美地展示 PPT，突出想要介绍的项目重点，特别是项目的亮点。有的项目在进行路演 PPT 汇报时，把十多个专利证书的影印件全部插入其中，不仅看起来十分乱，专利名称和专利号还看不清楚，并没有达到汇报的完美预期效果；有的项目在进行路演 PPT 汇报时，把很多开展项目服务活动的照片插入其中，显得汇报内容啰唆，不仅 PPT 篇幅增加了很多，还占用了更多的汇报时间；还有的项目在进行路演 PPT 汇报时插图多、文字少，项目内容描述不清晰、不完整，汇报效果也不好。

（五）PPT 页数太多

一般来讲，大赛组委会给每个项目路演汇报的时间在 8 ~ 10 分钟，回答评委提问时间控制在 3 ~ 7 分钟，时间十分有限。很多项目汇报的 PPT 页数太多，有的 PPT 页数有 20 多页，有的 PPT 页数甚至有 40 多页，致使项目路演时根本汇报不完，从而导致由于项目汇报不完整而被评委扣分。项目路演的汇报人要在 8 ~ 10 分钟的时间里，完整、清晰、全面地把项目汇报好，难度十分大。再好的项目，如果汇报内容不完整，汇报重点不突出，汇报亮点不鲜明，汇报结果不理想，都不可能拿到高分。所以，用于项目路演的 PPT 如果页数太多往往是很忌讳的。为了能够控制好汇报时间，完整地汇报项目，一定要控制好 PPT 的汇报页数。路演汇报时应重点介绍项目的主要内容和核心内容，突出项目亮点。

（六）PPT 内容不全

在进行项目路演时，项目的 PPT 汇报内容不全也是比较常见的现象。参赛者来参加项目路演本来是要汇报项目内容的，如果在好不容易争取到的项目路演机会中不能完整地介绍清楚自己的项目，是十分可惜的。很多参赛者并不清楚应该如何编写 PPT 的汇报内容，不清楚应该如何突出 PPT 汇报中的项目重点，从而使本来还不错的项目由于没有汇报好而与大奖擦肩而过。由于项目路演的时间十分有限，不可能将创业计划书的内容全部复制进 PPT，这就要求参赛者把创业计划书中主要的模块尽可能呈现在 PPT 里面。一方面通过 PPT 的展示来介绍项目，另一方面通过口述来补充介绍 PPT 中没有提到的内容。一般来说，做项目路演用的 PPT，最起码要包括以下项目模块内容：创业团队、产品与服务、市场痛点、市场空间、竞品分析、商业模式、市场策略、发展规划、资金筹措、财务分析、风控分析、创新点、知识产权等。如果有可能，最好能用 SWOT 或 PEST 工具来做竞争态势分析。这么多模块内容可能 PPT 不能完全写进去，有些内容最好用关键词或提示符来提示解说汇报。

（七）PPT 亮点不突出

很多项目汇报的 PPT 亮点不突出，项目没什么特色，这也是比较忌讳的。在参加创业大赛项目路演时，比的就是项目特色，比的就是项目优势，比的就是项目的创新性，比的就是项目的盈利性，比的就是项目的成长性。如果你在进行项目路演时不能说出你的项目亮点和项目优势，不能突出你的项目的创新性和成长性，不能说出你的项目特色，一般不会获得评委的青睐，不太容易获得高分。所以，在制作 PPT 时，一定要围绕创业计划书的主要模块内容，梳理和提炼有项目亮点的内容，将之复制到 PPT 中来，并尽可能有条理地、完整地汇报清楚项目的特色与优势，无论是产品的特色与优势还是团队的特色与优势，无论是市场的竞争策略还是项目的发展规划，无论是市场空间还是融资计划，都要尽可能地表述完整、汇报清楚、突出重点。

（八）汇报人没有激情

很多项目汇报人在汇报项目时，语气平平淡淡，音调没有起伏，没有激情，这种形式的路演也是很忌讳的。来到路演的舞台是参加创业大赛的，而创业本身就需要激情，如果你汇报自己的项目都不能表露出激情，不能打动台下的评委，不能与评委形成激情互动的气场，这样的路演汇报就是失败的，这种状态的项目汇报很难让评委打出高分。所以，在进行项目路演汇报时，一上场就要充满创业的激情，语调要抑扬顿挫，最好还能增加一些肢体语言来提高汇报的效果，尽快形成与评委的互动，增加评审现场的气场能量，以争取评委对你的好感。

（九）汇报人没有自信

很多项目汇报人在汇报项目时，汇报声音很小，表情不够自然，不敢正视评委，非常不自信，这也是十分忌讳的。既然来参加创业大赛，就要保持高度的自信，千万不能表露出对自己的项目没有自信，如果你对自己都没有自信，凭什么让评委给你打高分？所以，在进行项目路演时，一上台就要充满自信，要正视评委，要放松身心，要把你自己的项目中最好、最有亮点的内容告诉评委，要通过路演汇报告诉评委你的团队是最优秀的，你的项目是最有创新性的，你的项目是最有竞争力的，你的项目是最有发展潜力的，你的项目是最棒的。

（十）汇报人语速太快

很多项目汇报人在汇报项目时，语速太快让人听不清楚，汇报时中间没有停顿，汇报的重点内容也不突出，这种形式的路演也是十分忌讳的。汇报项目时一定要清楚你是要将项目说给评委听的，一定要让评委听清楚、听明白，如果评委听不清楚、听不明白，即使你认为自己的项目很好，那评委给出的分也不可能太高。所以，在进行项目路演汇报时，一定不要紧张，要有自信，要完整清楚地向评委介绍自己的创业项目，语速不能过快，咬字要清晰，要让评委能听清楚、听明白，要让评委尽可能多地了解你的项目。在汇报项目时，还要注意属于项目重点内容和亮点内容的地方，尽可能地放慢语速，增加音量，以期加深评委印象。

思考讨论

1. 创业计划书有什么作用？
2. 创业计划书应包含哪些内容？
3. 撰写创业计划书应遵循哪些原则？
4. 简述创业计划书的展现技巧。

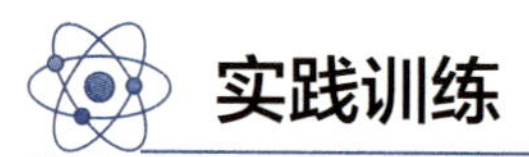

实践训练

实训 1——撰写创业计划书

【实训目的】

1. 了解创业计划书的内容要素。

2. 认识创业计划书的撰写要点。

【实训流程】

流程 1：了解创业计划书的基本内容

请阅读教材或看相关资料，写出创业计划书应该包括哪几个部分，尝试理解这几部分的内容。

____

____

____

____

流程 2：找创业计划书模板

请找一份创业计划书空白模板，继续了解创业计划书内容撰写框架。当你有一个创业项目要写创业计划书时，你会如何着手？把你的见解与疑问记录下来。

____

____

____

____

流程 3：找一份创业计划书范本

请按照以上模板，找一份有内容的创业计划书范本，看看它的每一部分是怎么写的，并记录你的收获。

____

____

____

____

流程 4：选择创业项目并讨论

根据班级实际情况，将全班同学分成若干小组，各组要认真考虑，分别选择一个创业项目，小组各成员讨论创业计划书的内容和重点，并做好小组记录。

项目名称：
小组成员：
计划书的内容：
计划书的重点：

流程5：撰写创业计划书

针对创业项目，各小组分别撰写一份创业计划书，请将撰写过程中遇到的具体问题记录下来。

流程6：小组交流

各小组针对在撰写创业计划书过程中遇到的问题进行交流，一起分析、解决上一步遇到的问题，做好记录。

【实训思考】

如果创业之前不写创业计划书，会怎样？在撰写创业计划书的过程中，你有什么感悟？

实训 2——创业计划书路演

【实训目的】

1. 掌握创业计划书路演 PPT 的制作方法。

2. 掌握创业计划书路演技巧。

【实训流程】

流程 1：制作创业计划书路演 PPT

1. 提炼创业计划书的重点和特殊内容。

2. 选择创业计划书路演 PPT 模板。

3. 制作和修改创业计划书路演 PPT。

（注意：PPT 演示是向评委展示大赛成果的重要环节。有创意、新颖的 PPT 不仅可以给在场的观众造成视觉冲击，吸引在座者的目光，还可以拉近展示人员与评委的距离，使评委更加真切地感受到创业者的努力。）

流程 2：创业计划书路演

1. 邀请 5 位参赛过的学长、学姐，在班级选出 2 位同学，作为评委。

2. 以小组为单位，在班级开展模拟路演。

3. 路演结束后，评选出一等奖 1 名，二等奖 2 名，三等奖 3 名，同时由同学投票选出最具吸引力的创业项目、最佳演讲人、最佳路演 PPT 等。

模块七　新企业的创办与生存管理

模块导读

与创业过程的其他环节相比，成立新企业是创业过程的关键步骤，因为成功创建新企业不仅是创业的实际活动，更能体现和检验创业成果。“路漫漫，其修远兮”，作为创业者必须清楚：创业的真实故事，才刚刚开始，“吾将上下而求索”。

案例导入

小林是一名刚毕业的大学生，他拥有一项计算机软件专利，现在正计划开办一家计算机企业。他倾向于创办一家个人独资企业，因为他喜欢自己做老板。在这种企业形式下，他可以拥有完全的经营决策权，并且享有企业的全部经营利润。但是个人独资企业经营风险较大，计算机行业的竞争也很激烈，万一经营失败，他就要承担无限的经济责任。

小林的大学同学小张愿意出资 5 万元与小林成立合伙企业。小林觉得合伙企业也不错，合伙人的加入可以使他们有更多的资金、创办一家更大的企业，且二人可以分担经营风险。但是合伙企业的经营决策，必须由小林与小张共同做出，合伙企业的经营利润也需要按照合伙协议进行分配。

有一家风投公司认为小林的项目很有潜力，愿意出资与其成立有限责任公司，并提出了小林可以以技术入股、占 30% 股份的建议。小林觉得这样的话，风险相对较小，筹到的资金也会更多。但是有限责任公司设立的程序比较复杂，创办费用较高，法律法规对有限责任公司的要求较为严格，并且自己仅占 30% 的股份，在公司的一些重大经营决策上会受到其他股东制约。

现在，小林正在认真分析他有可能采用的各种企业形式的优缺点……

项目一　企业的创办

创业者通过市场分析找到了创业机会，组建了创业团队，撰写了创业计划书，获得了创业资金后，就可以开始着手创立一家企业了。

任务一　企业组织形式的选择

创业过程是一个建立组织及带领组织逐渐成长、发展的过程。创业的第一步，除了做好资金、资源、心理等准备之外，极为重要的一件事就是针对自身情况，选择一个合适的企业组织形式。一般来说，创业者可选择的企业组织形式有个人独资企业、合伙企业和公司制企业 3 种。

一、个人独资企业

个人独资企业是最简单的企业组织形式，是指依照《中华人民共和国个人独资企业法》(简称《个人独资企业法》) 在中国境内设立的，由一个自然人投资，财产为投资人个人所有，投资人以其个人财产对企业债务承担无限责任的经营实体。

个人独资企业是非法人型企业，个人独资企业的财产属于投资人个人所有。在企业财产无法清偿债务时，投资人以个人财产承担债务。在各类企业组织形式中，个人独资企业的创设条件最简单，办理手续最简便，尤其适用于初涉市场、资金实力有限的创业者。

根据《个人独资企业法》第八条规定，设立个人独资企业，应当具备下列条件：

(1) 投资人为一个自然人；

(2) 有合法的企业名称；

(3) 有投资人申报的出资；

（4）有固定的生产经营场所和必要的生产经营条件；

（5）有必要的从业人员。

二、合伙企业

合伙企业是指依照《中华人民共和国合伙企业法》（简称《合伙企业法》）在中国境内设立的，由两个或两个以上的合伙人通过订立合伙协议，共同出资、合伙经营、共享收益、共担风险，并对合伙企业债务承担无限连带责任的营利性组织。

合伙企业的类型有普通合伙企业和有限合伙企业。其中，普通合伙企业由普通合伙人组成，合伙人对合伙企业债务承担无限连带责任；有限合伙企业由普通合伙人和有限合伙人组成，普通合伙人对合伙企业债务承担无限连带责任，有限合伙人以其认缴的出资额为限对合伙企业债务承担责任。

合伙企业也是非法人型企业，不具备法人资格。在现代企业中，合伙企业所占比例较高，是一种灵活、简便又不失一定规范和规模的企业组织形式。

根据《合伙企业法》第十四条规定，设立合伙企业，应当具备下列条件：

（1）有两个以上合伙人，合伙人为自然人的，应当具有完全民事行为能力；

（2）有书面合伙协议；

（3）有合伙人认缴或者实际缴付的出资；

（4）有合伙企业的名称和生产经营场所；

（5）法律、行政法规规定的其他条件。

三、公司制企业

公司制企业是指按照《中华人民共和国公司法》（简称《公司法》）规定，由法定人数以上的投资人（或股东）出资建立、自主经营、自负盈亏、具有法人资格的经济组织。公司是企业法人，以其全部财产对公司的债务承担责任。我国的公司制企业包括有限责任公司和股份有限公司两种形式。

（一）有限责任公司

有限责任公司是指由 50 个以下股东共同出资，股东以其认缴的出资额为限对公司承担有限责任，公司以其全部资产对公司债务承担责任的经济组织。

有限责任公司是所有企业组织形式中最成熟、最规范、最先进的形式。因此，不少创业者在进行投资时都选择了这一企业组织形式。

根据《公司法》规定，设立有限责任公司，应当具备下列条件：

（1）股东符合法定人数；

（2）有符合公司章程规定的全体股东认缴的出资额；

（3）股东共同制定公司章程；

（4）有公司名称，建立符合有限责任公司要求的组织机构；

（5）有公司住所。

（二）股份有限公司

股份有限公司是指将公司全部资本分为等额股份，股东以其认购的股份为限对公司承担责任，公司以其全部资产对公司债务承担责任的企业法人。

根据《公司法》规定，设立股份有限公司，应当具备下列条件：

（1）发起人符合法定人数；

（2）有符合公司章程规定的全体发起人认购的股本总额或者募集的实收股本总额；

（3）股份发行、筹办事项符合法律规定；

（4）发起人制订公司章程，采用募集方式设立的经创立大会通过；

（5）有公司名称，建立符合股份有限公司要求的组织机构；

（6）有公司住所。

各种企业组织形式没有绝对的好坏之分。对创业者而言，需要考虑的是选择哪种企业组织形式更有利于新创企业的生存与发展。各种企业组织形式的优势与劣势比较如表 7–1 所示。

表 7–1 各种组织形式的优势与劣势

企业组织形式	优势	劣势
个人独资企业	①企业设立、转让和解散等行为手续简便，仅向登记机关登记即可，且费用低 ②创业者拥有对企业的控制权 ③企业经营灵活性高，可迅速对市场变化做出反应 ④利润归创业者所有，无须与他人分享 ⑤只需缴纳个人所得税，无须双重纳税（即不用缴纳企业所得税） ⑥在技术和经费方面易于保密	①创业者承担无限责任 ②不易从企业外部获得信用资金，筹资困难 ③企业寿命有限，易随创业者的退出而消亡 ④企业的成功更多地依赖创业者的个人能力 ⑤创业者投资的流动性低

续表

企业组织形式	优势	劣势
合伙企业	①企业的设立较简单和容易，费用低 ②企业经营具有高度的灵活性 ③企业资金来源较广，信用度较高	①合伙人承担无限连带责任 ②财产转让困难 ③融资能力有限，企业规模受限 ④企业往往因关键合伙人的退出而解散 ⑤在合伙人对企业经营有分歧时，决策困难
有限责任公司	①股东只承担有限责任，风险小 ②公司具有独立寿命，易于存续 ③公司所有权与经营权分离，聘任职业经理人管理，更能适应市场竞争 ④以出资人的出资额为限承担公司的经营风险 ⑤促使公司形成有效的治理结构 ⑥多元化产权结构有利于科学决策 ⑦可吸纳多个投资人，促进资本集中	①税收负担较重，存在双重纳税问题 ②不能公开发行股票，筹集资金的规模与渠道受限 ③公司产权不能充分流动，资产运作受限
股份有限公司	①股东只承担有限责任，风险小 ②公司具有独立寿命，易于存续 ③公司产权可以股票形式充分流动 ④可聘任职业经理人管理，管理水平较高 ⑤筹资能力强	①公司设立程序复杂，费用高 ②税收负担较重，存在双重纳税问题 ③政府限制较多，法规要求比较严格 ④因公司要定期报告其财务状况，使公司的相关事务不能严格保密

任务二　新企业注册流程

2015 年 6 月 29 日，国务院办公厅发布了《关于加快推进“三证合一”登记制度改革的意见》（国办发〔2015〕50 号），以简化企业登记、审批的程序，提高登记效率，方便企业准入。

2015 年 10 月 1 日起，“三证合一、一照一码”登记制度改革开始在全国推行。2015 年 12 月 31 日，国家工商总局（现为“国家市场监督管理总局”）、国家税务总局联合发出《关于进一步做好“三证合一”有关工作衔接的补充通知》（工商企注字〔2015〕228 号），要求各地建立健全信息共享机制，做好企业登记和税务管理衔接有关工作，确保“三证合一”工作衔接顺畅高效。

“三证合一”是将企业依次申请的工商营业执照、组织机构代码证和税务登记证三证合为一证，提高市场准入效率；“一照一码”则是在此基础上更进一步，通过“一口受理、并联审批、信息共享、结果互认”，实现由一个部门核发载有“统一社会信用代码”（共18位）的营业执照。企业无须再次进行税务登记，也不用再领取税务登记证。“一照”即营业执照，“一码”即统一社会信用代码。

2016年6月30日，国务院办公厅颁发《关于加快推进“五证合一、一照一码”登记制度改革的通知》（国办发〔2016〕53号），在“三证合一”登记制度改革的基础上，再整合社会保险登记证和统计登记证，实现“五证合一、一照一码”（见图7–1）。

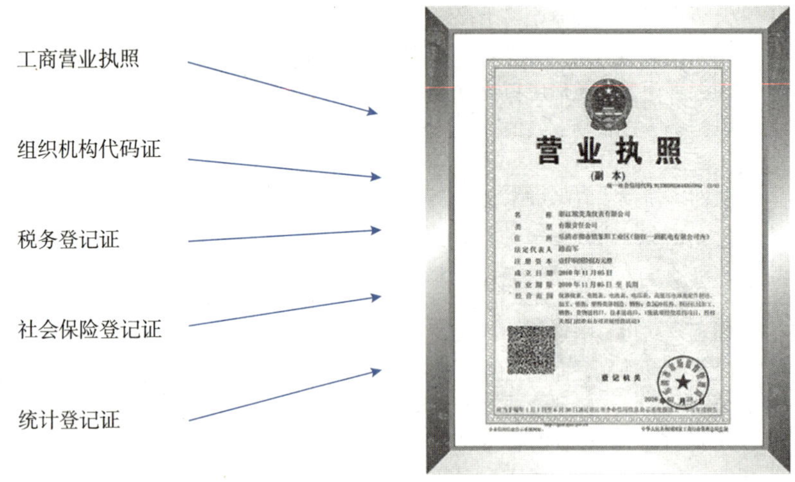

图7–1 “五证合一”的营业执照

2018年6月15日，全国各省（自治区、直辖市）级及计划单列市国税局、地税局合并，且统一挂牌。此次省级新税务局挂牌后，至2018年7月底，市、县级税务局逐级分步完成集中办公、新机构挂牌等改革事项。2018年8月起，税务局整合办税流程，全面实现了“一厅通办”“一网办理”。

上述制度简化了企业的设立登记流程。一般情况下，企业的设立登记需要经过以下5个步骤：

（1）预先核准企业名称；

（2）准备申请材料并在线提交；

（3）领取营业执照并刻制印章；

（4）银行开户；

（5）税务报到。

企业设立登记的管理机关为各省市的市场监督管理局，具体的注册登记工作可以完全通过网络平台进行。

一、预先核准企业名称

创业者设立企业时，首先需要核准企业名称。创业者可登录当地市场监督管理局官方网站，进入“网上办事大厅”或“在线办事”栏目（不同地区市场监督管理局的栏目名称不一），注册账号并登录；然后，选择“名称登记”选项，按要求填写事先准备好的企业名称并提交。在企业设立之前通过预先核准程序将企业名称确定下来，对统一申请材料中的企业名称、规范登记文件等均有重要的作用。企业名称经审核通过后，创业者即可获得《企业名称预先核准通知书》。

二、准备申请材料并在线提交

企业名称经审核通过后，创业者即可选择“企业登记”选项，按要求填写企业登记的相关信息，如企业住所地、企业类型、注册资本、经营范围、投资人名单及其出资比例等。

同时，创业者应准备企业登记的相关申请材料，并按照系统提示上传申请材料的PDF文件。对于有限责任公司的设立而言，创业者通常应准备法定代表人、全体股东、财务负责人的身份证明材料，代理人的资料，备案登记资料，公司章程，住所证明等。具体的申请材料包括以下内容。

（1）企业设立登记申请书。该申请书包括《企业设立登记申请表》《单位投资人（单位股东、发起人）名录》《自然人股东（发起人）、个人独资企业投资人、合伙企业合伙人名录》《投资人注册资本（注册资金、出资额）缴付情况》《董事会成员、经理、监事任职证明》《企业住所证明》等材料，均由法定代表人亲笔签署。

（2）公司章程。由全体股东签字；有法人股东的，还应加盖该法人单位公章。

（3）股东资格证明。自然人股东应提交身份证复印件，企业法人股东应提交加盖公章的营业执照复印件。

（4）《指定（委托）书》。即创业者委托代表或代理人办理企业登记注册手续的授权委托书。

（5）经营范围涉及前置许可项目（如危险品经营、快递业务经营等）时，创业者应提交有关审批部门的批准文件。

企业登记的相关申请材料提交完成后，市场监督管理局会在5个工作日内进行审核。如果申请材料存在问题，市场监督管理局会另行通知申请人修正后继续提交。网上审查通过后，申请人将收到《准予设立登记通知书》。

三、领取营业执照并刻制印章

创业者与市场监督管理局预约领证时间，然后携带《准予设立登记通知书》、申请人的身份证原件，到市场监督管理局领取营业执照正、副本。创业者领取营业执照之后，凭营业执照到公安机关指定刻章点刻制公司公章、财务专用章、合同专用章、法人章和发票专用章。新企业印章刻制完成后，创业者还须到公安机关及相应的主管部门进行印鉴备案。

四、银行开户

银行账户是企业为办理结算和申请贷款在银行开立的户头，也是企业委托银行办理信贷与转账结算及现金支付业务的工具，它具有监督和反映国民经济各部门、各单位活动的作用。根据《人民币银行结算账户管理办法》规定，单位银行结算账户分为基本存款账户、一般存款账户、专用存款账户和临时存款账户。各类账户均有不同的设置和开户条件。按照规定，企业只能在银行开立一个基本存款账户。

拓展阅读

单位银行结算账户

基本存款账户是存款人因办理日常转账结算和现金收付需要开立的银行结算账户。一般存款账户是存款人因借款或其他结算需要，在基本存款账户开户银行以外的银行营业机构开立的银行结算账户。专用存款账户是存款人按照法律、行政法规和规章，对其特定用途资金进行专项管理和使用而开立的银行结算账户。临时存款账户是存款人因临时需要并在规定期限内使用而开立的银行结算账户，如设立临时机构、开展异地临时经营活动、注册验证时开立的账户。

企业开立银行基本存款账户和临时存款账户的基本程序如下。

（1）企业选定开户银行，向该银行领取开户申请书并如实填写，交由主管部门审核盖章后，附上营业执照正本，交给开户银行审核。

（2）银行同意开户后，企业送交预留印鉴，包括财务专用章和法人章。

开立银行账户之后，企业可根据业务需要向开户银行购领有关结算凭证，如现金缴款单、支票等。

五、税务报到

在市场监督管理局办理完“五证合一、一照一码”登记后，创业者应携带营业执照正、副本原件，法人身份证原件及公章、法人章到税务局报到，登录税务局官网并办理税务登记业务。

课堂活动

你能分清各个公章的具体用途吗？若后期要变更公司名称，应如何办理？

任务三 企业的选址

一、影响企业选址的因素

创业者选择企业经营地址时，须考虑政治因素、经济因素、技术因素、社会文化因素、人口因素及自然因素等。其中，经济因素和技术因素对选址决策起着基础性作用。

（一）政治因素

在选择企业地址时，创业者应注意研究政府在市场发展、产业发展等方面的相关规定。例如，创业者应先研究政府在不同时期的产业发展重点和优惠政策，然后将企业建在有产业政策支持的地区，以使企业发展抢占市场先机。

（二）经济因素

经济因素决定了企业预选地址所在地的消费者购买力。消费者购买力一般体现在该地区消费者的银行存款、收入水平、家庭总收入等指标上。这些指标与该地区的经济发达程度有密切关系。因此，创业者应注意评估企业预选地址所在地的相关经济指标。同时，创业者还应注意考察企业预选地址所在地的商业环境，了解那里是否形成了具有竞争力的企业集群。一般来说，创业者将企业地址确定在相关联企业比较集中的地区更容易获得成功。

（三）技术因素

对于以科技研发与生产为方向的高新技术企业，创业者可将企业地址确定在某地区的技术研发中心附近，或者新技术信息通畅的地区，以便及时了解和掌握国内外新技术发展变化的新规律、新特点和新趋势，避免技术进步的难以预测性和技术市场变化的不确定性给高新技术企业的发展带来不利影响。

（四）社会文化因素

由于价值取向与生活态度的差异，不同文化背景的消费者对健康、营养、安全、环境等的关注程度不同。这会直接影响企业产品或服务的市场需求与市场拓展。因此，创业者在选择企业地址时应考虑企业地址所在城市的影响力、所在地区的社区文化与商业文化，分析企业产品或服务目标消费群体的文化品位与消费心理。

（五）人口因素

人口因素往往能够反映一个地区的市场需求及市场容量（即在不考虑产品价格或供应商策略的前提下，市场在一定时期内能够吸纳某种产品或服务的数量）。因此，创业者应重点了解企业地址所在地区的人口结构、人口数量、人口稳定状况，以及消费者的职业与收入状况、消费者的购买习惯等情况。

（六）自然因素

创业者应该关注所选地址的地质状况、水资源状况、气候状况等自然因素是否符合企业生产经营的客观需要。同时，创业者还应考虑地理环境对企业发展是否有利。例如，企业预选地址所在地的交通是否便利，能否为企业营销发展提供有利条件等。

案例故事

小孙很喜欢喝咖啡，一直梦想有一家属于自己的咖啡店。大学毕业后，她在亲友的帮助下，在长沙一个老小区的幽静地段开了一家咖啡馆。这家咖啡馆分上下两层，共有 30 多个座位，环境优雅舒适，很有品位和格调。

然而，经过一段时间的经营，小孙发现店里的咖啡就算只要 18 元一杯，顾客都会嫌贵，而在市中心的商场里，同样的咖啡 38 元一杯，却能吸引不少顾客。后来她才意识到，她的咖啡馆所在地段的消费能力不行。因为周边的社区多是长沙本地居民，在社区活动的大多是退休的老人，而在市中心工作的人回到家时已经是晚上了，所以无暇光顾她的咖啡馆。简而言之，由于地段不好，因此咖啡馆的效益很一般。

最后，小孙把咖啡馆转让给了一对夫妇，而这对夫妇在接管咖啡馆以后将其变成了一家棋牌室。从此，店里的生意逐渐兴隆起来。

二、企业选址的策略和技巧

科学的选址对企业的成长至关重要，因此，创业者必须掌握企业选址的策略和技巧。

（一）在搜集与研究市场信息的基础上选址

市场信息对企业选址的影响是不可忽视的。创业者可依据影响企业选址的各种因素，亲自或委托中介机构搜集市场信息，并对所搜集的市场信息进行定性与定量的科学分析，进而在此基础上科学选址。

（二）在考察与评估备选地址的基础上选址

创业者应对多个备选地址进行实地考察，并采用科学的定量分析方法对备选地址进行评估；然后按照企业“必需的”和“希望的”选址条件，对备选地址进行详细的比较与分析，最终选出最佳地址。

（三）在咨询与听取多方建议的基础上选址

创业者在选址时应咨询有经验的企业家或相关人士，听取他们的意见与建议，以获得有益的帮助；同时，还应综合分析各种信息、意见与建议，制作出备选地址的优势与劣势对比表，然后根据企业所在行业的特点与市场定位等，做出正确的选址决策。

思考活动

在实际选址过程中，你认为最难判断的是什么？你还知道哪些公司的选址策略？请自主查阅相关资料。

项目二 新企业生存管理

任务一 企业的生命周期

通常来说，企业成立后需要经历初创期、成长期、成熟期和衰退期四个阶段。

一、初创期

初创期是企业不断摸索、学习和求得生存的阶段。在这一时期，企业刚刚成立，创始人的素质和管理风格成为一切管理的核心，由于缺乏经验，经营方针也比较模糊，创始人往往很难建立规范的规章制度，因此，企业的管理尚处于不稳定的状态中，没有明确的战略和成型的企业文化，经常被意想不到的危机所左右。但也正由于这一阶段的管理没有成型，企业的创新能力也最强。

随着企业的成长，当具有创造性思想但管理不正规的企业创始人被过多细小的事务和具体的经营问题所困扰，不再能够有效地管理企业时，就会开始对企业进行变革，调整企业的组织结构并建立一个正规的领导班子，从而使企业顺利过渡到成长期。

二、成长期

成长期是企业快速发展的阶段。在这一阶段，企业的产品开始被客户接受，市场份额不断扩大，销售能力也不断增强，虽然在发展速度上可能会有所波动，但总体上能够保持较高的增长水平。不过，成长期的企业也会面临许多问题，如企业管理水平低下、运行效率不高、销售额虽在持续增长但利润却没有起色等。

其中，人力资源管理是成长期企业面临的一个重要问题。例如，企业引进的职业经理人所奉行的管理模式可能会与创始人的管理模式存在矛盾，从而导致企业内部管理出现一定的混乱；由于员工可能缺乏对企业发展方向的理解，从而导致人员流动性过高；

等等。总之，在这一阶段，创始人应当努力完善企业的规章制度，使企业的组织形式真正发挥作用，使企业走上规范的发展轨道。

三、成熟期

成熟期是指企业扩张到一定程度，市场占有率和收益达到最大化，企业声誉卓著的时期。进入成熟期后，企业的主要业务已经稳定下来，产品销售额能够保持在较高和较稳定的水平。同时，这一时期，企业的灵活性和可控性较高，组织形式与职能能够达到平衡。此外，企业的业务经验已比较丰富，能根据市场需求变化及时开发新产品，产品标准化也有所提高，并已经通过各种媒体渠道在公众中树立了良好的形象。

在这一阶段，企业管理人员的管理水平已有明显提高，各项管理制度也更为完善和专业，因此，因管理失误带来的风险大量减少。

不过，稳定的经营状况持续一段时间之后，企业的管理就开始变得僵化。各种极具约束力的规章制度也使这一时期的企业逐渐丧失活力，趋向保守，使企业的创新能力受到极大限制。

四、衰退期

衰退期是企业生命周期中的最后一个阶段，其具有以下几个特征：一是钱越来越多地花在了控制系统、福利和一般设备上；二是企业越来越强调做事的方式，而不问行事的原因、内容和结果；三是企业内部越来越缺乏创新机制。在衰退期，企业内部冲突不断、谣言四起，各部门的注意力越来越集中到内部地位争夺上，官僚主义盛行，员工更多地强调是谁造成了问题，而很少考虑去采取补救性措施来解决问题。

对于任何企业来说，不论其规模多么庞大、业绩如何辉煌，都会经历衰退期。衰退的原因可能是企业文化缺乏创新，可能是竞争激烈带来的市场饱和，也可能是管理方式的落后。

任务二　企业成长的驱动因素

当企业度过了以生存为主要特征的初创期后，就进入了以快速成长为主要特征的发展期，也称成长期。对于进入发展期的企业，其成长性并不相同，有些企业成长较快，有些企业成长较慢，甚至不少企业遇挫夭折。但一般而言，随着产品和服务逐步被市场认可，销售收入不断增加，企业规模不断扩张，成功穿越初创期“死亡陷阱”的新企业会表现出强烈的成长冲动。归纳起来，新企业成长的主要驱动力量可以概括为企业家的成长欲望、市场扩张或开发新的商机、组织资源的增加、创新与变革四个方面。

一、企业家的成长欲望

具有企业家精神的创业者，有强烈的成长欲望，工作充满热情，拥有勇于向环境挑战、识别并开发商业机会的能力。正是这些能力使得他们能够把经济资源从生产率较低的领域转移到生产率较高的领域。企业家的成长欲望是新企业实现快速成长的最关键的因素。具有企业家精神的创业者，往往目光远大，在产品投入市场并赢得一定利润后，不会以达到个人满意的生活水平和享受利润所带来的好处为目标，而是利用利润进行再投资，期望将自己的企业塑造为一个可以向行业内的标杆看齐的高速成长企业，期望在市场上创造一个为消费者所认同的著名品牌。创业者的企业家精神和成长欲望，会给新企业的成长注入最根本的驱动力。工作激情使创业者在实现企业目标时更加坚决、乐观并持之以恒，这不仅极大地激发了员工的工作热情，而且使其他企业认为不可能实现的事情在其企业里得以实现。

二、市场扩张或开发新的商机

如果新企业的产品和服务具有较强的市场竞争力，良好的市场反馈会使创业者确信自己所干的事业是有生命力的，会极大地强化创业者的企业家精神。在区域市场取得初步成功后，创业者会有很大的动力去加快市场扩张，从而推动新企业的快速成长。这里指的市场扩张包括两个方面：一方面是指在现有的区域市场，由于更多的消费者接受新企业的产品和服务，导致本地市场的扩张；另一方面是指创业者采取批发、代理、特许经营、建立直营分支机构、直销、电子商务等，将新产品和服务分销到更广阔的市场区域，进行异地扩张。

三、组织资源的增加

在一定程度上，企业成长欲望的实现取决于其所控制和能够利用的组织资源。这里，组织资源被广义地定义为人力资源、财务资源、无形资产、厂房设备、技术能力、销售网络、组织结构、管理能力等。度过初创期后，新企业拥有的组织资源不论是在数量上还是质量上都会有明显的增加，而且创业者对资源的获取、整合和利用能力也有明显的提升。这就为新企业下一步的成长奠定了必要的基础。例如，在财务资源方面，企业累计的利润和现金流，能够在一定程度上支持成长所需的资金；银行可能看好企业的发展前景，愿意提供一定额度的商业贷款；具有高成长欲望的创业者可能愿意通过出售部分股权的方式筹集更多的发展资金。又如，随着创业团队对企业的经营活动越来越熟悉，管理能力不断提高，可以在不降低现有工作质量的前提下，节约管理资源以支持企业成长。

四、创新与变革

新企业的成长具有明显的创业特征，需要持之以恒的创新精神。创业者擅长识别和追求机会的能力使新企业具有创新的优势，创新使企业能够赢得快速成长的机会。与此同时，新企业在成长的过程中会面临各种挫折和挑战，具有企业家精神的创业者会不惧挑战，审时度势，大胆变革，并以此为契机将企业推向一个新的发展阶段。哈佛大学教授拉里·格雷纳（Larry Greiner）认为，企业成长的每个阶段都由前期演进和后期的危机与变革两个部分组成，这些危机与变革加速了企业向下一个阶段跃进。企业成长的每一个阶段都有其独特的管理方式，推动现阶段成长的动力往往会成为下一阶段进一步成长的障碍，因此，能否通过创新与变革突破这种障碍是企业能否进入下一个成长阶段的关键。

任务三　企业成长的管理策略

新企业的成长与发展是一个动态的过程，是在变革创新和强化管理的基础上，通过各种资源的不断积累与整合，从而实现企业的可持续发展。新企业成长的管理策略主要有以下几个方面的内容。

一、整合外部资源

由于新企业的规模小，各种资源相对匮乏，为了在不确定的环境中持续成长，新企业必须学会整合外部资源，发挥资源的杠杆效应。为此，新企业可通过缔结战略联盟、首次公开上市等方式实现企业成长。

（一）缔结战略联盟

新企业可以通过缔结垂直联盟，使得处于营销上下游环节上的不同企业（如供应商、制造商、经销商等）共享利益、共担风险、长期合作。新企业还可以缔结水平联盟，使不同行业的企业共担营销费用，并在产品促销、营销宣传、品牌建设等方面实现资源共享，如生产刀具的企业与生产厨房电器的企业联盟。

（二）首次公开上市

新企业发展到一定的规模，符合首次公开上市的要求时，就可选择这一管理策略。公开上市可为企业带来以下好处：首先，能在资本市场上获取企业发展所需要的大量资本，并使其他金融机构对企业的信心得到增强，从而提升企业的融资能力。其次，可以提高企业的知名度，也可以提高企业在利益相关者（如消费者、供应商和投资者）心目中的可信度。再次，能为创业者在短期内创造大量财富，实现财富聚集。最后，可为企业员工和股东创造财富，使得大家对企业的发展更具信心。

二、及时实现从创造资源到管好用好资源的转变

从创造资源到管好用好资源是指企业在开发各种生产经营所必需的资源的同时，也应采取必要的措施，加强对各种资源的管理，并充分利用已开发的资源为企业创造更大的价值，实现创造与利用并举。

若企业只注重创造资源，忽视对所创造的资源进行科学管理和有效利用，则容易导致某些资源被企业内部员工占用，使企业蒙受经济损失，还可能会在无形中培养出一批同行业竞争对手。相反，若企业在生产经营中树立创造资源、管理资源和利用资源并重的管理理念与经营思想，建立起良好的企业资源管理制度和资源利用监督机制，加强对企业员工、核心技术、关键设备、客户关系等的管理，则可以确保企业的核心竞争力不受侵蚀，进而确保企业利润保持在稳定的水平上，从而使企业在市场竞争中始终占据优势。

三、形成比较固定的企业价值观和文化氛围

企业价值观是在长期生产经营活动中逐渐形成的，是由企业的管理者和员工共同分享的价值观念，是企业成长与发展的灵魂。企业一般以企业宗旨、企业精神、企业经营理念等形式，将自身的价值观传递给员工，使员工明确企业的目标，领悟企业的精神，

并努力把企业的价值追求内化为生产经营的实际行动。

企业价值观虽然是无形的，却融入了企业成长的全过程，渗透在企业生产经营的方方面面，如怎样与员工分享财富与成功，以何种方式回报社区与社会，如何利用和节约资源、保护生态环境等。

企业文化氛围是由企业员工对企业使命和愿景的期望及创业者的目标、理念和态度共同形成的，是企业应对成长过程中出现的一系列问题的关键。新企业在制定兼顾长远目标的短期目标、设立高水平的道德标准、激发员工个人的能动性、采用特定的管理方式、打造清晰的团队精神等方面所形成的文化氛围，会对企业的绩效产生十分显著的影响。主要原因是，员工清楚创业者及管理团队的目标追求与管理方式后，其在生产经营中的付出与努力将直接反映在企业业绩上，从而促进企业成长。

拓展阅读

知名企业的核心价值观

惠普

信任和尊重个人；追求卓越的成就和贡献；在经营活动中坚持诚实和正直；靠团队精神达到目标；鼓励灵活性和创造性。

华为

以人为本、尊重个性、集体奋斗，视人才为公司的最大财富而不迁就人才；在独立自主的基础上开放合作和创造性地发展世界领先的核心技术体系，崇尚创新精神和敬业精神；爱祖国、爱人民、爱事业和爱生活，绝不让雷锋吃亏；在顾客、员工与合作者之间结成利益共同体。

四、注重用成长的方式解决成长过程中出现的问题

用成长的方式解决成长过程中出现的问题，其本质是不断变革。随着企业的成长，企业的规模在不断壮大，效益越来越好，社会地位越来越高。与此同时，企业的管理也越来越复杂。为此，企业可通过以下途径来解决成长过程中出现的各种问题。

（一）创新人力资源管理

人力资源是企业实行创新与变革最重要的因素，即企业实行创新与变革需要强有力的管理团队和高素质的管理人员。为此，企业应采取积极的人力资源政策，加大人力资

源管理创新的力度。例如，通过创新人才内部培养机制，开发企业现有人才的潜力；通过创新人才引进机制，为企业引进高层次人才；通过创新利益分配机制，留住人才。

（二）创新经营管理体系

企业的经营管理体系涉及员工招聘与培训，物资采购，产品生产、运输、销售等各个环节。随着企业的成长，其经营管理越来越复杂。因此，企业只有不断变革，构建更加科学、合理的经营管理体系，才能适应成长的需要。

（三）掌握创新与变革的切入点

进入成长期的企业要善于把握创新与变革的切入点，或从经营策略切入，或从竞争策略切入，或从售后服务切入，由点及面、逐步推进。这样做的好处是成本低、见效快，失控的可能性小。即使在创新与变革的过程中出现一些问题，也能及时止损、快速调整。

五、从过分追求速度到突出企业的价值增加

新企业的成长主要表现为规模的扩大，具体体现在销售额的增长与利润的增加上。但是，企业过分追求发展速度，往往导致销售额增长很快，但利润却没有增加。因此，新企业发展到一定程度时，应通过企业经营结构、组织结构和技术结构等方面的更新与完善，企业内部资源的合理配置和企业核心竞争力的增强，使企业从追求发展速度的提升转向企业的价值增加。

项目三　企业成长创新管理

为了保持企业的竞争力和创业的活力，创业者需要进行创新管理，积极拓展新的发展渠道。企业创新是指企业主动适应环境，把握机会，不断开发新产品和新技术，突破束缚，穿越障碍，实现组织发展的过程。企业创新是企业创造力和顽强生命力的体现，是一种有组织的、系统的整体创新行为，是通过构建适当的机制，营造适当的环境，经过卓有成效的人力资源管理活动来实现的。

任务一　企业成长创新的内容

作为一个整体的创新行为，企业创新应该在不同的维度上开展，并结合成为一个有机系统。总体上说，企业创新包含八个维度。

一、文化创新

企业文化是企业的灵魂和个性，包括企业理念、企业精神、价值观念、行为准则、道德规范和企业形象等。作为一种被群体所共有的精神系统，企业文化是提高企业创新能力的重要手段。企业文化以企业精神为核心，把企业员工的思想行为引导到企业确定的发展目标上来，它又通过企业所形成的价值观念、行为准则和道德规范等，以文字或社会心理方式对企业员工的思想、行为施加影响、控制，进而激发员工责任心和创造性，培养企业团队学习精神，提高企业整体效率。企业的各项创新靠企业文化来支撑，靠企业文化来维系。

二、制度创新

制度创新是指在企业中建立适应社会主义市场经济的资源配置机制，使其面向市场，成为自主经营、自负盈亏、自我发展的微观经济主体。企业可以通过不断调整和完善用以指导员工行动的规则、规章和制度，如产权制度、经营制度、人事制度、营销制度等，优化企业内部各利益相关者的关系，在政策上鼓励创新，在制度上支持创新，合理配置相关要素，满足企业内部的一系列创新要求。

案例故事

海底捞是餐饮业的典范，将客户服务做到了极致，其员工福利是重要保障之一。海底捞领班以上员工的父母，每个月能领取海底捞给他们特发的“工资”。按照员工的等级，每月几百元不同。子女做得越好，父母拿的“工资”会越多。

三、管理创新

管理创新是指统筹经营过程的综合性创新。管理创新包括企业的组织形式、管理机制、机构设置、规章制度等广泛的内容，是企业实施创新战略的基础和保证。企业应该从组织结构及机制上创造环境，使创新战略能够顺利实施。企业应通过组织管理创新，促进科技与知识资源的优化配置，建立企业创新机制，提高创新能力。学习型组织是管理创新的典范。

四、市场创新

市场创新是指从企业与市场的关系入手进行创新。有了新技术、新产品，如果市场开发不好，企业照样没有效益。市场是复杂多变的，企业必须不断适应市场需求，经常做市场调查，研究市场，捕捉市场机会，发现市场新的需求和变化，寻找企业最佳的市场定位，进一步开发产品。市场创新是将消费者的需求尤其是潜在需求视为新的市场空间。企业要到市场上去寻找不满意与不满足，凡是消费者不满意、不满足的地方就存在需求。这种创新随着社会的发展，显得越来越重要，发展前景广阔，但难度大，有条件的企业应力求这种创新。

五、技术创新

技术创新是指新工艺设想的提出和实施以及其他领域的技术在企业经营管理上的应用。一方面，企业要加强技术开发机构建设，增强研究开发能力；另一方面，企业要加强与科研单位的合作，积极推进产、学、研结合，坚持企业自主研究开发和引进先进技术相结合，努力使企业成为技术开发的主体。技术创新也包括生产流程环节的创新，一般发生在产品创新之后。流程创新既可以体现工艺的先进性，又可以体现投入与产出的合理性。

六、产品创新

产品创新是指推出第一次上市的产品、从未出现过的产品，或对现有产品进行了主要结构、功能等方面的较大改进。技术创新最终要落实到产品创新上，这种创新是指开发适应消费者需要的新产品。不断开发新产品，是企业立足于市场的根本。从性能和制造技术来分析，企业的新产品实际上可以分为四大类，即仿制型新产品、改进型新产品、换代型新产品和全新产品。

七、营销创新

营销创新是指企业为了能提供给顾客与社会新的经济满足，实现企业的经营目标，使其营销行为在理念、体系、策略、方式等诸方面实现新的创意。与产品创新相比较，营销创新的非固定投入相对要低一些。从杰罗姆·麦卡锡（Jerome McCarthy）提出的由产品（Product）、价格（Price）、渠道（Place）和促销（Promotion）4 个主要因素组成的实际上代表销售者观点的 4P 理论，到罗伯特·劳特伯恩（Robert Lauterborn）对应消费者提出的 4C 理论，即顾客（Customer）、费用（Cost）、便利（Convenience）、传播（Communication），都属于营销创新的范畴。

八、战略创新

战略创新是指对企业过去传统的发展战略进行改造和更新，使之更加符合企业适应未来竞争的需要，并确保企业能够长久快速发展，永葆青春活力。战略创新包括制定战略评价标准、分析实际成长效果和纠正战略偏差三方面内容。由于企业外部环境不断变化，因此战略创新更为繁荣，在企业创新中的地位也更为突出。

综上所述，企业创新应具有三个特点：一是务实性，即企业创新始终坚持以市场为导向，使产业发展与科技活动紧密结合并较好地解决科技与经济脱节的难题。企业创新始终以科技成果商品化、产业化为目标，追求经济效益最大化，在创新方式、创新成果方面体现出务实性，更注重时效性。二是先导性，即企业创新以高新技术及其产品的研制、开发、生产、销售和服务为核心，率先涉足新的领域，率先采用新的理念以及新的组织管理方式，为其他企业树立榜样。三是灵活性，灵活性不仅强调企业创新要能随市场的需求而及时反应，同时要求企业的组织结构灵活和具有应变能力。

任务二　企业成长创新的方法

一、自主创新

自主创新方法是指企业主要依靠自身的人力资源和技术资源进行研究与开发，实现创新科技成果的商品化，并最终获得技术创新得到收益。由于自主创新将目标定位于技术的率先性和市场的领先地位，因此这种创新在竞争中会显示出比较明显的优点。首先，自主创新有利于创新企业为自己构筑起较强的技术壁垒。特别是当自主创新的企业在一定时期内掌握了某项核心技术时，就可借助专利的保护，通过控制关键性核心技术的转让，在一定程度上控制某种产品甚至整个行业技术发展的进程，在竞争中处于十分有利的地位。其次，自主创新的企业将技术的自主攻关和领先开发定位为追求的目标，在一个全新的技术领域寻求突破，其创新的空间是比较大的。当某项核心技术开发成功之后，很可能会带动一大批新产品的诞生，形成创新的集群现象。最后，自主创新有利于创新企业培养独立的技术能力，提高技术积累的整体水平，并在此基础上培育核心能力。

二、模仿创新

顾名思义，模仿创新是指在领先创新者的示范影响和利益机制驱动下，企业通过合法手段（如通过购买专有技术或专利许可等方式）引进技术，并在领先创新者技术的基础上进行改进创新，或者在一项技术出现以后，企业模仿新技术创新的方法。实施模仿创新方法的优势在于模仿新产品的低成本和低风险，能够超越领先创新者的产品，更好地满足市场需求。纵观国内外市场不难发现，在许多产品领域，市场占有率高的产品很多并非出自原来的领先创新者，而恰恰是后来的模仿创新者。

对于新创企业而言，模仿创新可以使其在激烈的竞争中处于有利地位，主要体现在以下三个方面：一是投入较少。模仿创新机制在创新链的中游环节投入较多的人力和物力，使得创新链上的资源分布向中部积累，可以弥补新创企业资金不足的劣势。二是风险小。模仿创新最大限度地吸取领先创新者成功的经验与失败的教训，吸取与继承领先创新者的成果，有效地降低了风险。三是成功率高。模仿创新所做的主要是学习和渐进性改进的工作，模仿创新产品由于进入市场晚，可有效回避先期市场沉默带来的损失；而且适当滞后进入市场还可以避免市场开发初期各种不确定性的风险。

三、合作创新

创新时间的缩短对创新成功起着决定性的作用。合作创新可以加速资源的整合，实现优势互补，缩短创新时间。这一模式有助于新创企业降低创新成本和风险，因为合作的双方或多方可以分摊创新成本，并分散技术创新所带来的风险。

合作创新还有助于新创企业打破技术和市场壁垒，最为常见的合作创新方式有两种：一是产学研合作创新。产学研合作创新是指新创企业与高等院校、科研机构合作创新的方法。高等院校、科研机构一般具有较强的研究开发能力，但通常缺乏生产和销售能力，如果新创企业能够与高等院校和科研机构联合起来，合作创新，就会形成优势互补、共同发展的局面，也会带来双赢效果。二是企业之间的合作创新。企业之间的合作创新方法，是指新创企业与其他企业联合起来共同创新的模式。全球经济一体化速度加快，产品更新快导致生命周期缩短，技术创新伴随着高投入和高风险等多种因素，都推动了企业之间的合作创新，甚至原来是竞争对手的企业也在进行合作。

四、引进创新

引进创新是指新创企业引进国外有市场前景的先进的和实用的技术，在此基础上进一步创新，以实现既定目标的创新方法。从国外引进技术可采取多种方式，如采取中外合资或合作的形式，在国际市场上购买专利技术，寻求国外的技术咨询和技术服务，合作研究与开发和引进关键技术或关键设备等。

新创企业通过许可证贸易等有偿技术转让方式引进实用的专有技术知识和专利，所需要的费用可能较高，但却可以使技术应用合法化，既可以节省自行探索的时间，降低风险，有时还会取得许可方的帮助，可以更快、更有效地制造较高质量的新产品。此外，也可以通过人才引进方式获得许可方的技术帮助。由于引进创新的方法不需要投入大量的研究开发力量，且成本低、风险小、收益快，因此常常被新创企业所采用。

思考讨论

1. 请简述如何为新创企业选择合适的组织形式。
2. 新创企业进行选址的原则有哪些？
3. 新创企业成长面临的挑战有哪些？
4. 如何为新创企业制定成长策略？
5. 企业成长的创新方法有哪些？

实践训练

实训 1——创业公司的组织形式

【实训目的】

熟悉企业组织形式的种类，能够区别不同企业组织形式的成立条件、特征。

【实训流程】

流程 1：熟悉企业组织形式的种类

企业组织形式，根据不同的标准有不同的分类。查找资料，找出你周边企业组织形式的种类，并分析每种组织形式的成立条件、特征、与其他形式的区别。按照企业规模划分的企业组织形式可以参考表 7–2。

表 7–2 企业组织形式一览表

企业组织形式	成立条件	特征（优缺点）	区别
个人独资企业			
合伙企业			
有限责任公司			
股份有限公司			

流程 2：分析影响因素

要选择创业公司的组织形式，创业者会分析哪些重要因素？请在理解上述内容的基础上，结合你们团队的创业项目进行分析。

____

____

____

____

流程 3：确定企业组织形式

请将以上分析要素进行总结，制作成 PPT，并向其他小组展示。

【实训思考】

1. 创业者在选择企业组织形式时应考虑哪些要素？

____

____

____

____

2. 企业在发展中，如果刚开始确定的企业组织形式不再适合企业的发展，该怎么做？

____

____

____

____

实训 2——撰写企业成长战略管理方案

【实训目的】

1. 熟悉企业战略管理的内涵。

2. 学会撰写企业成长战略方案。

【实训流程】

流程 1：熟悉企业成长战略内涵

（1）战略是一种计划，请用一句话简要概括企业的总体计划。

____

____

____

____

（2）战略是一种计策，请简要列出几个可行的计策。

____

____

____

____

（3）战略是一种模式，请简要说明企业的商业模式。

____

____

____

____

（4）战略是一种定位，请用一句话陈述企业的定位。

____

____

____

____

（5）战略是一种观念，请梳理企业价值观。

____

____

____

____

流程 2：设计企业成长战略，如表 7–3 所示。

表 7-3 企业成长战略

类别	内容要点	原因
公司战略		
竞争战略		
职能战略		

模块八　开发商业模式

模块导读

企业里构成盈利的这些服务和产品的整个体系称为商业模式。如果创业者进行了成功的可行性分析，明确了有潜力的产品或服务，开发商业模式阶段需要考虑的就是如何围绕它制定核心战略，构建合作网络，建立顾客关系，配置独特资源，以及形成价值创造。在经济发展新时代，创业者更需要对商业模式进行一系列创新，认识到商业模式创新对创业的作用。

案例导入

目前，智能健身赛道已基本完成了起步阶段，像 FITURE 这样的领先品牌甚至拥有了一个数万人规模的活跃用户群体，但大众舆论中仍有人持不同观点。他们认为中国健身文化与欧美存在很大差异，健身人口渗透率仅 5%，核心受众只是一小撮人；再加上人的惰性和健身的相对枯燥，智能健身镜想保证用户对设备的高频使用，进而实现其“硬件销售 + 内容付费”的商业模式，会遭遇到严峻的挑战。FITURE 的联合创始人兼总裁张远声也曾表示，课程内容的水准将是智能健身镜赢得用户认可的关键，毕竟健身本质上依然是一种内容服务。不论是新锐势力，还是科技巨头，在智能健身这个赛道，都必须对内容进行深耕。

纵观目前市面上各品牌的智能健身镜产品，从最早推出产品的 FITURE 到刚刚发布的小度添添，内容服务基本是通过四种模式来实现的：

一是像 FITURE 这样的新兴品牌，通过自建团队和内容工场的形式来打造与硬件功能高度融合的自制课程内容。这种模式的投入很大，但产出课程的品质也将因此保持高水平。

二是像小度添添这样，通过与第三方健身课程提供商合作来为硬件产品输入内容。这种模式的优点在于可以快速建立可观体量的课程库，但内容的定制性和与硬件的融合程度未必理想，极端情况下甚至会是“千镜一面”。

三是很多传统健身公司采取的模式，即将旗下已有的健身课程内容移植至硬件终端。这种模式的优点在于成本极低，但能否实现与硬件的高度融合也取决于厂商的技术实力，这往往也是这类公司的短板所在，其用户体验的稳定性难以保证。

四是一种比较激进的模式，即只打造核心的硬件功能，对内容采用完全开放的形式，甚至允许用户通过投屏连接来使用手机 App 的课程内容。这种模式的优点同样在于成本极低，但因为不具备任何内容上的定制性，实际上属于一块特殊的智慧大屏。

上述几种现行模式均有其优势，但从内容品质的稳定性和用户体验的完整性上来看，FITURE 模式无疑更具差异化优势，能够避免“千镜一面”。这种看似有些太重的“垂直整合”，却是实现良好体验的最优选择。据了解，FITURE 包括教练、课程研究和影视制作的整个内容团队以及内容工场都是在 2020 年自建启动的，目前已经完成了覆盖 15 个大类超过 2 000 节原创课程的上线，是各款智能健身镜中内容种类和数量最多的，甚至在整个运动健身行业里也是领先水平（见图 8-1）。

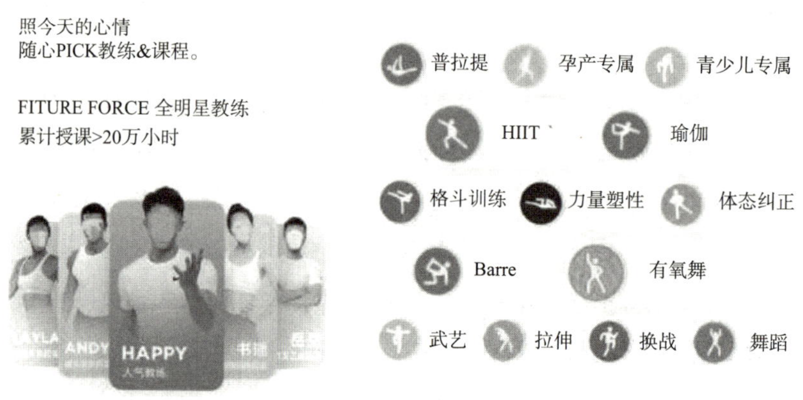

图 8-1 智能健身渠道模式

项目一 商业模式概述

作为企业存在的最基本要素，好的商业模式是企业成功的保障。未来的竞争将是商业模式的竞争。

任务一　商业模式的内涵

“商业模式”这个名词出现在 20 世纪 50 年代，直到 90 年代后期才开始被广泛使用和传播。随着各种创业活动的不断兴起，商业模式已经成为挂在创业者和风险投资者嘴边的一个名词。国内外学者对商业模式的本质和定义并没有形成共识，它是一个常被提及却说法不一的术语。例如：（1）商业模式是产品、服务和信息流的组合，它描述了不同的参与者及其角色，以及这些参与者的潜在利益和相应收益的来源；（2）商业模式不是对企业复杂的社会系统以及所有参与者关系和流程的描述，相反，商业模式描述了存在于实际流程之后的一个商业系统创造价值的逻辑；（3）互联网商业模式是公司利用互联网在长期内获利的方法，它是一个系统，包括各个组成部分、连接环节以及动力机制。

目前比较公认和常用的概念是迈克尔·莫里斯、米内特·辛德胡特和杰弗里·艾伦（Michael Morris, Minet Schindehutte & Jeffery Allen，2003）提出的一个整合性概念，他们将商业模式的定义归纳为经济类、经营类、战略类、整合类四种类型，并认为这四类定义是从经济类定义向整合类定义逐渐演化的过程。

第一，经济类定义。将商业模式看作企业的经济模式，是指如何赚钱的利润产生逻辑。其相关变量包括收益来源、定价方法、成本结构和利润等。

第二，运营类定义。关注企业内部流程及构造问题。其相关变量包括产品或服务交付方式、管理流程、资源流、知识管理等。

第三，战略类定义。涉及企业的市场定位、组织边界、竞争优势及其可持续性。其相关变量包括价值创造、差异化、愿景和网络等。商业模式的内涵正由经济、运营层次向战略层次延伸。商业模式起初强调收益模式，对收益来源的追溯使商业模式指向了创业者创业的实质，即抓住市场机会，为消费者创造更多的价值。只有满足消费者尚未得到满足的需求，或解决了市场上有待解决的问题，才能创造真正的价值。

第四，整合类定义。主要讲经济获取、企业运营、战略选择三者通过协同关系进行整合提升。

本书综合国内外学者的观点，从创业认知角度做出如下定义：商业模式是指创业者以价值创造为核心，把新创企业运行的内外资源（资金、原材料、人力资源、作业方式、销售方式、信息、品牌和知识产权、企业所处的环境、创新力等）有机地整合起来，形成一个完整的、高效率的、具有独特核心竞争力的运行系统，并通过最优实现形式（产品和服务）满足客户需求、实现客户价值，同时使系统实现持续盈利目标的整体解决方案。简单来说，就是新创企业创造价值、传递价值和获取价值的基本原理和系统。

任务二　有效商业模式的特征

一、整体与关联性

好的商业模式至少要满足两个必要条件：（1）商业模式必须是一个整体，有一定的结构，而不仅仅是一个单一的组成因素；（2）商业模式的组成部分之间必须有内在联系，这个内在联系把各组成部分有机地关联起来，使它们互相支持，共同作用，形成一个良性循环。这是核心竞争力所在。

二、能提供独特价值

有时，独特价值可能是新的思想；而更多的时候，它往往是产品和服务独特性的组合。这种组合要么可以向客户提供额外的价值；要么使得客户能用更低的价格获得同样的利益，或者用同样的价格获得更多的利益。

三、难以模仿性

企业通过确立自己的与众不同，如对客户的悉心照顾、无与伦比的实施能力等，来提高行业的进入门槛，从而保证利润来源不受侵犯。比如直销模式（仅凭“直销”这一点，还不能称之为一个商业模式），人们都知道它如何运作，戴尔公司是直销模式的标杆，其他公司很难复制戴尔的模式，原因在于“直销”背后是一套完整的、极难复制的资源和生产流程。

四、可持续性

企业的商业模式不仅是竞争对手难以复制和超越的，还应该是持续的、动态的。商业模式的相对稳定性对维持竞争优势十分重要，频繁调整和更新不仅增加了企业成本，还容易造成顾客和组织的混乱，这就要求商业模式的设计具备一定的前瞻性。但是，没有一个模式能保持永久的利润，所以商业模式还应该是一个动态的、持续更新的过程。

任务三　商业模式的本质

商业模式的本质是以客户为中心来解决一般价值创造问题的核心逻辑，必须将价值贯穿于商业模式之中。商业模式本质上是价值发现、价值匹配、价值获取三大核心要素分解为若干因素而构成的一组盈利逻辑关系的链条。

一、价值发现

明确价值创造的来源，这是对机会识别的延伸。通过可行性分析，从而构建出既充分反映客户需求、收入和成本变化以及竞争者的表现，又充分反映客户价值主张的隐含假设。创业者在对创新产品和技术识别的基础上，进一步明确和细化客户的根本需求，以及其他竞争对手是否有能力满足这些需求，并在组织结构、技术等方面提高满足客户需求的可能性。确定价值命题，是商业模式开发的关键环节。价值发现的思维过程，就是创业者确定自己的服务或者产品能够为客户提供什么样的需求价值。

二、价值匹配

明确合作伙伴，实现价值创造。新创企业通常不具有满足顾客需要的所有资源和能力，即便新创企业愿意亲自去打造和构建所需要的资源和能力，也常常需要付出很大的成本，面临很大的风险。因此，为了在机会窗口内取得先发优势，并最大限度地控制机会开发的风险，几乎所有的新创企业都要与其他企业形成合作关系，以使其商业模式有效运作。

三、价值获取

制定竞争策略，占有创新效益，这是价值创造的目标，是新创企业能够生存下来并获取竞争优势的关键，也是有效商业模式的核心逻辑之一。许多新创企业是新技术或新产品的开拓者，但不是创新效益的占有者。这种现象发生的根本原因在于这些企业忽视了对创新价值的获取。

创新价值获取的途径有两方面：

（1）为新创企业选择价值链中的核心角色；

（2）对自己的商业模式细节最大可能地保密。

对第一个方面来说，价值链中每项活动的增值空间是不同的，哪个企业占有了增值空间较大的环节，就占有了整个价值链价值创造较大的比例，这直接影响创新价值的获取。对第二个方面来说，有效商业模式的模仿在一定程度上将会侵蚀企业已有利润，因此，新创企业越能保护自己的创意不被泄露，就越能较长时间地占有创新效益。

四、商业模式的构成

一般认为，任何一个商业模式都是由客户价值、企业资源和能力、盈利方式构成的三维立体模式。为了对商业模式的本质进行深入分析，不同的学者对于商业模式的构成要素有不同的观点。

哈佛商学院教授克莱顿·克里斯滕森（Clayton Christensen）在《哈佛商业评论》杂志上发表了经典文章《如何重塑商业模式》。他认为，商业模式包括四个要素：客户价值主张、盈利模式、关键资源和关键流程。这四个要素相互作用时创造价值并传递价值，其中最重要的是创造价值。四个要素中的任何一个发生重大变化，都会对其他部分和整体产生影响。

实战派商业模式战略家栗学思在长期研究企业商业模式的实践中，归纳和总结出商业模式的五大要素：利润源（即顾客）、利润点（即企业提供的产品或服务）、利润渠道（即产品或服务的供应和传播渠道）、利润杠杆（即生产产品或服务的内部运作）、利润屏障（即保护产品或服务的战略控制活动）。商业模式就是以上述五大要素中的一个或两个要素为核心，五大要素相互协同的价值创造系统。

魏炜、朱武祥在《发现商业模式》一书中提出，商业模式包括定位、业务系统、关键资源能力、盈利模式、自由现金流结构和企业价值六个方面。这六个方面相互影响，构成了有机的商业模式体系：定位是商业模式的起点；企业价值是商业模式的归宿，是评判商业模式优劣的标准；定位影响企业的成长空间、业务系统，关键资源能力影响企业的成长能力和效率，加上盈利模式，就会影响企业的自由现金流结构。

项目二　商业模式设计

彼得·德鲁克说："当今企业之间的竞争，不是产品之间的竞争，而是商业模式之间的竞争。"商业模式设计是指在对商业环境、市场需求、技术趋势等充分把握的基础上，精确定位目标客户，设计业务系统，构建关键能力，进行盈利结构、现金流结构设计，并通过验证、推广、规模化三个阶段，形成企业价值的过程。没有商业模式或商业模式不清晰，或商业模式缺乏适应性，都会使组织面临危局或消亡之灾。在市场瞬息万变和竞争日益激烈，技术、产品或服务日新月异，以及国际一体化趋势越来越明显的形势下，商业模式成为企业生死存亡的关键。一些互联网企业或新兴企业，如拼多多、今日头条、快手、抖音等的成功案例足以说明这一点。一个新的商业模式设计必须遵照一定的规则，使企业能够有效运行，并控制其运作流程，从而取得预期的效果和效率。

任务一　商业模式设计的基本原则

商业模式的核心原则是指商业模式的内涵、特性，是对商业模式意义的延展和丰富，是成功商业模式必须具备的属性。如何设计一个既切实可行又具有独特竞争优势的商业模式，是所有创业者在创建企业前都必须做的一项工作。创业者要设计出好的商业模式，应该遵循以下基本原则。

一、持续盈利

企业能否持续盈利是判断其商业模式是否成功的唯一的关键标准。因此，在设计商业模式时，能盈利和如何盈利也就自然成为重要的原则。当然，这里指的是在遵循法律法规条件下的持续盈利。持续盈利是指既要盈利，又要有发展后劲，具有可持续性，而不是一时的偶然盈利。

持续盈利是对一个企业是否具有可持续发展能力的最有效的考量标准。盈利模式越隐蔽，越有出人意料的良好效果。

二、利益相关者价值最大化

一个商业模式能否持续盈利，与该模式能否使利益相关者价值最大化是有必然关系的。一个不能满足客户需求的商业模式，即使盈利，也一定是暂时的、偶然的，是不具有持续性的。反之，一个能使利益相关者价值最大化的商业模式，即使暂时不盈利，但终究也会走向盈利。所以我们把对利益相关者价值的实现再实现、满足再满足当作企业应该始终追求的目标。

三、资源整合

资源整合就是要优化资源配置，有进有退、有取有舍，获得整体最优。在战略思维层面上，资源整合是系统论的思维方式，是通过组织协调把企业内部彼此相关但又彼此分离的职能，以及企业外部既参与共同的使命又拥有独立经济利益的合作伙伴整合成一个为客户服务的系统，取得“1 + 1 > 2”的效果。

在战术选择层面上，资源整合是优化配置的决策，是根据企业的发展战略和市场需求对有关的资源进行重新配置，以凸显企业的核心竞争力，并寻求资源配置与客户需求的最佳结合点，目的是通过组织制度安排和管理运作协调来增强企业的竞争优势，以提高客户服务水平。

四、创新

成功的商业模式不一定是在技术上的突破，而是对某一个环节的改造或对原有模式的重组、创新，乃至对整个游戏规则的颠覆。商业模式的创新形式贯穿于企业经营的整个过程，贯穿于企业资源研发模式、制造方式、营销体系、市场流通等各个环节。也就是说，在企业经营的每一个环节上的创新都可能变成一种成功的商业模式。

五、融资有效性

融资模式的打造对企业有着特殊的意义，尤其是对我国广大的中小企业来说更是如此。我们知道，企业生存需要资金，企业发展需要资金，企业快速成长更是需要资金。

资金已经成为所有企业发展中绕不开的障碍和很难突破的瓶颈。谁能解决资金问题，谁就赢得了企业发展的先机，也就掌握了市场的主动权。

从一些已成功的企业发展过程来看，无论其表面上对外阐述的成功理由是什么，都不能回避和掩盖资金对其成功的重要作用，许多失败的企业就是因为没有建立有效的融资模式而失败了。商业模式的设计很重要的一环就是要考虑融资模式。甚至可以说，能够融到资金并能用对地方的商业模式就已经是成功了一半的商业模式。

六、组织管理高效率

高效率，是每个创业者都梦寐以求的境界，也是企业管理模式追求的最高目标。用经济学的眼光来看，决定一个国家富裕或贫穷的砝码是效率，决定企业是否有盈利能力的也是效率。

从现代管理学理论来看，一个企业要想高效率地运行，首先要解决的是企业的愿景、使命和核心价值观问题，这是企业生存、成长的动力，也是员工干好的理由。其次，要有一套科学的、实用的运营和管理系统来解决协同、计划、组织和约束问题。最后，要有科学的奖惩激励方案，以调动员工的积极性。只有把这三个主要问题解决好了，才能实现企业管理效率。

七、风险控制

设计再好的商业模式，如果抵御风险的能力很差，就会像在沙丘上建立的大厦一样，经不起任何风浪。这个风险既包括系统外的风险，如政策、法律和行业风险，也包括系统内的风险，如产品的变化、人员的变更、资金的不足等。优秀的商业模式应当具有使企业发展成为龙头和“链主”的最大可能性，而不是在开始发展时就受制于人。风险评估的最终目标是识别所有可能的风险并制定应对策略，使得风险都能够可控和被管理。

八、合理避税与成本控制

合理避税是在现行的制度、法律框架内，合理地利用有关政策，设计一套有利于利用政策的体系。合理避税不是逃税，做得好也能大大增强企业的盈利能力。同时，企业要注重成本控制，成本的降低也是企业利润的提升。

以上揭示了商业模式设计的八大核心原则，每个创业者在设计自己的商业模式时都要从本企业的实际出发，从解决本企业的发展瓶颈着手，整体考虑，整体安排，从而找到一个适合本企业发展的商业模式。

任务二　商业模式的设计过程

商业模式的设计，既不盲从于任何的黄金法则，也不迷信于任何的成功案例，更没有先入为主的“创意”、自以为是的“点子”、主观臆想的“故事”以及闭门造车的“策划”，而是老老实实从商业生态调研开始，踏踏实实从最终用户需求出发，通过一套严谨务实的系统化分析流程和工程化设计过程，来确保最终设计方案的科学性和有效性。

一、确定业务范围并寻求产品在市场中的最佳定位

对企业业务范围的定义是进行价值定位最重要的一步，首先要清楚“业务是什么”。通过定义业务范围，企业可以界定自己的客户、竞争者和合作伙伴这些利益相关者及应该拥有的资源和能力等。

二、锁定目标客户

锁定目标客户是创业的核心问题，这意味着企业必须考虑服务于哪个地区，以及如何对客户进行细分。通常可以根据人口、地理、心理和行为等因素进行划分。在客户细分的过程中，分析和把握客户需求是最重要、最关键的。因此，需要调研确定以下几个问题：（1）描述客户轮廓；（2）准确列出问题的清单；（3）分析确认关键问题。例如，国内知名连锁酒店汉庭就是因为准确地进行了市场定位，锁定了目标客户，从而取得了成功。

三、构建打造企业独特的业务系统，提高对手模仿的难度

一系列业务活动构成的价值网络组成了整个经济体系，而企业是一个由其中部分业务活动构成的集合。业务系统反映的是企业与其内外部各种利益相关者之间的交易关系，因此，业务系统的构建首先需要确定的就是企业与其利益相关者各自分别应该占据、从事价值网络中的哪些业务活动。业务系统是商业模式的核心要素，商业模式的独特性往往通过企业与竞争对手业务系统之间的差异性体现出来，因此，打造独特的业务系统非常关键。

四、整合关键资源能力，形成核心竞争优势

关键资源能力是指让商业模式运转所需要的相对重要的资源和能力，包括金融资源、实物资源、人力资源、信息、无形资源、客户关系和公司网络等。对于创业者来说，不可能拥有全部资源为客户创造价值，而是与利益相关者、战略合作伙伴共同充分利用资源，通过支撑业务系统所要完成的活动，为客户创造价值。整合关键资源应注意协调处理好三个基本问题：（1）整合谁的资源；（2）如何整合；（3）整合的结果如何。而核心竞争优势是企业竞争力中最基本的能使整个企业保持长期稳定的竞争优势，以及获得稳定超额利润的竞争力。

五、构建独特的盈利模式

盈利是商业模式的核心，盈利模式是指企业利润来源及方式。企业在为客户创造价值的同时也要实现自己的价值。通俗来说，盈利模式是企业赚钱的渠道或方法。客户怎样支付、支付多少，所创造的价值应当在企业、客户、供应商、合作伙伴之间如何分配，是企业收入结构所要回答的问题。

六、提高企业价值（即投资价值），以获得资本市场的号召力

企业价值是商业模式的落脚点，评判商业模式优劣的最终标准就是企业价值的高低。企业的投资价值由其成长空间、成长能力、成长效率和成长速度决定。好的商业模式可以做到事半功倍，即投入产出效率高、效果好，包括投资少、运营成本低、收入的持续增长能力强等。从资本市场的投资角度来看，具有持续成长空间的企业，都有可能受到资本市场的追捧。

任务三　商业模式画布

一、什么是商业模式画布

在“大众创业、万众创新”的时代，无论是组建一家公司还是开发一个产品，都需要创业者在项目启动之前对该项目进行详细分析并向投资人言简意赅地说明公司或

产品面向哪些客户、提供什么服务、如何盈利等重要问题。商业模式画布（Business Model Canvas）是亚历山大·奥斯特瓦德（Alexander Osterwalder）、伊夫·皮尼厄（Yves Pigneur）在《商业模式新生代》一书中提出的一种用来描述商业模式、可视化商业模式、评估商业模式以及改变商业模式的通用语言。它为使用者提供了一个简洁、直接的思路来思考企业的商业模式，堪称创业公司进行头脑风暴和可行性测试的一大利器。

商业模式画布是会议和头脑风暴的工具，它通常由一块大黑（白）板或一面墙来呈现。这块大黑（白）板或墙按照一定的顺序被分成九个方格（见图 8–2），涵盖客户、产品或服务、基础设施和财务能力四个方面，可以方便地描述和使用商业模式，来构建新的战略性替代方案。简单来说，商业模式画布就是描述商业模式的框架。

<table>
<tr><td rowspan="2">重要合作
（Key Partnership，KP）</td><td>关键业务
（Key Activities，KA）</td><td rowspan="2">价值主张
（Value Propositions，VP）</td><td>客户关系
（Customer Relationships，CR）</td><td rowspan="2">客户细分
（Customer Segments，CS）</td></tr>
<tr><td>核心资源
（Key Resources，KR）</td><td>渠道通路
（Channels，CH）</td></tr>
<tr><td colspan="3">成本结构
（Cost Structure，CS）</td><td colspan="2">收入来源
（Revenue Streams，RS）</td></tr>
</table>

图 8–2 商业模式画布

二、商业模式画布方格内容

（一）客户细分

客户是所有商业模式的核心。主要关注问题：我们服务于哪些客户群体？要为谁创造价值？谁是我们的重要用户？若没有可收益客户，企业就无法长久存活。为了更好地满足客户，企业可以将客户按性别、年龄、收入、地理等要素分成不同的目标客户群。每个目标客户群中的客户都具有共同的需求、共同的行为，以及其他共同的属性。在对目标客户群体做出细分后，企业应决定自己服务于哪些客户细分群体。然后，企业可以根据目标客户细分群体的特定需求设计相应的商业模式。

（二）价值主张

价值主张被用来描绘为特定客户细分群体创造价值的一系列产品或服务。主要关注问题：我们要向客户传递什么样的价值？我们正在帮客户解决哪一类难题？我们正在满足哪些客户的需求？我们正在为谁创造价值？谁是我们的重要客户？

价值主张是客户转向创业者的公司而非竞争对手公司的原因。它解决了客户难题或者满足了客户需求。每个价值主张都包含可选系列产品或服务，以迎合特定客户细分群体的需求。在这个意义上，价值主张是公司提供给客户的受益集合或受益系列。有些价值主张可能是创新的，并表现为一个全新的或破坏性的提供物（产品或服务）；而另一些可能与现存市场提供物（产品或服务）类似，只是增加了功能和特性。

价值主张通过迎合细分群体需求的独特组合创造价值。价值可以是定量的（如价格、服务速度），也可以是定性的（如设计、客户体验）。客户主张要素包括新颖、性能、定制化、设计、品牌、价格、成分、风险控制、便利性和可用性等。

（三）渠道通路

渠道通路被用来描绘公司是如何与其细分客户沟通、接触而传递其价值主张的。沟通、分销和销售这些渠道构成了公司相对客户的接口界面。主要关注问题：通过哪些渠道可以接触我们的客户细分群体？我们现在如何接触他们？如何整合我们的渠道？哪些渠道最有效？哪些渠道成本效益最好？如何对我们的渠道与客户的例行程序进行整合？

渠道通路是客户接触点，它在客户体验中扮演着重要角色。渠道通路包含以下功能：

（1）提升公司产品或服务在客户中的认知度；

（2）帮助客户评估公司价值主张；

（3）协助客户购买特定产品或服务；

（4）向客户传递价值主张；

（5）为客户提供售后支持。

渠道具有认知、评估、购买、传递和售后五个不同的阶段，每个渠道都能经历部分或全部阶段。我们既可以区分直销渠道与非直销渠道，也可以区分自有渠道和合作伙伴渠道。在将价值主张推向市场期间，通过正确的渠道组合接触客户至关重要。渠道管理的诀窍是在不同类型渠道之间找到适当的平衡，并整合它们，以创造令人满意的客户体验，同时使收入最大化。

（四）客户关系

客户关系被用来描绘公司与特定客户细分群体建立和保持何种关系类型。客户关系可以被客户获取、客户维系以及提升销售额（追加销售）等几个动机驱动。商业模式所要求的客户关系深刻地影响着全面的客户体验。主要关注问题：每个客户细分群体都希望我们与之建立并保持何种关系？我们与客户已经建立了哪些关系？这些关系成本如何？如何把客户关系与商业模式的其余部分进行整合？

（五）收入来源

收入来源被用来描绘公司从每个客户细分群体中获取的现金收入（需要从创收中扣除成本）。初创企业生存与发展的前提是持续不断的收入。如果客户是商业模式的心脏，那么收入来源就是动脉。主要关注问题：企业通过什么方式收取费用？客户如何支付费用？客户付费意愿如何？企业如何定价？

一个商业模式可以包含两种不同类型的收入来源：（1）通过客户一次性支付获得的交易收入；（2）经常性收入，即客户为获得价值与售后服务而持续支付的费用。

在不同的商业模式中，常见的获取收入的方式有：

（1）资产销售。最为人所熟知的收入来源是销售实体产品的所有权，如房屋、食品以及汽车等。客户购买之后可以任意使用、转售。

（2）使用收费。这种收入来自特定的服务收费。客户使用的服务越多，付费越多。例如，软件按照客户使用的次数收费，快递公司按照运送地点的距离收费。

（3）订阅收费。这种收入来自销售重复使用的服务，如网络游戏、收费新闻和视频网站会员费等。

（4）租赁收费。这种收入来自针对某个特定资产在固定时间内的暂时性排他使用权的授权。一方面，对于出借方而言，租赁收费可以带来经常性的收入；另一方面，承租方可以仅支付限时租期内的费用，而无须承担购买所有权的全部费用。

（5）授权收费。这种收入来自将受保护的知识产权授权给客户使用，并换取授权费用。授权方式可以让知识产权持有者不必将产品制造出来或者将服务商业化，而仅靠知识产权本身即可产生收入。授权方式在媒体行业和技术行业非常普遍。

（6）经纪收费。这种收入来自为了双方或多方之间的利益所提供的中介服务而收取的佣金。例如，信用卡提供商作为信用卡商户和顾客的中间人，从每笔销售交易中抽取一定比例的金额作为佣金。类似的还有股票经纪人和房地产经纪人等。

（7）广告收费。这种收入来自为特定的产品、服务或品牌提供广告宣传服务。

（六）核心资源

核心资源被用来描绘让商业模式有效运转所必需的最重要因素。主要关注问题：我们的价值主张需要什么样的核心资源？我们的渠道通路需要什么样的核心资源？我们的客户关系怎样？收入来源是什么？

每个商业模式都需要核心资源。这些资源使企业组织能够创造并提供价值主张，接触市场，与客户细分群体建立关系并赚取收入。不同的商业模式所需要的核心资源也有所不同。核心资源可以是实体资产、金融资产、知识资产或人力资源。核心资源既可以是自有的，也可以是公司租借的或从重要伙伴那里获得的。

（七）关键业务

关键业务被用来描绘为了确保其商业模式可行，企业必须做的最重要的事情。主要关注问题：应该开展什么样的业务活动？如何确保商业模式有效？

任何商业模式都需要多种关键业务活动。这些业务是企业得以成功运营所必须实施的。与核心资源一样，关键业务也是创造并提供价值主张、接触市场、维系客户关系并获取收入的基础，而关键业务也会因商业模式的不同而有所区别。

（八）重要合作

重要合作被用来描述让商业模式有效运作所需的供应商与合作伙伴的网络。主要关注问题：与企业相关的产业链上下游的合作伙伴有哪些？企业与合作伙伴的关系如何？合作如何影响企业？

企业会基于多种原因打造非竞争者之间的战略联盟关系、竞争者之间的战略合作关系、为开发新业务而构建的合资关系、为确保可靠供应的购买方－供应商合作关系。合作关系正日益成为许多商业模式的基石。很多公司创建联盟，以优化其商业模式、降低风险或获取资源。合作关系构建动机主要有：

（1）商业模式的优化和规模经济的运用；

（2）风险和不确定性的降低；

（3）特定资源和业务的获取。

（九）成本结构

成本结构被用来描绘运营一个商业模式所引发的所有成本。主要关注问题：我们的商业模式中最重要的固有成本是什么？哪些核心资源以及关键业务花费最多？

创建价值、提供价值、维系客户关系以及产生收入都会产生成本。这些成本在确定核心资源、关键业务与重要合作后可以相对容易地计算出来。然而，有些商业模式相比其他商业模式更多的是由成本驱动的。

成本结构包括固定成本、可变成本、规模经济以及范围经济。在每个商业模式中，成本都应该被最小化，但是低成本结构对于某些商业模式来说比另外一些更重要。

以上九个要素模块构建了商业模式便捷分析工具，回答了四个关键问题：（1）价值主张回答了“提供什么”的问题；（2）重要合作、关键业务、核心资源回答了“如何提供”的问题；（3）客户关系、客户细分和渠道通路回答了“为谁提供”的问题；（4）成本结构与收入来源回答了“成本与收益”的问题。九块画布的内容项空白待填补处，可以把各种创意或写或绘在这里，以展示商业模式创新的核心内容。

课堂活动

讨论：在设计项目的商业模式时，应从九大要素中的哪一个开始设计？

三、商业模式画布的优点

利用商业模式画布讨论商业模式具有以下优点。

（一）完整性

它基本可以帮助创业者构建商业模式的方方面面，能够让创业者对该公司的商业模式是否完整或者是否存在纰漏一目了然。

（二）一致性

它可以判断商业模式的各个方面是否协调一致。比如，设计合作伙伴假设与设计渠道假设的一致性。

（三）直观性

它可以让利益相关者清楚地看到你正在做什么以及为什么要这样做。商业模式画布的优点在于让讨论商业模式的会议变得高效率、可执行，同时产生不止一套方案，在每个决策者心中留下多种可能性。

案例故事

从业态分析的角度来看唯品会的崛起，我们或许更能找出这一繁华商业巨鳄背后的故事。业态是指针对特定消费者的特定需要，按照一定的战略目标，有选择地运用商品经营结构、店铺位置、店铺规模、店铺形态、价格政策、销售方式、销售服务等经营手段，提供销售和服务的类型化经营形态。

唯品会是由零售业（奢侈品销售）融合信息技术服务业（电子商务平台）而成。相比奢侈品销售，也许用奥特莱斯形容更加恰当。唯品会就相当于一个线上的奥特莱斯。利用网络技术的方便，唯品会成功落实了“名牌折扣＋限时抢购＋正品保险”三大法宝。唯品会本身是一个销售平台，略去了很多中间商，直接向品牌商拿货，对库存的需求也相当高。据悉，唯品会获得的风险投资资金在未来最大的投入还是在仓储技术和服务人员等方面，包括供应链、物流、后台系统等。

就这样，利用信息技术将奥特莱斯搬到互联网上，又混合了现代物流业，唯品会自身的业态融合为它在商海中开拓了一片新的领域。通过整合奢侈品零售以及最新颖的电子商务，唯品会独家打造的“名牌折扣＋限时抢购＋正品保险”的商业模式使它占据了一定的市场，也成了业内广为流传的成功典型案例。唯品会的商业模式画布如图 8–3 所示。

<table>
<tr>
<td rowspan="2">重要合作
强大的供应商网络，联合太平洋保险，推出了正品担保服务</td>
<td>关键业务
•奢侈品电子交易
•自建仓库
•售后服务</td>
<td rowspan="2">价值主张
“消费者满意”是唯品会最大的目标，因此唯品会坚持以安全诚信的交易环境和服务平台，为会员提供优质、高效、愉悦的售卖服务，以提升客户满意度为己任，为消费者提供畅快、安全、放心、便捷的消费流程体验和服务：
•分销渠道
•电子交易平台
•仓储物流</td>
<td>客户关系
•购物体验佳
•无条件退货
•CSC 呼叫系统</td>
<td rowspan="2">客户细分
•奢侈品消费者
•高端产品消费者
•二三线品牌偏好者</td>
</tr>
<tr>
<td>核心资源
•折扣商品
•服务规划
•仓库网络</td>
<td>渠道通路
•自建物流中心
•与顺丰速运合作
•第三方卖家自行发货</td>
</tr>
<tr>
<td colspan="3">成本结构
•进货费用
•物流费用
•库存管理</td>
<td colspan="2">收入来源
通过线上电子交易，直接获取销售与进货之间的毛利润</td>
</tr>
</table>

图 8–3　唯品会的商业模式画布

项目三 商业模式创新

商业模式九个要素通过画布以更为具体的形态表现出来，并相互作用，构成有机的整体，形成了企业商业模式的具体形态。而各要素发挥作用，要在一定的动力运行机制下进行，这种机制也是商业模式的一个重要方面。

近几年，商业模式创新（Business Model Innovation）在我国商业界成为流行词汇。作为一种新的创新形态，商业模式创新的重要性已经不亚于技术创新等。但人们关注它的时间很短，也就是10年左右，仍有许多人对它究竟是什么不是很清楚。要有效进行商业模式创新，需要了解它的兴起缘由、真正含义与特点等。提到“创新”，我们会经常联想到一件以前不存在的新产品或一项新服务。公司为了达到长久的成功，围绕它的商业模式进行创新就显得非常重要。

商业模式各构成要素及其关系和动力机制实际上不是一成不变的，而是不断演变和发展的。当创业者建立独特的商业模式时，一方面，会被竞争者快速仿效，而且随着时间的推移，该市场会出现饱和，企业增长会因此减速，收益会递减；另一方面，随着企业所处内外环境出现重大的动态演化，如生物技术、信息技术、材料技术、能源技术等的重大突破，相关政策、法规的重大变化，消费者偏好的改变，很多竞争者会在短时间内蜂拥出现。创业者为进一步强化所获得的竞争优势，抵抗竞争对手模式新的挑战，需要及时通过各种手段不断优化调整商业模式，甚至发展自己新的商业模式。

任务一 商业模式创新概述

一、商业模式创新的定义

商业模式创新是指企业价值创造基本逻辑的创新变化，它既可能包括多个商业模式构成要素的变化，也可能包括要素之间关系或者动力机制的变化，即把新的商业模式引入社会的生产体系中，并为客户和自身创造更多、更高的价值。全新的商业模式会取代陈旧的商业模式。

商业模式创新实质上是一种高层次的创新行为，它的最终目的是通过改善现有商业模式的竞争优势来提高企业的长期获利能力。其途径是对企业可利用资源的组合方式进行优化。这种优化表现为企业为改善其价值创造和价值获取能力而进行的价值链的优化和重组。商业模式的灵魂在于价值创新，企业经营的核心是市场价值的实现，最终实现价值的最大化。

二、商业模式创新的特征

商业模式创新具有以下特征。

第一，产品或服务创新。提供全新的产品或服务，开创新的产业领域，或以前所未有的方式提供已有的产品或服务。

例如，格莱珉银行（Grameen Bank）面向低收入者提供的小额贷款产品服务，开辟了全新的产业领域，这是前所未有的；亚马逊销售的书和其他零售书店没什么不同，但销售方式全然不同；美国西南航空公司提供的也是航空服务，但它提供的方式不同于已有的全服务航空公司。

第二，商业模式有多个要素明显不同于其他企业，而非少量的差异。

例如，格莱珉银行不同于传统商业银行，它以贫穷妇女为主要目标客户，贷款额度小，不需要担保和抵押等；亚马逊相比传统书店，其产品选择范围广，通过网络销售，在仓库配货运送等；美国西南航空公司也在多方面不同于其他航空公司，如提供点对点基本航空服务、不设头等舱、只使用一种机型、利用大城市不拥挤机场等。

第三，有良好的业绩表现，体现在成本、盈利能力、独特竞争优势等方面。

例如，格莱珉银行虽然不以盈利为主要目的，但它实际上是盈利的；亚马逊在一些传统绩效指标方面的良好表现展示了其商业模式的优势，如短短几年就成为全球最大的网上书店，数倍于竞争对手的存货周转速度给它带来了独特的优势，消费者购物用信用卡支付时，通常在24小时内到账，而亚马逊对供货商的付款周期通常是收货后的45天，这意味它可以利用客户的钱长达一个半月；美国西南航空公司的利润率连续多年高于其他全服务模式的同行，美国、加拿大等国内中短途民用航空市场，一半已逐步被像美国西南航空公司这样采用低成本商业模式的航空公司占据。

任务二　商业模式创新的类型

创业者可以通过改变价值主张、重要合作、渠道通路、客户关系、关键业务、核心资源、客户细分、收入来源和成本结构等多种因素来激发商业模式创新。归纳起来，可以把商业模式创新类型划分为战略定位创新、资源能力创新、商业生态环境创新以及这三种创新方式结合产生的混合商业模式创新。

一、战略定位创新

战略定位创新是指围绕企业的价值主张、目标客户及客户关系方面的创新。在激烈的市场竞争中，没有哪一种产品或服务能够满足所有的消费者，战略定位创新可以帮助企业发现有效的市场机会，提高企业的竞争力。

在战略定位创新中，企业首先要明白自己的目标客户是谁；其次是如何让企业提供的产品或服务在更大程度上满足目标客户的需求。在前两者都确定的基础上，再分析选择何种客户关系。合适的客户关系也可以使企业的价值主张更好地满足目标客户的需求。

日本原宿个性百货商店打破了传统百货商店的经营模式——每层经营不同年龄段、不同风格的服饰，而是专注于打造以少男少女为对象的时装商城，最终成为最受时尚年轻人和海外游客欢迎的百货公司。

王老吉将企业的产品定位于“饮料 + 药饮”这一市场空隙，为广大顾客提供“防上火”的饮料，正是这种不同于以往饮料行业的只在产品口味上创新，而不在产品功能上创新的竞争模式，最终使王老吉获得成功。

二、资源能力创新

资源能力创新是指企业对其所拥有的资源和能力进行整合和运用的创新，主要是围绕企业的关键业务，对商业模式所需要的核心资源进行创新。关键业务是指影响企业核心竞争力的行为；核心资源主要是指那些其他企业不能代替的物质资产、无形资产、人力资本等。在确定了企业的目标客户、价值主张及客户关系之后，企业可以进一步进行资源和能力的创新。

20 世纪 70 年代，当通用电气公司（GE）发现传统制造行业的利润越来越低时，它试图改变行业中为其关键业务提供产品的商业模式，创新性地提出了以利润和客户为中心的“出售解决方案”模式。在传统的经营模式中，企业的关键业务是为客户提供能够满足其需求的机械设备，但在“出售解决方案”模式中，企业的关键业务是为客户提供一整套完整的解决方案，而设备则成为这一方案的附属品。这一创新为 GE 带来了业绩的快速提升。

三、商业生态环境创新

商业生态环境创新是指企业将其周围的环境看作一个整体，打造一个可持续发展的共赢商业环境。商业生态环境创新主要围绕企业的合作伙伴进行创新，包括供应商、经销商及其他市场中介，在必要的情况下还包括其竞争对手。

企业战略定位及内部资源能力都是企业建立商业生态环境的基础。没有良好的战略定位及内部资源能力，企业将失去挑选优秀外部合作者的机会以及与其议价的筹码。可持续发展的、共赢的商业环境将为企业未来的发展提供保证。

20 世纪 80 年代，美国最大的连锁零售企业——沃尔玛和全球最大的日化用品制造商——宝洁争执不断，各种“口水战”及笔墨官司从未间断。争执给双方带来了巨大损失，后来它们开始反思，把产销间的敌对关系转变成双方均能获利的合作关系。宝洁给沃尔玛安装了一套“持续补货系统”，该系统使宝洁可以实时监控其产品在沃尔玛的销售及存货情况，然后协同沃尔玛共同完成相关销售预测、订单预测以及持续补货的计划。生态环境的优化促进了双方业绩的提升，改变了两家企业的营运模式，实现了双赢。

四、混合商业模式创新

混合商业模式创新是战略定位创新、资源能力创新和商业生态环境创新相结合的一种创新模式。一般而言，企业的商业模式创新都是混合式的，因为商业模式的构成要素中，战略定位、内部资源、外部环境之间是相互依赖、相互作用的，每一部分的创新都会引起另一部分的相应变化。

苹果公司的巨大成功，不单单在其独特的产品设计上，还源于其精准的战略定位创新。苹果公司看到了电子产品终端内容服务的巨大潜力后，将其战略从单一的出售电子产品转变为以终端产品销售为基础的综合服务提供商。从“iPod+iTunes”到后来的“iPhone+App”，都充分体现了这一战略创新。在资源能力创新方面，苹果公司的创新突出表现在能够为客户提供充分满足其需求的产品上。例如，消费者所熟知的重力感应系统、多点触摸技术、视网膜屏幕显示技术等都是率先在苹果公司的产品上使用的。

总之，商业模式创新既可以是战略定位创新、资源能力创新、商业生态环境创新三个维度中某一维度的创新，也可以是其中的两个甚至三个维度的结合创新。有效的商业模式创新正在成为企业家重塑企业、追求超值价值的有效工具。

任务三 商业模式创新的动力

当创业者调整和优化商业模式时，总会受到一定的驱动因素的影响。在识别影响商业模式变化的关键因素时，需从内外部因素分析和研究。

一、技术推动

新技术转化为适应市场的产品或服务，必须有新的合适的商业模式推动。历史上的三次科技革命给人类带来了翻天覆地的变化，促进了人类文明的发展，科学技术是第一生产力的观念已经深入人心。随着电子信息技术的飞速发展，曾经一度昂贵的计算机、手机等高科技产品也步入寻常人家，成为我们生活、学习、工作的必备品。技术在改变我们生活方式的同时也在影响我们周围的企业，互联网技术的出现催生了大批新兴企业，企业的商业模式创新至关重要。无人机技术一开始主要应用在军事方面，而成立于2006年的深圳市大疆创新科技有限公司是第一个将无人机应用在商业领域并获得成功的企业，是全球领先的无人飞行器控制系统及无人机解决方案的研发和生产商，其客户遍布全球100多个国家和地区，占据着全球大部分的无人机市场份额。

二、竞争逼迫

市场环境压力促进商业模式创新。新的创业者、竞争者和新的规则的出现，使企业的竞争力和盈利能力面临挑战。为了适应动态的、激烈变化的商业环境，持续不断地审视自身的商业模式，并寻求可持续发展的创新，成为企业获取竞争优势的重要手段。越发激烈的竞争是推动企业进行商业模式创新的又一动力。当面临激烈的外部竞争时，企业的领导者往往会被迫寻找一种新的商业模式。多数公司高管或CEO希望自己的公司能够掌控这种创新，以保持竞争地位。我国中小型民营企业众多，对于它们来说，竞争就显得更为激烈，每年都有大批的中小企业破产或倒闭，存活年限不超过一年的比比皆是。这加剧了企业管理者的危机感，迫使企业管理者不断寻找商业模式的新路径。

三、需求拉动

较大的技术和社会变革不仅会对商业模式形成推动力，还会产生新的需求，催生新的商业机会。一些反应快的创业者，往往能抓住机会开展企业内创业，通过建构新的商业模式获得新生，快速获得竞争优势。

随着社会经济的不断发展进步，消费者的需求也处于不断变化中。消费者需求的不断变化对于企业的产品和服务提出了更高的要求，企业为迎合消费者这种不断变化的需求，就要不断地进行产品和服务的创新，最根本的就是进行商业模式创新。

四、企业战略转型

商业模式与战略规划的本质是相同的，从价值活动实施前的角度看，它们都是对能够获得竞争优势的价值创造活动的规划或设计；从价值活动实施后的角度看，它们都形成了对具有竞争优势的价值创造活动的描述和评估。

商业模式的侧重点是战略实施体系，着重于对战略实施体系的研究，分析其各种内在逻辑，特别是价值创造逻辑，将不同的内在逻辑解析为不同的商业模式，其所包含的逻辑关系对企业设计具体的战略措施有很好的指导作用，这是战略理论较少涉及的。

而完整的战略规划则是从收集战略信息、评估内部资源和能力开始，设计愿景、使命与战略目标，进行业务定位和业务选择，最终落脚到设计职能战略与战略保障措施。总体来看，这一体系侧重于战略的制定和选择，即战略逻辑，对于运营逻辑和经济逻辑的关注较少。因此，从某种意义上说，战略应当是商业模式的输入或起始环节。

随着时间的推移，由于内外环境的变化，企业战略也在不断优化和调整中。因此，在设计商业模式时，创业者应使新的商业模式与企业战略调整保持一致，也可以说，企业进行商业模式创新往往是由企业自身战略所驱动。创业者以战略为导向，科学论证自身的价值创造活动、运营方式以及管理流程等，通过自身资源的扩张、产业边界的跨越和产业间的融合，最终突破原有的商业模式，形成更具盈利能力和经营能力的新的商业模式。战略匹配的驱动对初创企业和中小企业尤为适用，很多资源有限、管理和抗风险能力相对较弱的中小企业没有跟随行业内现有的商业模式，而是围绕自身所确定的战略，重构业务流程，寻求与转型战略匹配的商业模式，最终改变了竞争的游戏规则，并构造了强有力的竞争优势。

五、知识积累

创业者在创业过程中积累知识或能力是推动企业进行商业模式创新的内在动力。当创业团队有系统地进行知识管理并有效地运用这些知识时，可以形成一种新的能力，具备对原有商业模式进行改造和革新的条件。而创业团队内的知识一般来自创业团队成员源源不断获取各方面知识的能力，如市场经营能力、市场拓展能力、资源整合能力等，大多数是创业团队在长期的创业活动中积累下来的宝贵经验，具有不可模仿和不可转移的特性。创业团队在知识积累的过程中，其所反映出的资源调配能力会相应提高，与利益相关者（如供应商、客户、股东等）之间的信息也会增加。不断拓展知识的积累到达一定程度后，原有的商业模式则很难跟上新的步伐，甚至会阻碍企业的进一步发展，因此，推动企业商业模式进行创新就成了创业团队最迫切的任务。从这个角度来看，知识积累既是原有商业模式的破坏因素，也是新的商业模式形成的驱动力之一。

六、创业者的创新精神

彼得·德鲁克认为企业家精神中最主要的是创新，进而把企业家的领导能力与管理等同起来，认为“企业管理的核心内容，是企业家在经济上的冒险行为，企业就是企业家工作的组织”。由此可见，创业精神本身要求创业者不断寻找新的商业机会，不断开拓新的商业模式。特定的核心创业者是推动企业进行商业模式创新的主要动力。核心创业者要将自己的创意通过有效的资源配置变成一种特定的商业模式，通过特定的商业模式使原本没有生命力的资源要素、物质资产转变成为能够获利的产品或服务。核心创业者的推动是促使商业模式发生变革的不可忽视的驱动力量，也是商业模式创新必不可少的要素。当谈到海尔、小米、格力等企业的商业模式创新时，我们必然会想到张瑞敏、雷军、董明珠。

成功的商业模式既非常一样，又非常不一样。非常一样的是创新性地将内部资源、外部环境、盈利模式与经营机制等有机结合，不断提升自身的盈利性、协调性、价值、风险控制能力、持续发展能力与行业地位等。非常不一样的是在一定条件、一定环境下的成功，更具有个性，不能简单地复制，而且必须通过不断修正才能保持企业持久的生命力。

要想创新商业模式，只研究商业模式是远远不够的，不懂经济法则，不懂社会潮流，不懂人文需求，是不能创新商业模式的。基于借鉴的创新，是商业模式中商业智慧的核心价值。

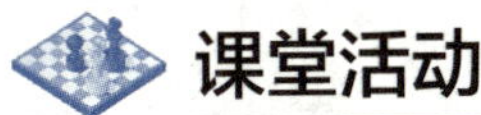

课堂活动

观察学校的煎饼摊（或奶茶铺等），小组讨论它可以有哪些盈利模式，并绘制出其商业模式画布。

任务四　商业模式创新的方法

每一次商业模式创新都能给企业带来较长时间的竞争优势，在某种程度上决定了企业命运。但是随着时间的推移，消费者的价值取向从一个产业转移到另一个产业，创业者必须重新思考和调整自己的商业模式。创业者可以把商业模式想象成积木拼图，在积木游戏中尝试用新的方法来扩大拼图范围，用不同的搭配方式创造出新的盈利组合。为应对经济环境的不断变化，企业必须根据客户需求的变化以及市场竞争形势的演变做出对价值网络中要素、自身潜力、业务范围、目标客户、竞争方式等的调整和变化。优秀的商业模式的各个部分要互相支持和促进，改变其中任何一个部分，就会变成另外一种模式。商业模式创新方法主要涉及以下五个方面。

一、重整价值链

这种创新把关注的焦点放在价值活动的调整、组合与一体化上。价值链的创新实质上是围绕客户需求，通过企业内部主导产业优化、调整，提高整个价值链的运作效能，最终提升企业的竞争优势。具体来讲，有以下三种创新策略可供选择。

（一）价值链上的新定位

通过专注于价值链上的某些活动（通常是高利润的活动），而将其余活动外包出去，从而实现商业模式的创新。例如，阿里巴巴将主要活动定位于电商业务，将物流配送外包给专业的“四通一达”（申通快递、圆通快递、中通快递、百世汇通、韵达快递）物流公司，有效地培养了核心竞争力。

（二）重组价值链

通过对产业价值链进行创造性的重新组合，也能创造出新的商业模式。关键的方法是以客户需求重要部分为中心，组合调整主要资源。例如，戴尔公司去掉中间销售环节，采取直销模式的故事早已耳熟能详。其实，19 世纪斯威夫特（Swift）公司对肉品包装产业的再造，就是此类商业模式创新。该公司打破产业原有的“活畜运输—屠宰—销售”的价值活动组织顺序，采取“屠宰—运输—销售”模式，获得了生产和运输活动的显著的规模经济，一举成为产业的领导者。

（三）构造独特的价值体系

许多创业者通过构建和整合多个价值优势，形成了独特的价值体系。例如，美国西南航空公司瞄准那些对价格敏感的顾客，打造了业界独一无二的价值体系。其中，精简的乘客服务、高水平的飞机利用率和中等城市间点对点的短途飞行等保证了低廉的票价，而密集可靠的起降、高效的地勤等又有助于实现航班的准时可靠。这个彼此互补和高度整合的价值体系形成了一种合力，最终形成了美国西南航空公司独特的竞争优势——“低廉票价 + 高度便利”的价值组合。

二、重新定位产品或服务

这种模式创新策略聚焦于企业所提供的客户价值。通过发现竞争对手或原有客户的价值盲区，打造独特的产品或服务，实现客户价值的飞跃，由此拉动企业成长。

例如，奶球（Milk Duds）是比阿特丽斯食品公司（Beatrice Foods）的品牌，它是一种用黄底棕字的小盒包装的糖果，人称“电影糖果”。该公司把奶球业务扩大到年龄更小、爱吃糖的 10 岁左右的群体中，并将奶球定位为比棒状糖更耐吃的糖果。

在服务业中，这一策略也很重要，顾客价值中情感的、体验的成分能够放大独特服务的冲击力，从而赢得客户。开创蓝海的太阳马戏团就是一个绝佳的案例，该公司在保留帐篷、杂技等马戏基本元素的同时，将剧场表演中的某些元素融入马戏节目中，重新定义了马戏表演的价值，从而成功地脱颖而出，成长为全球最大的马戏公司。

三、挖掘资源潜能

这种商业模式创新侧重于对新资源的发掘和利用，或充分挖掘现有资源的潜在价值，从而建立起竞争优势。围绕新资源构建商业模式，新资源为公司创造新的顾客价值提供了潜力，而商业模式的意义在于将新资源的潜力释放出来。

采取这一模式的典型案例是麦当劳开发的麦乐送业务。麦当劳发现，其当前的资源（消费者群体、品牌、门店、供应链系统、人力资源、促销资源等）没有得到充分利用。例如，在高峰时段，门店内人满为患，所有座位都被顾客占用，但还是有很多人在柜台前等候。同时，后厨食品加工设备和企业供应链体系似乎并没有完全发挥出最大价值。于是，麦当劳重新审视了这些资源的潜在价值，通过400送餐电话，将现有资源与新的方式结合在一起，开发了麦乐送业务。这一模式整合了消费者的外卖需求，并将单点外卖业务整合为集中外卖配送，在满足顾客需求的同时，也实现了资源价值的最大化和营业收入的增加。

四、重建价值网络

这种创新的重点在于打造独特的价值网络，设计各种交易机制将企业自身与价值创造伙伴有机地联系起来，形成价值创造的合力。价值网络的创新实质上是以客户价值为中心，优化配置企业内外资源。具体来讲，采取这种商业模式创新的企业可以选择成为交易的组织者、交易平台的构建者或交易的中介。

（一）成为交易的组织者

汽车网站Autobytel.com依靠其专业化组织能力，为顾客提供了一站式购车的便利。顾客可以在其网站浏览各种汽车的配置、价格等信息。如果顾客选定了某款汽车，该公司将按照顾客的要求，如是否在家试驾、送货上门或采取何种信贷方式等，联系不同的合作伙伴，由其提供相关服务。Autobytel.com的作用在于把相关专业服务商组织起来，共同服务于顾客价值创造，并分享收益。这一商业模式所提供的便利性与效率优势，成为Autobytel.com高速成长的发动机。

（二）成为交易平台的构建者

这是很多互联网公司的常用策略。例如，eBay公司提供网上拍卖交易，为超过1.35亿的注册用户提供服务，消费者可以很方便地从eBay购买或销售产品。eBay的商业模式把原来不可能实现的交易变成了现实。起点中文网的商业模式也很巧妙，该公司打造了一个网络文学的交易平台，把网络作家与读者都吸引到这个平台上，靠巨大点击量赚取了不菲的利润。这种打造交易平台的商业模式创新类似组建“网上集市”，而平台打造者通过不同的方式来收取“网上市场管理费”。阿里巴巴等网络交易平台的提供者均属于此类。

（三）成为交易的中介

这些中介的功能在于促成某些交易的实现。例如，创新动力公司（InnoCentive）代理制药企业广泛搜寻研发难题的解决方案，成为解决方案提供者和制药企业之间的桥梁。同时，该公司还采取了各种流程和机制，以保证交易顺利进行，并精心发展和维护其价值网络。在该公司的商业模式中，解决方案提供者是关键的价值网络伙伴，如果这个网络太小，或解决方案提供者的质量太低，将显著降低公司服务的价值。因此，该公司通过广泛的营销手段，与全世界的很多大学和科研机构建立联系，不断发展和壮大解决方案提供者网络，并提高网络的质量。

五、创造多种盈利模式

企业的盈利模式通常有很多种，如直接销售产品、提供服务等。通过重新配置产品或服务的利润组合，或者重组和改变赚钱的环节，或者推出新的定价模型，引入新的盈利模式，企业可以实现商业模式创新。

（一）利用互补品

这是一种“此失彼得”的策略，具体有三种基本方式可供选择。

（1）“产品＋产品”的互补，即所谓的“剃刀—刀片模式”。例如，佳能的“低利润打印机加高利润墨盒”即属于此类互补品模式。

（2）“产品＋服务”的互补。例如，通用电气公司从飞机发动机销售中赚钱不多，其主要利润来源于互补品——维修服务。

（3）创造“间接的互补品”。例如，英特尔公司对于那些自身没有使用，但对于公司核心业务有辅助功能的技术持非常开放的态度，允许其他公司使用这些技术。此举有助于其他公司开发出英特尔技术的其他用途，从而带动客户对英特尔核心产品的需求量。

（二）从免费到收费

对处于信息产业中的众多企业来讲，这似乎是唯一的选择。基于互联网提供的便利，消费者对很多信息产品的期待是“免费获取”，这给很多企业提出了巨大的挑战。成功的公司大多对“免费—收费”模式的细节进行了创新，发掘出赚钱的机制。例如，MySQL 推出不同版本的软件，利用免费的初级版获取顾客，再利用升级版赚取顾客的钱。

（三）第三方付费

这种方式并不需要消费者付费，企业通过其他利益相关方赚取收入。例如，谷歌（Google）的搜索服务并不直接要求搜索者支付费用，而是通过收取被链接网页的公司的赞助获取收益。这种收入模式在网络公司也较为常见。从本质上讲，传统的报纸产业盈利模式与之类似，报纸的定价远不能弥补成本，广告费是报社的主要收入来源。

（四）付款方式创新

付款方式创新对于盈利增加意义重大。例如，奈飞公司（Netflix）在 1997 年成立时打出“无限期租借、无逾期罚金”的口号，向收取逾期罚金的业界惯例提出了挑战。然而，它在付款方式上仍旧采取了“租一张花一张的钱”的传统做法。在经历了早期的失败后，Netflix 于 1999 年采取了月租费制，制定了不同的收费档次，根据不同的收费档次，顾客一次可租借不同的数量。凭借经济而独特的收费模式，Netflix 成功地扭亏为盈，并实现了持续的高成长。

（五）多元收入模式

这种模式一般与价值网络构建密切相关，由此企业可以扩大各种可能的收益来源。在网络服务业，为业余摄影家服务的 Flickr 公司，其收入就来源于注册费、广告代理费、赞助费，以及从其他合作伙伴处分得的收益分享金等。上海硅知识产权交易中心（SSIPEX）为中国企业提供信息技术产权交易平台，除了向技术需求方收取会费、向技术供应方收取展示费之外，还按一定比例提取交易中介费。

案例故事

大众点评的核心价值主张是为消费者提供客观、准确的本地化消费信息指南，包括餐饮、休闲、娱乐等生活服务方面的信息评论和分享。大众点评是消费者在该网站发布、自主管理和交易各类生活服务相关信息的网络平台。大众点评搭建了商家、消费者、广告商、移动运营商等多方参与的交易和信息共享平台。

大众点评不断加强多方合作，陆续推出了便捷用户的各种服务方式。依托庞大、翔实且实时更新的消费指南信息，大众点评不仅吸引了如新华网、千龙、21CN 等网站，以及光线传媒等电视媒体与其展开内容合作，还与中国移动、中国联通、中国电信、空中网等合作，推出基于短信（SMS）、WAP 等无线技术平台的信息服务，为中国数亿手机用户提供随时、随地、随身的餐馆等商户信息。在广泛的会员基础上，大众点评推出国内首家餐饮积分体系，并与中国国际航空公司、上海大众汽车俱乐部等开展合作，以贵宾卡的形式为会员提供消费、积分、礼品兑换和积分抵扣消费额等服务。此外，大众点评还在 GPS 领域与新科电子、MIO 开展合作，所有汽车用户利用车载 GPS 导航系统或手机地图就可以精确定位美食目的地。

拓展阅读

“互联网 +”的六大商业模式

“互联网 +”企业四大落地系统（商业模式、管理模式、生产模式、营销模式）中最核心的就是商业模式的互联网化，即利用互联网精神（平等、开放、协作、快速、分享）来颠覆和重构整个商业价值链。目前来看，主要分为六大商业模式。

1.“工具 + 社群 + 电商”模式

互联网的发展，使信息交流越来越便捷，志同道合的人更容易聚在一起，形成社群。同时，互联网将散落在各地的星星点点的分散需求聚集在一个平台上，形成新的共同需求，并形成了规模，解决了重聚的价值问题。

如今互联网正在催熟新的商业模式，即“工具 + 社群 + 电商（微商）”的混合模式。例如，微信最开始仅是一个社交工具，先是通过工具属性、社交属性、价值内容的核心功能获取海量的目标用户，加入了朋友圈点赞与评论等社区功能，继而添加了微信支付、精选商品、电影票、手机话费充值等商业功能。

为什么会出现这种情况？简单来说，工具如同锐利的刀锋，它能够满足用户的需求，用来做流量的入口，但它无法有效沉淀用户。社群是关系属性，用来沉淀用户。电商具有交易属性，可以辅助流量价值变现。三者看上去不相关，但内在融合的逻辑是一体化的。

2. 长尾型商业模式

长尾概念由克里斯·安德森（Chris Anderson）提出，这个概念描述了媒体行业从面向大量用户销售少数头部产品，到销售庞大数量的尾部产品的转变。虽然每种尾部产品相对而言只产生小额销售量，但其销售总额可以与传统的面向大量用户销售少数头部产品的销售模式媲美。通过 C2B 实现大规模个性化定制，核心是“多款少量”。所以，长尾模式需要低库存成本和强大的平台，并使得尾部产品对于买家来说容易获得。

3. 跨界商业模式

互联网为什么能够如此迅速地颠覆传统行业呢？互联网的颠覆实质上就是利用高效率来整合低效率，对传统产业核心要素的再分配，也是生产关系的重构，并以此来提升整体系统效率。互联网企业通过减少中间环节，减少所有渠道不必要的损耗，减少产品从生产到进入用户手中所需要经历的环节来提高效率、降低成本。因此，对于互联网企业来说，只要抓住传统行业价值链中的低效或高利润环节，利用互联网工具和互联网思维，重新构建商业价值链，就有机会获得成功。

4. 免费商业模式

“互联网 +”时代是一个信息过剩的时代，也是一个注意力稀缺的时代，怎样在无限的信息中获取有限的注意力，成为“互联网 +”时代的核心命题。注意力稀缺导致众多互联网创业者想尽办法去争夺注意力资源，而互联网产品最重要的就是流量，有了流量才能够以此为基础构建自己的商业模式。互联网经济就是以吸引大众注意力为基础，去创造价值，然后转化成利润。

很多互联网企业是以免费的、好的产品或服务吸引到用户的，然后将新的产品或服务推荐给不同的用户，在此基础上再构建商业模式。互联网颠覆传统企业的常用手法就是在传统企业用来赚钱的领域免费，从而彻底把传统企业的客户群带走，继而转化成流量，然后利用延伸价值链或增值服务来实现盈利。

如果说有一种商业模式既可以统摄未来的市场，又可以挤垮当前的市场，那就是免费的模式。克里斯·安德森在《免费：商业的未来》中归纳了基于核心服务完全免费的商业模式：一是直接交叉补贴，二是第三方市场，三是免费加收费，四是纯免费。

5. O2O 商业模式

移动互联网的地理位置信息带来了一个崭新的机遇，这个机遇就是 O2O。二维码是线上和线下的关键入口，将后端蕴藏的丰富资源带到前端。

O2O 是“Online to Offline”的简称，从狭义上来理解就是线上交易、线下体验消费的商务模式，主要包括两种场景：一是线上到线下，用户在线上购买或预订服务，再到线下商户实地享受服务，目前这种类型比较多；二是线下到线上，用户通过线下实体店体验并选好商品，然后通过线上下单来购买商品。

广义的 O2O 就是将互联网思维与传统产业相融合，未来 O2O 的发展将突破线上和线下的界限，实现线上线下、虚实之间的深度融合，其模式的核心是基于平等、开放、互动、迭代、共享等互联网思维，利用高效率、低成本的互联网信息技术，改造传统产业链中的低效率环节。

O2O的核心价值是充分利用线上与线下渠道各自的优势，让顾客实现全渠道购物。线上的价值就是方便、随时随地，并且品类丰富，不受时间、空间和货架的限制。线下的价值在于商品看得见、摸得着，且即时可得。从这个角度看，O2O应该把两个渠道的价值和优势无缝对接，让顾客觉得每个渠道都有价值。

6. 平台商业模式

平台商业模式的核心是打造足够大的平台，产品更为多元化和多样化，更加重视用户体验和产品的闭环设计。

利用互联网平台，企业可以做大，原因如下：第一，这个平台是开放的，可以整合全球的各种资源；第二，这个平台可以让所有的用户参与进来，实现企业和用户之间的零距离。在互联网时代，用户的需求变化越来越快，越来越难以捉摸，单靠企业自身所拥有的资源、人才和能力很难快速满足用户的个性化需求，这就要求打开企业的边界，建立一个更大的商业生态网络。通过平台以最快的速度汇聚资源，满足用户多元化的个性化需求。

对于传统企业而言，不要轻易尝试做平台，尤其是中小企业，不应该一味地追求大而全，做大平台，而是应该集中自己的优势资源，发现自身产品或服务的独特性，精准定位目标用户，发掘用户的痛点，设计针对用户痛点的极致产品，围绕产品打造核心用户群，并以此为据点快速打造一个品牌。

思考讨论

1. 什么是商业模式？它与盈利模式有何区别？
2. 商业模式设计的基本原则有哪些？
3. 根据你所熟悉的创业项目，依次在商业画布九个空格中增加相关内容。
4. 在网络经济环境中，创业者如何进行商业模式创新？
5. 如何理解商业模式对于创业成功与否起着至关重要的作用？

实践训练

实训1——典型企业商业模式分析

【实训目的】

1. 认识商业模式的概念。

2. 理性分析不同商业模式的优缺点。

3. 选择并设计适合个人创业项目的模式。

【实训流程】

流程 1：阅读材料，回答问题

成立于 2016 年的易咖，是一个低调的存在。在互联网上，有关它的新闻，仅仅是一个累计销量 200 万杯的数据。创始人王竞笑称是自己思维太过直接，只注重技术与服务，却忘记了“酒香也怕巷子深”的道理。

主打校园场景的易咖目前以 985、211 等院校为排头兵进行投放，其中北京地区大部分高校均有易咖的身影，清华大学的易咖已突破百台。这一点，也就成了易咖不同于其他玩家的一点。要知道，单机效率对于自助咖啡机尤为重要。有说法称，谁有能力做到高效投放，谁就能有稳定的现金流。在此情况下，自助咖啡机厂商在选择点位铺设时往往会避免扎堆出现，以免降低单机销量。

易咖偏偏反其道而行，在单个区域内机器覆盖率远高于其他企业。而在这一点上，王竞给出了易咖的运营逻辑。他认为，在咖啡市场的 3 个赛道中，连锁咖啡店、外卖咖啡均为刚性需求，自助咖啡则更倾向于冲动型消费。因此，离消费者更近，满足用户的冲动性需求已成为易咖运营的立足点，同时也有助于培养用户的消费习惯。

从某种程度上讲，易咖完成了对“终端”的部分替代，消费者不用再去咖啡店买，只需要就近找到咖啡机就可以快捷消费，这种商业模式创新称为“终端商业模式”。

从案例我们可以看出，易咖不走寻常路，从校园入手，布局校园生活，释放校园消费新流量，用校园消费商业模式撬动新行业，取得了成功。

创始人王竞表示：“只要我们进入某所学校，基本上就会排名这所学校咖啡消费的第一位，因为我们投入了足够多的机器。”据统计，目前易咖自助咖啡机数量约占市面上正在运营的自助咖啡机总数的 40%，而在全国各高校的市场占有率至少达 80%，为全行业第一。所有的商业项目只要有一个简单快速可复制的模式，就能够迅速扩大产能。易咖就是在各大高校运用同样的模式迅速获得了成功。好的商业模式能带来好的项目收益，你的创业项目又适合什么样的商业模式呢？

____

____

____

____

流程 2：认知商业模式

商业模式本质上是若干因素构成的一组盈利逻辑关系的链条，回答了创业的 7 个基本问题：

（1）谁是企业的顾客？

（2）企业能为顾客提供怎样的（独特）价值和服务？

（3）企业的产品与服务应该何时投入市场？

（4）企业的产品与服务应该投放在哪个市场上？

（5）企业的产品与服务为什么能赢得顾客？

（6）企业如何以合理价格为顾客提供这些价值，并从中获得合理利润？

（7）企业能在多大程度上为顾客提供（独特）价值和服务？

在这里，我们可以看到商业模式的本质就是“5W2H”，即从原因（Why）、对象（What）、人员（Who）、时间（When）、地点（Where）、方法（How）、数量（How much）7 个方面提出问题并进行思考，继而开发资源以持续这种组合。

1. 分析企业定位。

____

____

____

____

2. 分析业务系统。

（1）业务环节是什么？

____

____

____

____

（2）合作伙伴的角色如何？

____

____

____

____

（3）利益相关者合作与交易的方式是什么？

____

____

（4）关键的资源和能力是什么？

3. 分析盈利模式。

（1）用什么方法获得收入？

（2）用什么方法赚取利润？

4. 分析自有资金结构。

5. 评估企业价值。

（1）企业的成长空间如何？

（2）企业成长能力表现在哪些方面？

（3）企业的成长速度如何？

流程 3：商业模式画布

商业模式画布绘制是一个复杂的过程，你还有哪些地方存在疑问？试举例说明。

流程 4：构建商业模式

商业模式设计的核心在于构建一个利益相关者的交易结构及合理的价值分配办法。这要求创业者对企业内部小系统（企业价值链）进行整合优化，并对企业在所处的产业大系统（产业价值链）中的位置进行合理定位，从而进一步确定企业的核心竞争力。

那么，如何才能构建出好的商业模式呢？

【实训思考】

在创业机会识别阶段，创业者对于如何开发、利用创业机会实现新企业持续的盈利，往往缺乏思考、模糊不清，而实现盈利是新企业在市场中生存的基本前提。在企业商业模式认识方面你得到哪些启示？

实训 2——研究商业模式设计思路

【实训目的】

1. 认识商业模式的构成要素。

2. 了解商业模式设计思路。

【实训流程】

流程 1：搜集资料

班级成员分成若干小组，每个小组成员对商业模式的基本理论进行整理复习，然后继续搜集有关商业模式设计思路的相关资料，可以通过网络查询、图书阅读等手段获取资料，将重点资料进行提炼总结，记录在方框内。

流程 2：理解并记录

根据你所在小组搜集的资料，把你对商业模式设计的理解记录下来。

____

____

____

____

流程 3：创业者访谈

在以上理论学习的基础上，请各个小组分别寻找一个成功的互联网创业者进行访谈，了解其商业模式的设计思路，每个小组成员记录对此的新理解。

访谈对象：

____

____

访谈时间：

____

访谈地点：

____

访谈提纲：

访谈内容记录：

你的访谈感悟：

流程 4：小组交流

小组间根据访谈结果进行讨论、交流，汇总每个小组的收获，以 PPT 形式向班级其他同学进行分享。

流程 5：自我总结

对比你在访谈前后对商业模式设计的理解，总结自己在哪些方面的理解有欠缺，哪些方面有新的看法。在总结收获与不足之后，请制定出未来你对商业模式新的研究方向。

你的收获：   你的不足：   新的研究方向：

【实训思考】

你所知道的优秀商业模式有哪些？你认为在商业模式设计环节中，有哪些值得注意的地方？其中最重要的是什么？请与你的小组成员进行交流。

____

____

____

____

参考文献

[1] 陈国胜 . 创新创意创业 [M]. 北京：国家行政学院出版社，2018.

[2] 葛海燕，黄华 . 大学生创新创业指导与训练 [M]. 北京：清华大学出版社，2021.

[3] 胡飞雪 . 创新思维训练与方法 [M]. 北京：机械工业出版社，2009.

[4] 黄恒荣，马宁，李宪平 . 大学生创新创业基础与实践 [M]. 上海：上海交通大学出版社，2021.

[5] 李家华 . 创业基础 [M]. 2 版 . 北京：清华大学出版社，2015.

[6] 李俊 . 创业基础与实践 [M]. 北京：北京师范大学出版社，2021.

[7] 李俊琦 . 创新创业基础训练 [M]. 北京：中国商务出版社，2020.

[8] 李伟，张世辉 . 创新创业教程 [M]. 北京：清华大学出版社，2015.

[9] 栗继祖 . 创业基础 [M]. 北京：机械工业出版社，2021.

[10] 刘延，高万里 . 大学生创新创业基础 [M]. 武汉：华中科技大学出版社，2020.

[11] 卿熠，彭瑶瑶 . 大学生创新创业教程 [M]. 西安：西安交通大学出版社，2022.

[12] 汤锐华 . 大学生创新创业基础 [M]. 北京：高等教育出版社，2020.

[13] 王强，陈姚 . 创新创业基础 [M]. 北京：中国人民大学出版社，2021.

[14] 颜廷丽 . “互联网 +”背景下大学生创新创业能力培养研究 [M]. 北京：北京理工大学出版社，2020.

[15] 易高峰 . 数字经济时代创新创业教程 [M]. 南京：南京大学出版社，2022.